激変する人口構成を検証する／日本の人口ピラミッドの推移

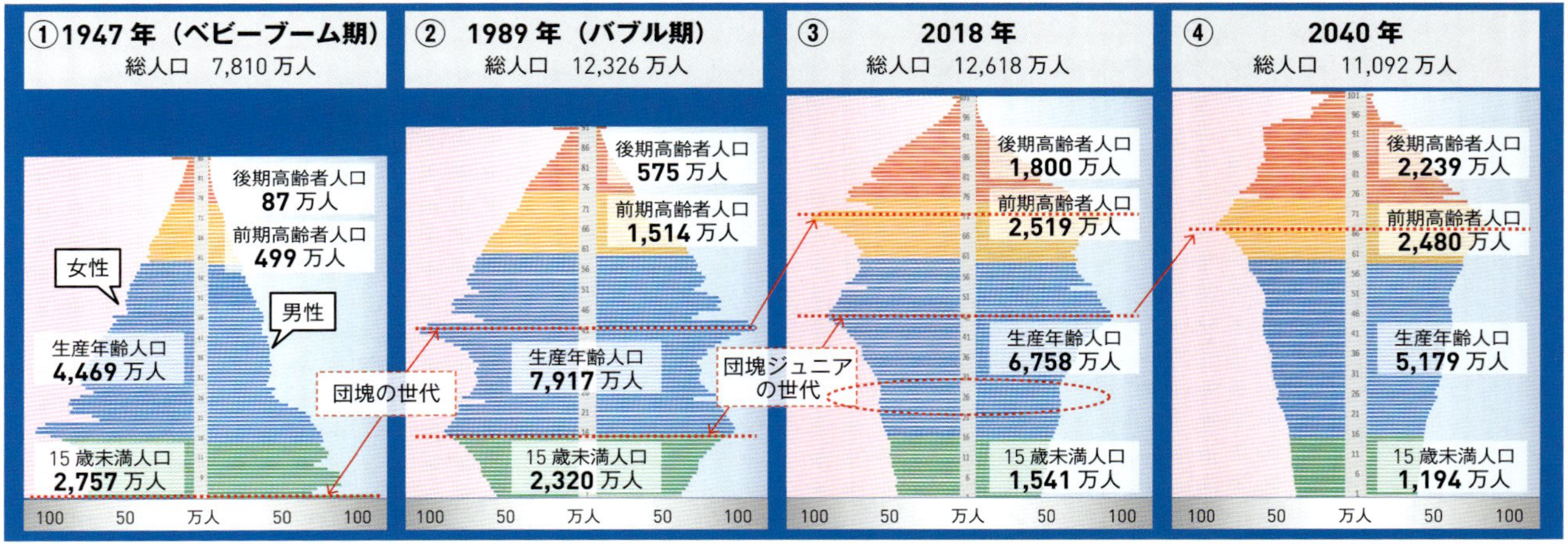

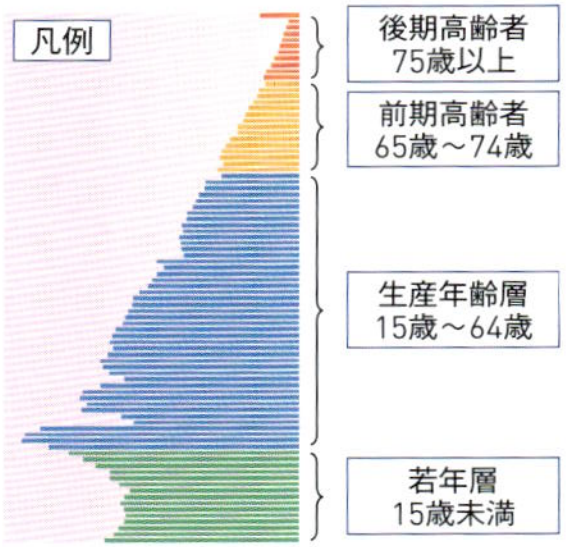

❶第二次世界大戦直後にベビーブームが発生し、新生児の数は270万人に達した。そして彼らが団塊の世代として、戦後日本の社会に大きな影響をもたらすことになる。団塊の世代が生産年齢人口に達した1960年頃から日本は高度成長期を迎えた。

❷団塊の世代ジュニアが生産年齢人口に達した1989年当時、日本はバブル期を迎えた。生産年齢人口は8,000万人近くに達し、人口ボーナスの絶頂期であった。

❸今日団塊の世代が順次定年を迎え、年金受領者のかたまりを形成している。ここで注目されるのは、団塊ジュニアの世代は、彼らのジュニアに当たる出生のピーク世代が形成されていないことだ。

❹こうして近い将来日本の生産年齢人口・若年人口はともに一方的に減少を続ける。他方団塊・団塊ジュニアの世代がともに高齢者人口として存在、日本社会に大きな負担がのしかかる。

出所：総務省、国立社会保険・人口問題研究所のデータをもとに筆者作成

東京圏地価2017年

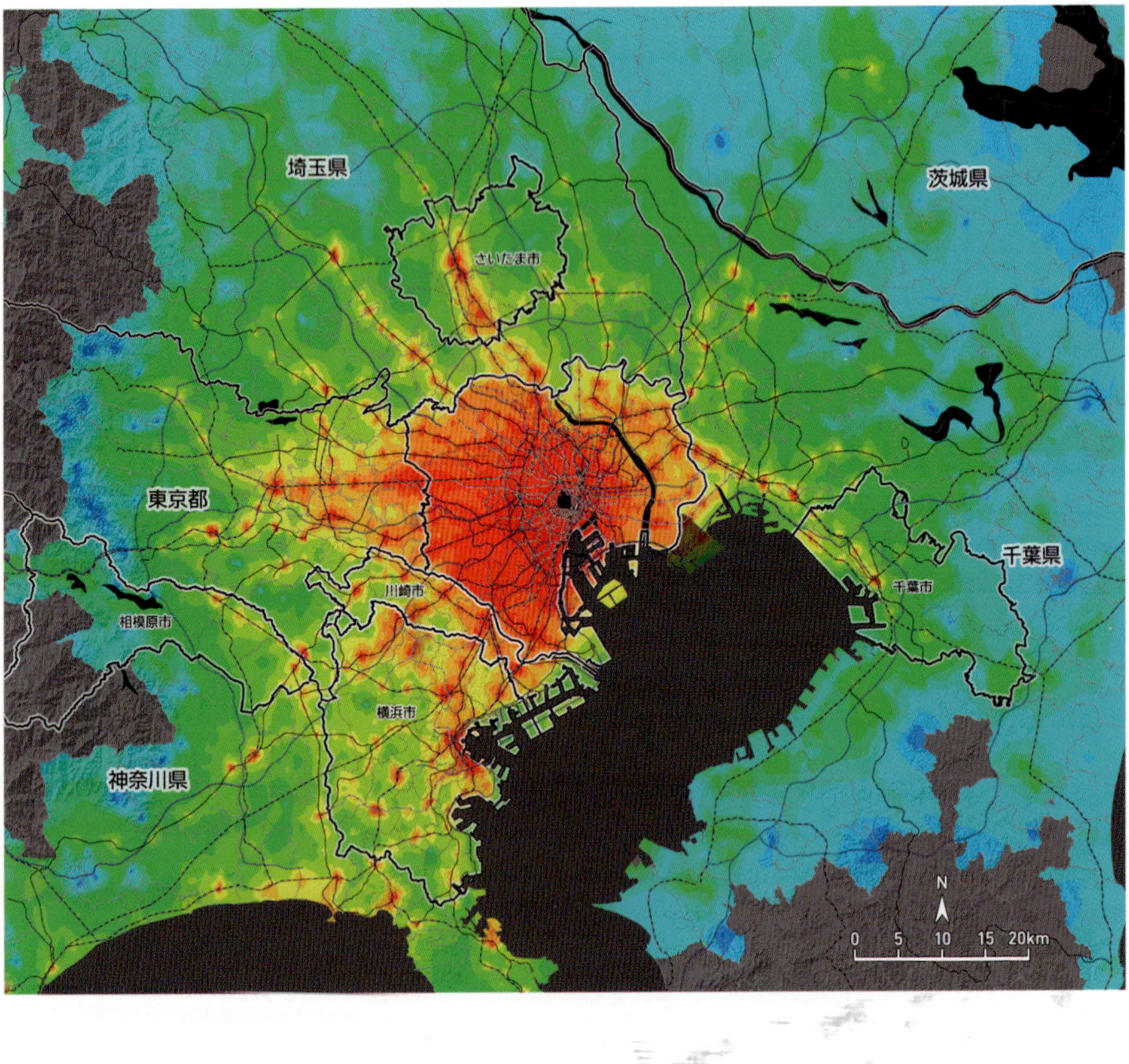

【地価データ】国土交通省国土政策局　国土数値情報　「地価公示」、「都道府県地価調査」をもとに日建設計総合研究所が編集·加工。
【背 景 地 図】国土交通省国土政策局　国土数値情報　「行政区域」、「鉄道」、「鉄道時系列」、「高速道路時系列」、「都市地域」をもとに日建設計総合研究所が編集·加工。
地理院タイル（https://maps.gsi.go.jp/development/ichiran.html）、
地球地図日本　© 国土地理院

激変する東京圏を検証する（1）

左はバブルがピークを迎えた1991年、右は26年後の2017年の東京圏地価である。

バブル崩壊後４半世紀で「地価＝土地の価値」の二極分化が進んでいることがわかる。

地価下落が顕著な郊外部だけでなく、都心周辺区の一部まで地価下落が及んでいる。

東京圏地価1991年

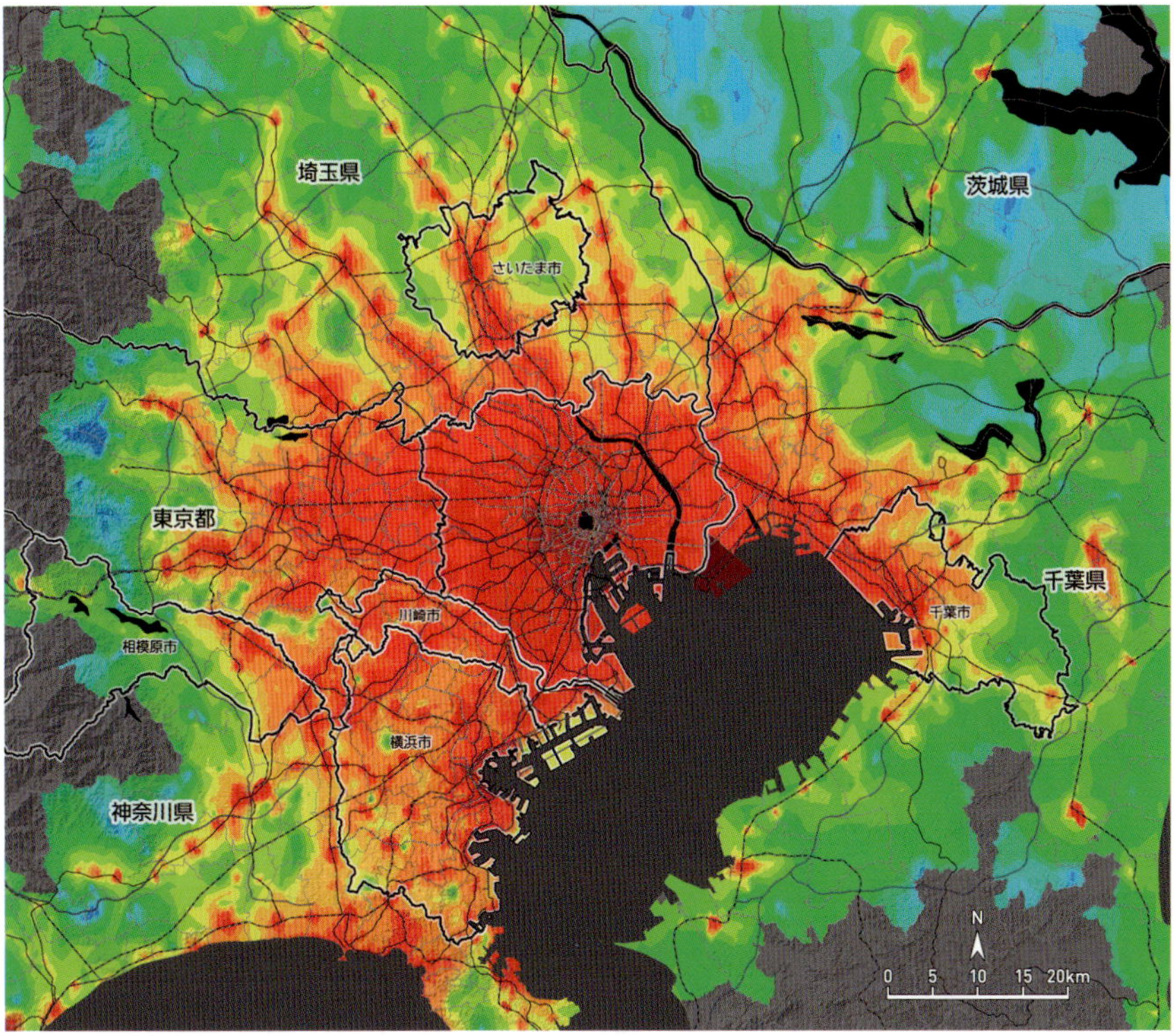

- 5,000 円/㎡未満
- 5,000 ～ 10,000
- 10,000 ～ 20,000
- 20,000 ～ 30,000
- 30,000 ～ 40,000
- 40,000 ～ 50,000
- 50,000 ～ 100,000
- 100,000 ～ 150,000
- 150,000 ～ 200,000
- 200,000 ～ 250,000
- 250,000 ～ 300,000
- 300,000 ～ 400,000
- 400,000 ～ 500,000
- 500,000 ～ 1,000,000
- 1,000,000 ～ 5,000,000
- 5,000,000 ～ 10,000,000
- 10,000,000 円/㎡以上

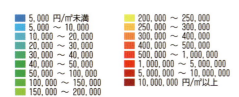

激変する東京圏を検証する（２）／1983年に対する2017年の地価増減率
～東京圏の市街化区域の平均（＋12.2％との差）～

バブル直前の1983年に対する2017年の東京圏地価の増減率である。

この間の東京圏市街化区域の平均上昇率12.2％を０（白色）として、それより上昇したエリアは赤系、下落したエリアは青系で表示している。郊外部では－50％前後となったエリアも散見される。

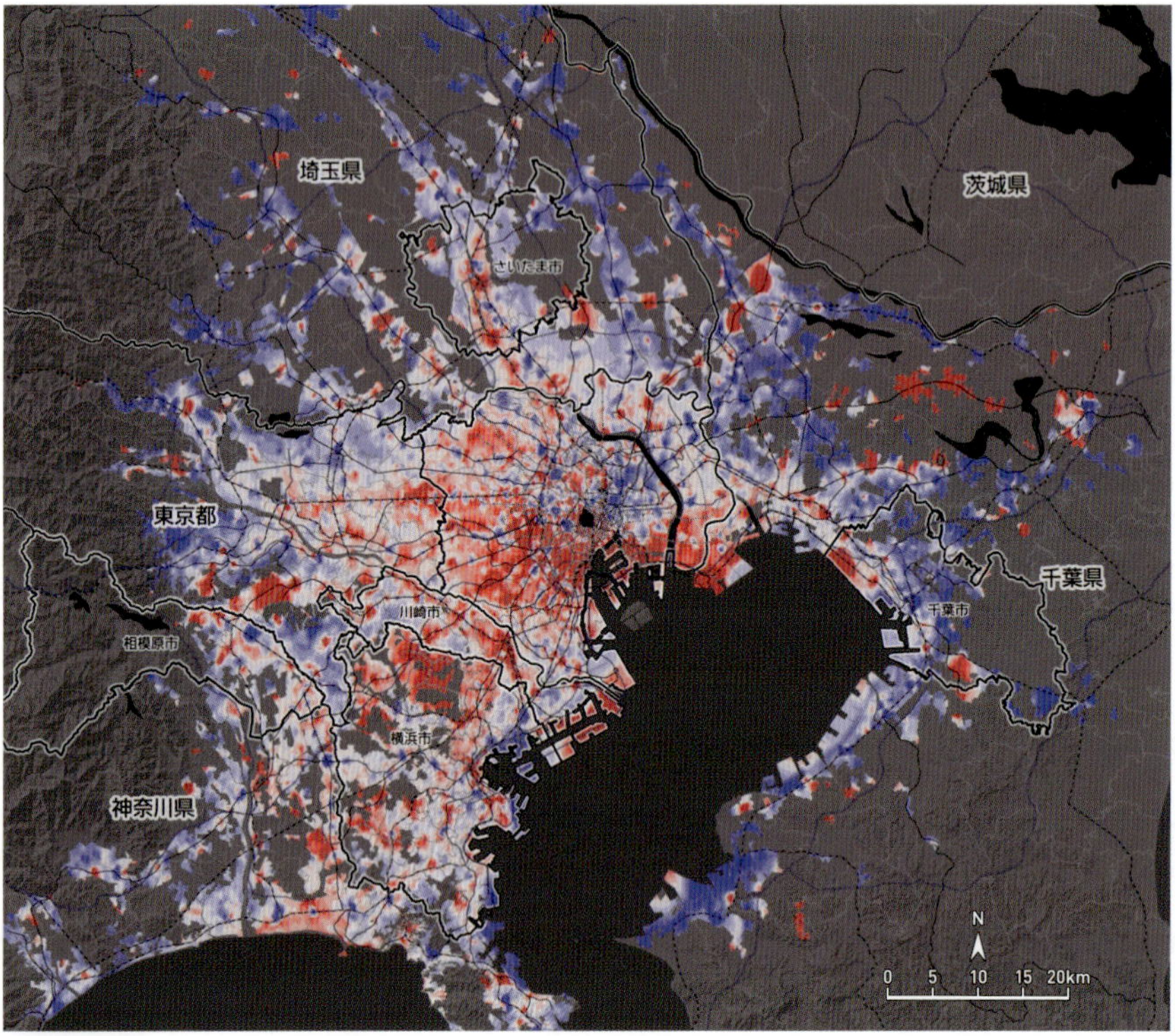

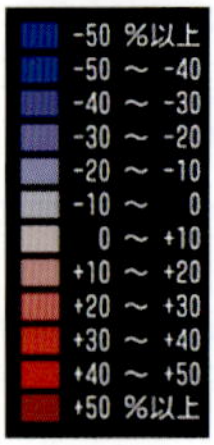

【地価データ】国土交通省国土政策局　国土数値情報　「地価公示」、「都道府県地価調査」をもとに日建設計総合研究所が編集・加工。
【背 景 地 図】国土交通省国土政策局　国土数値情報　「行政区域」、「鉄道」、「鉄道時系列」、「高速道路時系列」、「都市地域」をもとに日建設計総合研究所が編集・加工。
地理院タイル（https://maps.gsi.go.jp/development/ichiran.html）、
地球地図日本 © 国土地理院

土地はだれのものか

人口減少時代に問う

「土地はだれのものか」研究会

白揚社

土地はだれのものか　目次

はじめに……1

第1章

世界最速で深刻化する日本のマンション老朽化問題……7

644万戸のストックの行方

人口が減少し、空き家も増えつつある中で分譲マンションの供給は止まらない。

今や分譲マンションストックは644万戸超。

多くの人が資産価値を信じ、長期の住宅ローンを組んで購入したマンションに、
世界最速で深刻化する老朽化問題が迫っている。

人口動態と現行法制度からその実態や背景、課題を明らかにし、新たな制度を提言する。

Column　老朽マンションを投資物件に再生する……38

第2章 土地が見捨てられる？……39
「所有者不明土地問題」に見る土地制度の課題

限られた国土に1億人が住む日本。

バブル崩壊まで、日本人にとって土地はもっとも貴重で有利な財産だった。

しかし今、所有者から「見捨てられる土地」が急増している。

一体、何が起こっているのだろうか。そして、それは社会にどんな影響を与えるのだろうか。

第3章 狭隘道路や私道紛争が無くならないわけ……65
元凶の「土地所有権」にメスを

なぜ、いつまで経っても狭隘な道路が解消できないのか。
なぜ、私道を巡るトラブルが後を絶たないのか。
その背景には「無秩序な市街地形成を容認してきた制度」と
「強すぎる土地所有権を容認する法律」がある。
第3章では市街地形成の歴史と制度を紐解いた上で、
私道を巡るトラブルの実態と「ニッポンのびっくり仰天判決」を紹介する。

第4章 今日的課題の底流（1）……99
人口動態&都市の構造変化が問題を加速させる

世界最速で深刻化するマンション老朽化、所有者に見捨てられる土地、
そして一向に解決しない私道問題…。
これまで見てきた現象を引き起こし、さらに加速させている背景には何があるのだろうか。
日本が直面する人口減少や少子高齢化の現状、
それに伴う都市構造の変化を各種データから探る。

第5章 ≫ 今日的課題の底流(2)……113
法曹界内部から見た、日本の法制度の歪みと限界

一般の人には「法は絶対的なもの」というイメージが強い。
しかし、法もまた人間がつくりだしたものであり、完全でも絶対でもない。
本章では、長年法曹界に身を置き、さまざまな土地問題を扱ってきた弁護士、
小澤英明氏の軌跡と視点を通して、土地所有権を巡る日本の法制度の限界や課題を追う。

第6章 ≫ 縮減時代の土地所有と都市計画はどうあるべきか……139
都市計画の歴史から紐解く

都市が膨張拡大していった時代から、縮減する時代へ。
日本は今、大転換期に直面している。
これまでの都市計画の歴史を辿りながら、
これから本格化する縮減社会の都市と土地所有のあり方を探る。

第7章 ≫ 近代的土地所有権をつくり上げた明治時代……171
その功績と実態

近代的土地所有権がいつどのような意図を持って、
どのような法律によって形作られたのか、明治初期に遡ってみていこう。
「明治憲法」から「日本国憲法」に続く流れの中で、
近代的土地所有権は徐々に確立されていった。
ただし、明治憲法の起草者は、一定の場合の土地所有権の制限を当然のものと考えていたし、
日本国憲法には土地所有権の制限も規定している。
しかしながら、その実態は…。

第8章 異次元社会・江戸時代に見るユニークな土地所有……189
持ち主は多元、持ち方は重層

土地神話が崩壊し、人口減少社会を迎える中で、
明治以来、築き上げてきた社会システムが有効に働かない。
特に都市&土地問題では「強すぎる土地所有権」がネックだ。
そこで第8章では、現在とはまったく異なる土地所有の仕組みで村や町を管理運営し、
独特の相互扶助的な社会を実現した江戸時代を覗く。
そこには、一つの土地に「百姓」、「村」、「領主」という複数の持ち主を認め、
「自分の土地」でありながら「自分たちの土地」でもあるという、
多元的で重層的な土地所有スタイルがあった。

第9章 ドイツはどうやって秩序ある都市をつくったのか……217
その都市計画と建築・開発活動

ドイツを訪れた人は、建物の高さや壁、屋根の色彩、形状等、
それぞれの都市や街ごとに統一がとれていることに驚く。
中心市街地から電車や車で郊外に向かうと緑豊かな田園景観が広がり、
市街地と非市街地との境界もくっきりしている。
これに対し、日本の都市は建物の高さ、デザイン、色彩がバラバラで、
都市と田園の境界も不明なまま、切れ目なくスプロール状に市街地が広がっている。
日本は縮減社会を迎えており、今後、大都市や地方都市、
郊外部をどう誘導すべきかが大きな課題となっている。
それを考える一助としてドイツの都市計画を見てみよう。

第10章 アメリカの縮減3都市の苦悩と戦略……247
デトロイト、ヤングスタウン、フリントの取り組み
主要産業の衰退から急激な人口減少に陥った米国3都市に焦点を当て、
それぞれがとった政策や戦略、そして、それらが有効であったかどうかを追う。
東京とは異なる都市規模や歴史風土、法制度下の事例ではあるが、3都市が苦悩しながら
試行錯誤した軌跡と、その中で生み出した政策や対策には、我々が直面する
「縮減する都市をどうソフトランディングさせるか」という命題に対する多くのヒントがある。
問題解決の方法はそれぞれの都市で異なるが、あえて共通点を挙げるならば、
都市計画マスタープランの策定(改定)、それを実行する主体(非営利団体や市民)、
地区レベルのきめ細やかな戦略、そして具体的な事業と取り組みが欠かせない。

対談≫農地再考 農地の所有権問題は、「集落」の存在抜きには語れない……287
農地や農村集落の現状と課題について、合田素行氏に聞く。

合田氏は長く農林水産政策研究所に勤務された後、現在、農村と都市の二地域居住を実践中。

5年前、山梨に別荘を購入したことをきっかけに、畑を借りて自ら農業にも取り組んでいる。

そこから見えてきたものは…。聞き手は弁護士の小澤英明氏。

あとがき……297

はじめに

日本中が異常な地価高騰に狂乱していた１９８７年、ＮＨＫの緊急特集「世界の中の日本／土地はだれのものか」が放映され、大きな反響を呼んだ。昭和の末のことである。平成の時代に入り、バブル経済が崩壊。地価は値上がりし続けるという「土地神話」は崩れた。そして今、「空き家問題」に代表されるように、所有者不明の土地が全国で増加している。バブル期とは真逆の現象だが、どちらも根底にあるのは、もう一つの「土地神話」、つまり「土地所有権絶対神話」である。

この土地所有権絶対神話が「自分の土地をどうしようと勝手だろう」という身勝手で無責任な行動を容認し、ゴミ屋敷や私道トラブルにもつながっている。東日本大震災の復興が遅れたのも、土地の所有者の確定や了解をとるのに時間がかかったことが大きい。また、再開発事業や道路整備を阻む壁でもある。今後、大きな社会問題化する老朽マンション問題を解決する障害にもなるだろう。これらの火種は以前からあったが、超高齢化と人口減少が本格化する令和の時代には、こうした問題がますます複雑化し、増幅して肥大化していく。

なぜなら、現行の法制度や社会システムは人口増加時代につくられたものであり、人口が減少する縮減社会ではうまく機能しないどころか、問題解決の妨げにさえなっているからだ。「強すぎる土地所有権」や、それを容認してきた法制度や都市計画、さらに土地所有権の制限に対して弱腰な国や自治体のあり方にも大胆にメスを入れ、土地を巡る私権と公益のバランスを取り戻す必要があるのではないか。

そうした大胆な制度改革は、国、自治体、専門家だけでなく、私たち一人ひとりの理解と意識改革なくしては到底実現しない。すでに、地域の問題やまちづくり、景観問題等々において、自由が自分勝手とは同義ではないこと、私権制限の仕組みが必要なことに、多くの人が気づき始めているのではないだろうか。

本書の目的もそこにある。専門的な内容や記述もあるが、土地や都市問題の専門家だけでなく、一般の方にも手にとってもらい、人口減少時代の都市、土地、まちづくりについて皆で改めて考え、議論し、行動を起こすきっかけになれば幸いである。

なお、本書の構成は、第1～3章が問題提起、第4～5章がその背景、第6～8章が歴史的アプローチ、第9～10章が海外事例からのアプローチとなっている。

まず、第1～3章では、縮減社会下で噴出している問題を取り上げる。

第1章ではマンション老朽化問題に焦点を当てた。わずか60年間に640万戸を超すマンションストックを積み増してきた日本。しかし、最終出口である建替え制度が機能していない。このままでは日本のマンション老朽化問題は世界最速で深刻化し、廃墟と化すケースも出現しかねない。こうした実態を明らかにし、突破口となる制度を提言する。

第2章では、所有者不明の土地や家屋が全国で急増している実態と原因、それらが社会に及ぼす影響を明らかにし、今、どんな対策が必要なのかを多面的に考える。

第3章では、狭隘道路の問題や私道を巡る紛争の実態を取り上げ、背景にある「無秩序な市街地形成を容認してきた制度」と「強すぎる土地所有権を容認する法律」に迫る。

次の第4～5章では、前述の問題の背景に切り込む。

第4章では人口動態と都市の構造変化を各種データで検証し、今、直面している問題が戦後の経済発展を支えてきた社会システムの必然的帰結であること、そして、縮減社会に対応する新たな仕組みや法制度を再構築する必要性を明らかにする。

第5章では、法曹界で土地問題を長年扱ってきた弁護士の視点を通して、土地所有権を巡る日本の法制度の限界や課題を追う。

第6、7、8章は歴史的視点からのアプローチである。

第6章では、日本の都市計画の基礎と歴史を紐解いて、その特徴や限界を明らかにし、縮減社会の都市計画や土地所有のあり方を探る。第9章のドイツのケースと比較して読んでいただければ、さらに理解が深まるものと思う。

第7章では、近代的土地所有権が確立された明治初期に遡り、その功績と実態に迫る。ちなみに、憲法は土地所有権を認める一方で、土地所有権の制限も当然のこととして規定していたのである。しかし、後者は十分に機能しなかった。

第8章では、現代社会とは全く異なる土地所有の仕組みを創り上げていた江戸時代に遡り、縮減社会の土地問題を考えるヒントを探る。そこには、一つの土地に「百姓」、「村」、「領主」という複数の持ち主を認め、「自分の土地」でありながら「自分たちの土地」でもあるという、多元的で重層的な土地所有スタイルがあった。

最後の第9、10章は、海外の事例である。

第9章では、秩序ある街並みをつくり上げたドイツの都市計画と建築・開発活動を紹介し、日独の考え方や仕組みの違いを明らかにする。

第10章では、主要産業の衰退から急激な人口減少に陥ったアメリカの3都市を取り上げ、それぞれの政策や戦略、失敗と効果を検証することにより、我が国の縮減都市をソフトランディングさせるヒントを探る。

世界中を見渡しても、人口減少時代の「土地、都市、住宅問題」に対する特効薬は見つからない。成長期より縮減期の方が問題解決ははるかに難しい。骨格となる法制度改革を軸に、地道な数多くの方策を束ね、そこに人々を巻き込み、意識転換を促しながら進めなければならない。本書がそうした動きの一助となり、令和の時代がよりよい社会に向かうことを願っている。

令和元年7月

「土地はだれのものか研究会」代表
本田広昭

第1章

世界最速で深刻化する日本のマンション老朽化問題

644万戸のストックの行方

人口が減少し、空き家も増えつつある中で分譲マンションの供給は止まらない。

今や分譲マンションストックは644万戸超。

多くの人が資産価値を信じ、長期の住宅ローンを組んで購入したマンションに、
世界最速で深刻化する老朽化問題が迫っている。

人口動態と現行法制度からその実態や背景、課題を明らかにし、新たな制度を提言する。

1　先進国の大都市と比べ、日本には特有の問題が

日本の大都市圏では、分譲マンションの老朽化問題が世界最速で深刻化するだろう。その理由と背景を歴史的経緯から確認しておこう。

最大の背景は、戦後の大都市の人口激増

最大の背景は、戦後、大都市の人口が激増したことである。

図1は、世界主要都市圏の過去65年間の人口推移を比較したものだ。欧米の諸都市と比べ、東京圏、大阪圏が急激な人口増加を遂げたことがわかる。特に東京圏（近隣県の通勤圏を含む）は337％という大きな伸び率を示しており、現在では3800万人が暮らす世界最大の都市圏となっている。

いうまでもなく、大都市への人口流入は戦後の高度成長に大きな役割を果たしたが、その一方、短期間で大量の住宅供給が求められた。

人口急増の受け皿となったマンション

1955年、住宅の大量供給を目的に、日本住宅公団（都市再生機構の前身）が設立された。1956年

図１◆大都市圏　人口増加推移

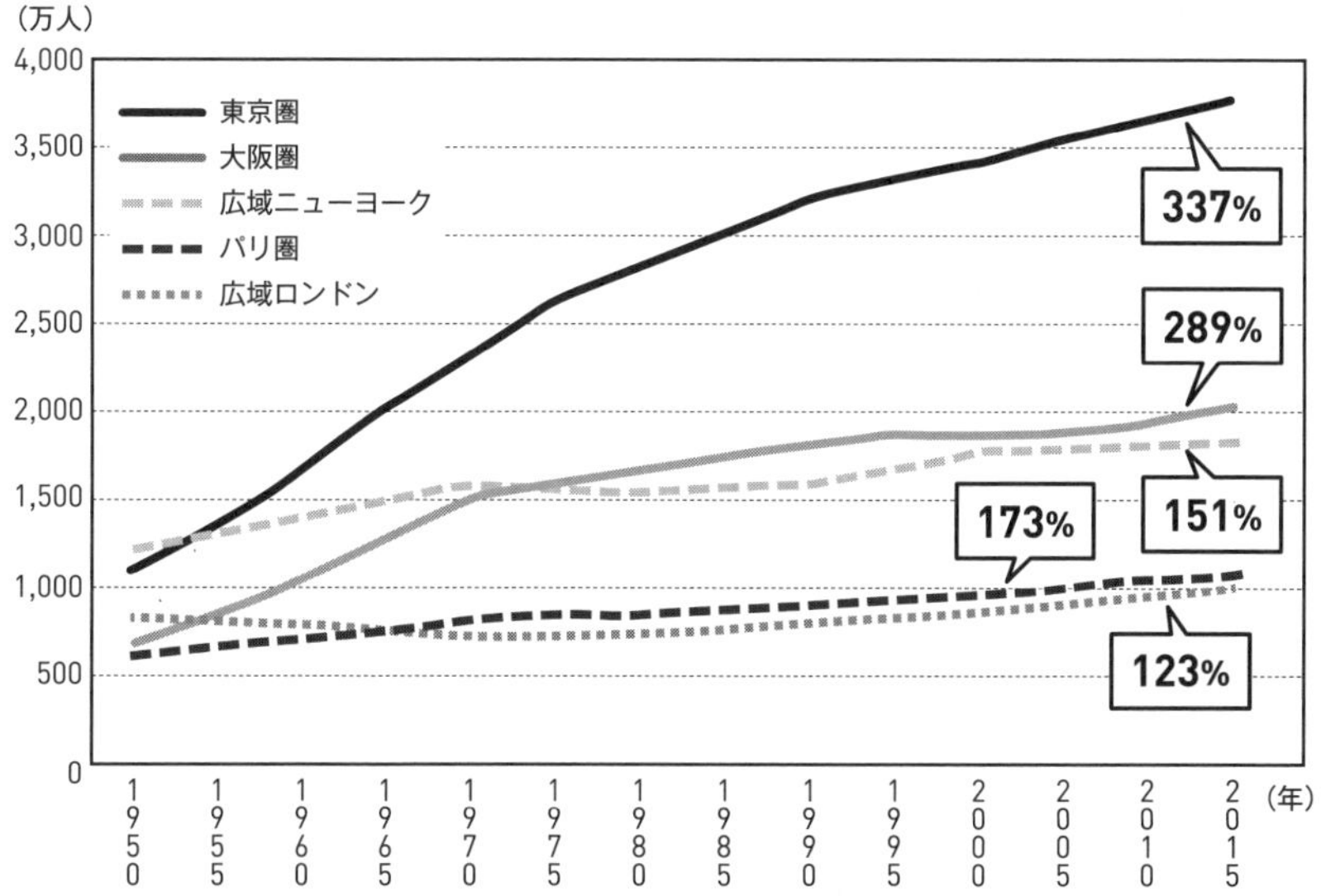

出典：国連

図２◆GDP成長率（名目前年比）

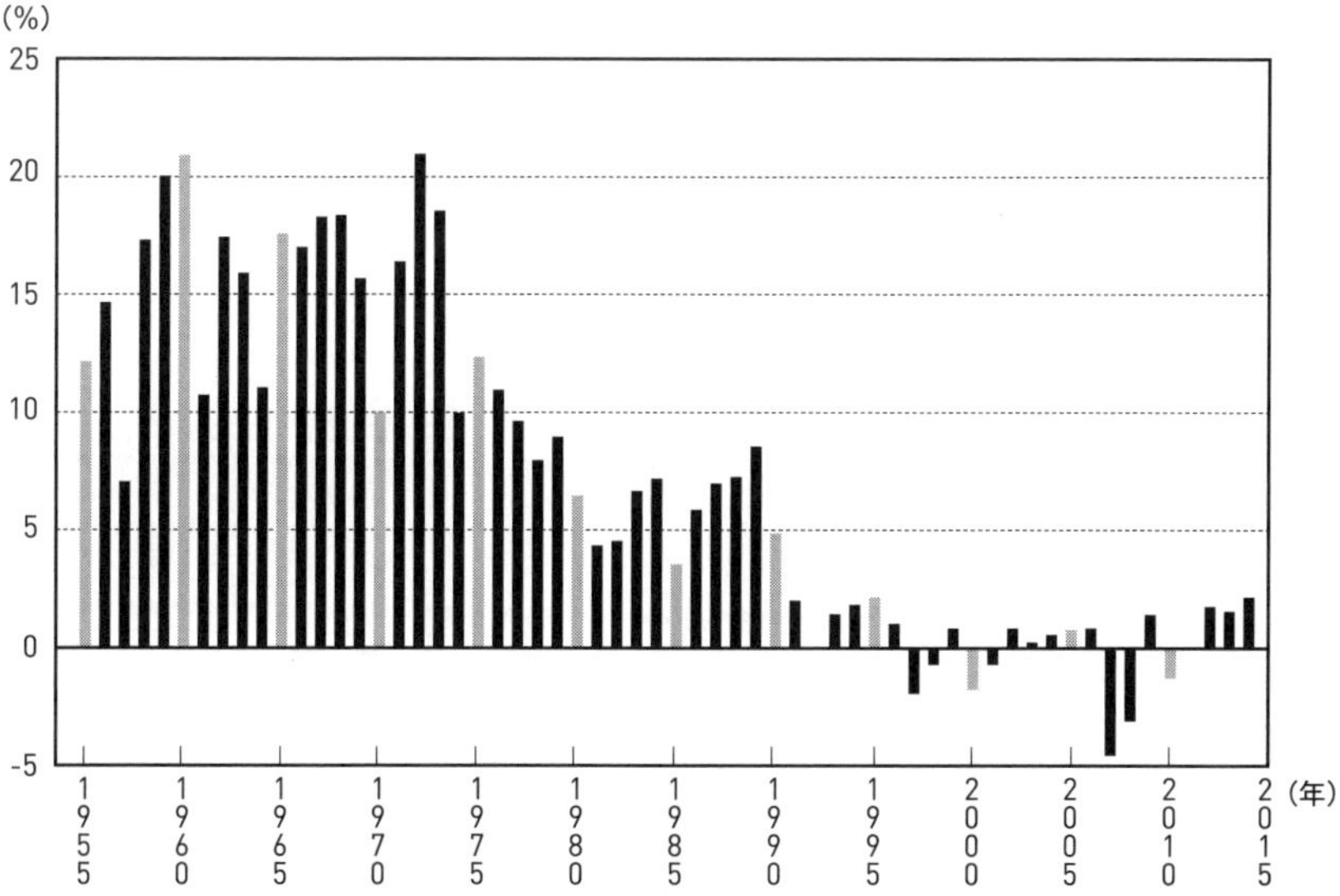

出典：内閣府

図3◆マンション供給戸数の推移

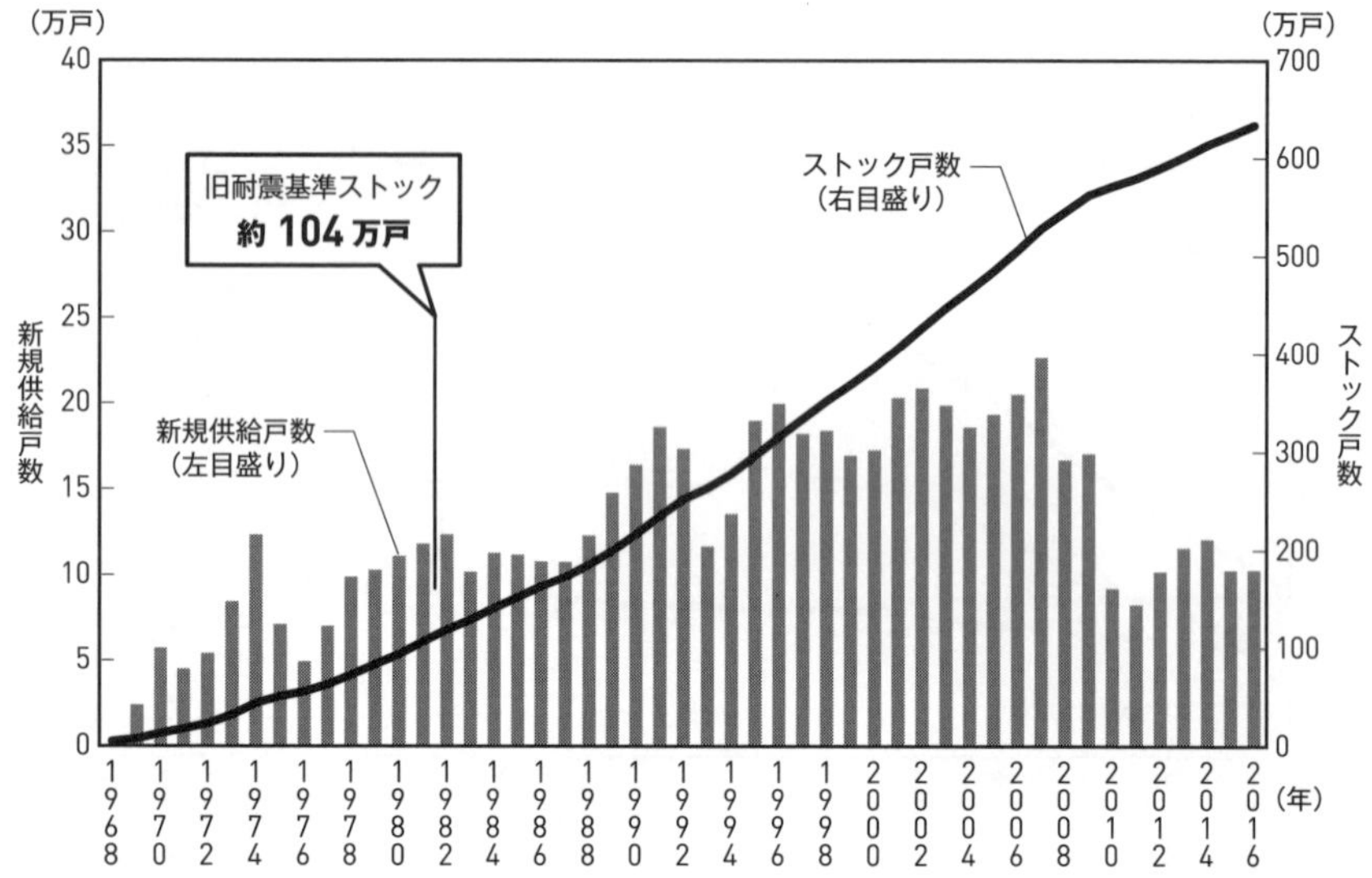

出典：国土交通省

の「稲毛住宅」を皮切りに、大都市圏の各地で数百戸規模の団地が開発された。当初は賃貸住宅主体だったが、60年代以降は政府の持家政策に対応して分譲住戸も登場。ちなみに民間のマンションの第1号は1956年に竣工した「四谷コーポラス」である。

1962年の区分所有法制定により、マンションの「持ち家」としての枠組みが整備され、分譲マンションは急速に普及した。1960年代後半には住宅金融公庫による公的融資が利用できるようになった。税制面の優遇措置もあり、分譲マンションは高い流動性を備えた個人資産として、また、都市の住まいとしての存在感を高めていった。何度かのマンションブームを経て、2017年末時点で分譲マンションストックは644・1万戸に達している。

注目すべき点は、分譲マンションが登場してまだ60年ほどしか経っていないことだ。わずか60年間で、６４０万戸を超える膨大な住宅ストックが一気に形成されたわけである。これは日本特有の現象であり、今後、日本のマンション老朽化問題が世界最速で加速する一因でもある。

１９９０年のバブル崩壊でパラダイム転換

しかし、表1（12ページ）の「生活環境激変のキーワード」に示したように、１９９０年前後を境にバブル経済が崩壊、日本は大きなパラダイム転換を余儀なくされた。

これに拍車をかけたのが人口構成比の変化である。戦後の第1次ベビーブーム世代（団塊の世代）は１９７０年代に就職期を迎え、〝日本株式会社〟発展の担い手になってきた。彼らが家庭を持ち、住宅を求める需要のパワーこそ、大都市圏におけるマンション供給の大きな原動力だった。

しかし、その後、人口動態は劇的に変化する。口絵の（ｉページ）人口ピラミッドの推移で明らかなように、第2次ベビーブーム以降、若年世代は減少トレンドを辿っている。そして今、団塊の世代は70代に突入し、後期高齢者の仲間入りを目前にしている。

図４（12ページ）をご覧いただきたい。

日本でマンション供給が本格化した１９７０年代当時、総世帯数約３３００万世帯のうち半分を超える世帯が就学児童のいるファミリー世帯だった。しかしながら、２０１７年には世帯数は５０００万に増加したが、増加したのは単身世帯や高齢者世帯であり、就学児童のいる世帯は全体の約5分の1に減少している。

こうした人口動態の顕著な変化が住宅ニーズを一変させている大きな背景であろう。さらに言えば、日本のマンション老朽化問題を加速させる遠因とも捉えられる。

表1◆生活環境激変のキーワード

高度成長期	バブル崩壊以降
人口増	人口減
住宅不足	住宅余剰
インフレ	デフレ
所得向上	所得停滞
土地価格上昇	土地価格下落

図4◆世帯人員構成推移

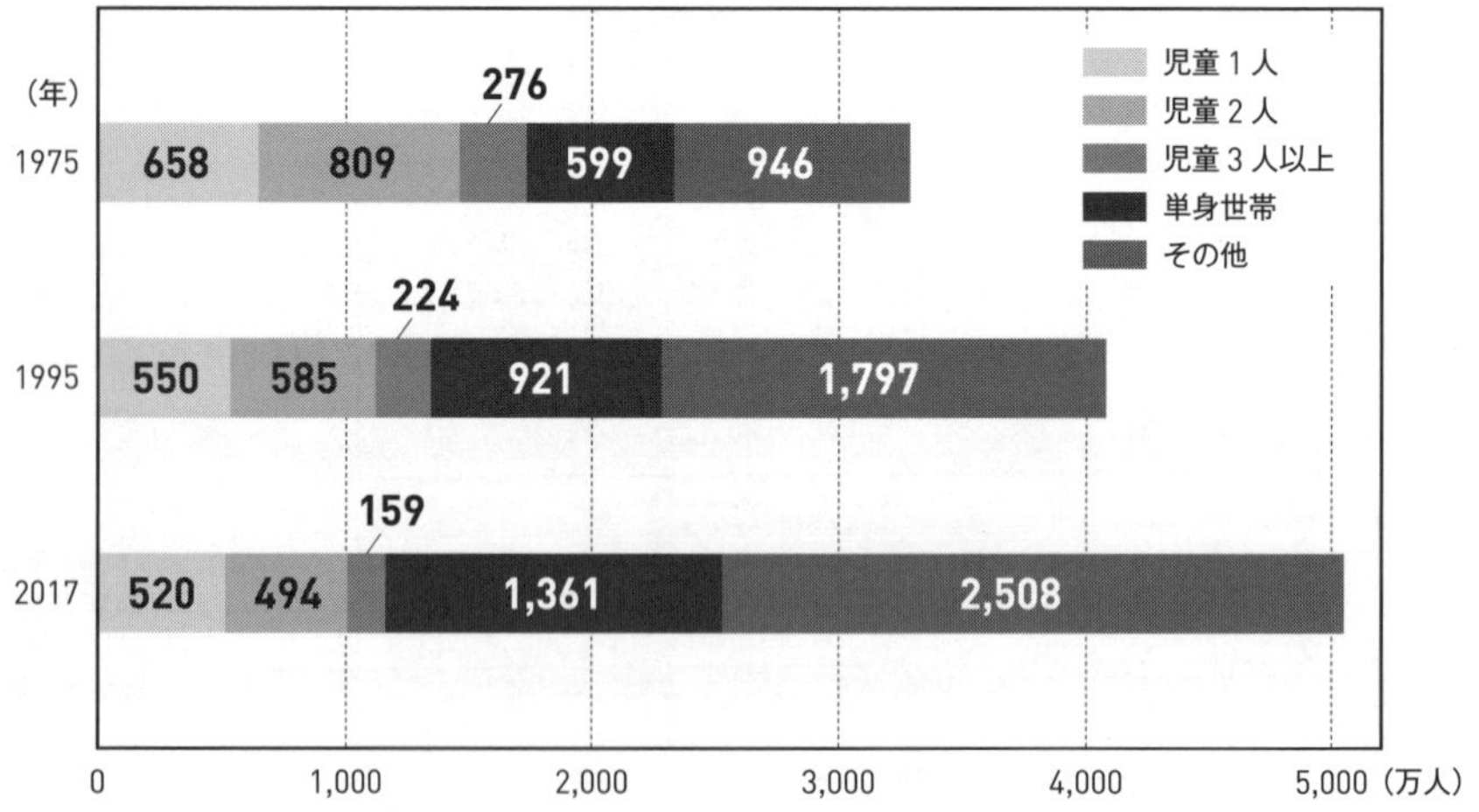

出典：厚生労働省　国民生活基礎調査

表2◆1都3県　75歳以上人口　将来予測

（万人）

	2015年	2030年	2045年	増加率
全国	1,632	2,288	2,277	39%
1都3県を除く	1,238	1,697	1,638	32%
1都3県	394	592	639	62%

増加率：2015年～2045年の変化

出典：国立社会保障・人口問題研究所

今後は大都市で高齢化が本格化する

２０１５年時点で、75歳以上の後期高齢者人口は全国で１６３２万人、１都３県では３９４万人である。しかし、表2のように、今後は都市部で後期高齢者が急増する見込みだ。

今後30年間の後期高齢者の増加率は全国ベースでは39％だが、都市部では62％と予想されている。今後、最も高齢化問題が深刻化するのは、実は東京圏（東京都、神奈川県、千葉県、埼玉県）なのである。

その背景は以下のとおりである。

戦後から高度成長期にかけて、就学、就労の機会を求めて大都市圏へと集まってきた若者の多くは、賃貸アパートから分譲マンション、戸建てという「住宅すごろく」のゴールを目指しながら都心通勤圏を回遊し、シニアになってもその多くが住み慣れた大都市とその周辺に住み続ける。

その理由はさまざまだろうが、大都市の魅力や地方へ移住することへの抵抗感、バブル崩壊で買い替えが容易ではないといった事情もあるだろう。表3（15ページ）でわかるように、分譲マンションの区分所有者も年齢が高くなるほど永住志向が強く、70代以上は6割を越している。つまり、老朽マンションに高齢化した居住者が住み続けることになる。

「マンション立地の縮小」と「需要の二極化」が同時進行

表4の「都心居住の現状」に整理したように、大都市圏の構造変化を受けて住宅ニーズも変化し、既存ストックとのミスマッチが起きている。このトレンドは基本的な社会背景・経済環境が変わらない限り、今後さらに先鋭化してゆくものと思われる。

その内容を一言で表現すれば「二極化」である。

かつて外周部へ延々と拡大したマンション立地は、人口の減少や住宅ニーズの変化によって縮小している。都心や都心近接エリアの人気は未だに高いが、その一方で購入希望者の予算やニーズに合わせて専有面積の縮小や賃貸物件の増加が進んでいる。

同様に、老朽マンションにおいても立地による「二極化」が始まっている。この「二極化」は今後一層鮮明になることはあっても、解消することは極めて考えにくい。

なぜなら、希少性の高い都心部などの人気立地のマンションは、建物が老朽化しても土地の資産価値は落ちないが、通勤エリアとして限界立地にあるマンションは建物の老朽化に加えて、地価も下落するという厳しい現実に直面しているからだ。こうしたエリアでは、住宅需要そのものも先細りになっている。

図5（16ページ）は、2009年の公示地価を100とした場合の地域別の地価変動割合である。

全国平均では地価は下げ止まったが、地方の地価は下落し続けている。これに対し、東京圏はリーマン・ショック後、かなり下落したが、安倍政権誕生以降は上昇に転じた。しかしながら、東京圏でも都心部と外周部では上昇率にかなりの開きが出ている。都心部はすでに2009年水準を上回っているが、多摩地域な

表3◆マンション区分所有者の永住志向について

	永住希望	住替希望	その他・不明	合　計
20歳代	5	2	4	11
	45.5%	18.2%	36.4%	100%
30歳代	154	112	106	372
	41.4%	30.1%	28.5%	100%
40歳代	419	223	285	927
	45.2%	24.1%	30.7%	100%
50歳代	513	233	371	1117
	45.9%	20.9%	33.2%	100%
60歳代	880	206	438	1524
	57.7%	13.5%	28.7%	100%
70歳代	511	73	224	808
	63.2%	9.0%	27.7%	100%
80歳代以上	79	12	28	119
	66.4%	10.1%	23.5%	100%

国道交通省　全国マンション総合調査（2013年版）

表4◆都市住居の現状

背景・環境	住宅市場の変化
低成長経済の長期化	大量なマンションストックの老朽化
人口増加スピードの減速・少子化	住　宅　余　剰
東京への経済一極集中の継続	定住者の高齢化
女性の労働参加率の向上	価　格　の　上　昇
給与所得低迷	住宅ニーズ変化 職住近接・賃貸志向
都心再開発の継続	立地選好の二極化

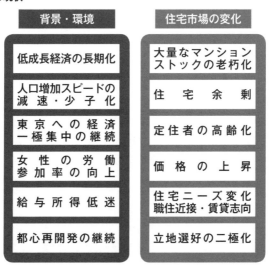

図5◆地域別　公示地価変化率推移

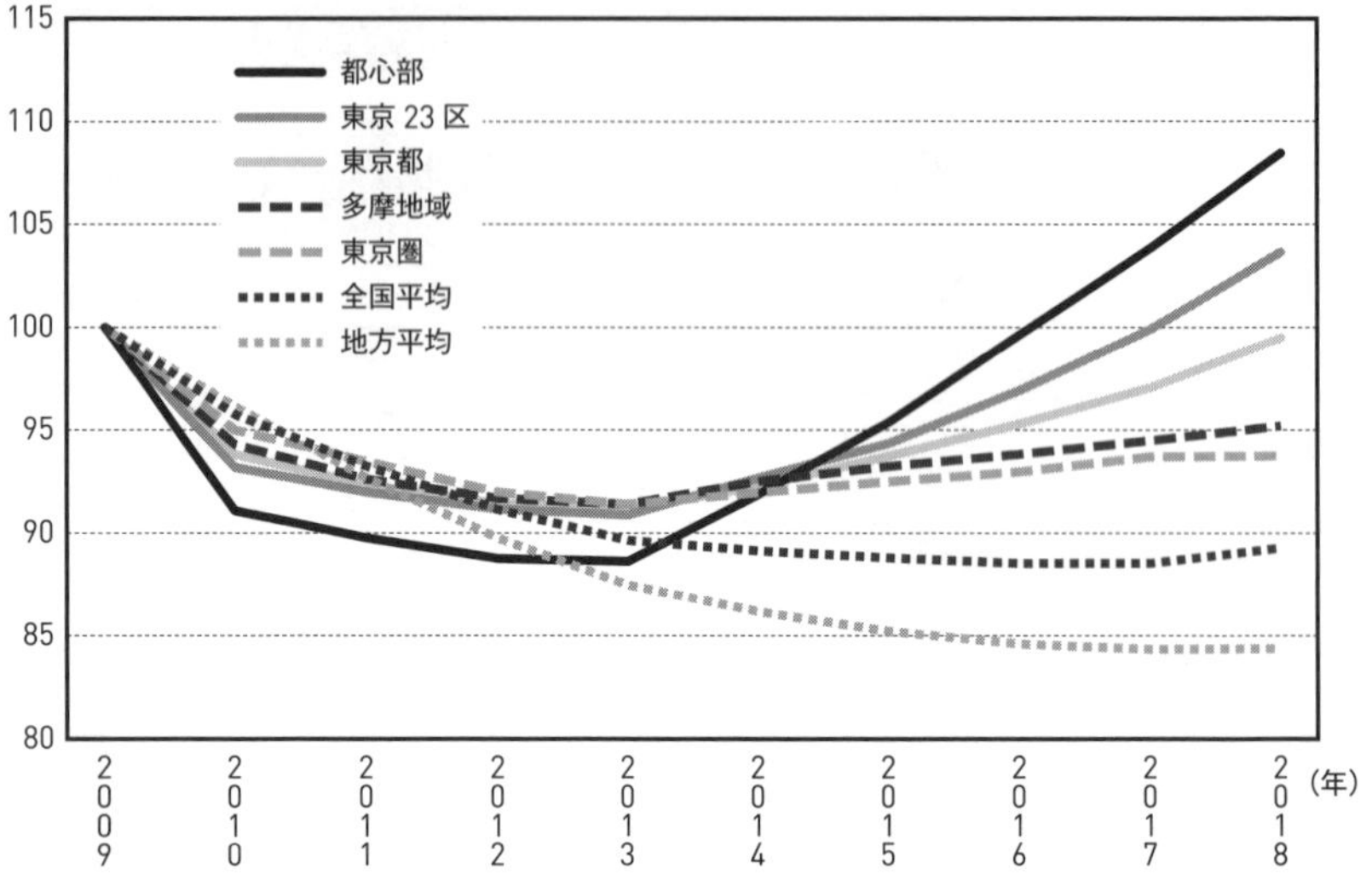

出典：国土交通省

ど外周部の上昇率は総じて鈍い。

日本の初期のマンションが抱える宿命

日本で本格的に集合住宅の建設が始まったのは戦後であり、コンクリート建物の建築技術は黎明期にあった。

初期の分譲物件には施工上の瑕疵の問題もあったし、配管がコンクリートに埋め込まれているなど、設備更新を想定していない設計も多く、築20～30年ですでに大規模な修繕や建替えの必要に迫られるケースも発生した。

さらにここで戦後日本の集合住宅特有の特性にも注目しておきたい。

今なお全国に大量なストックを抱える「公団住宅」は、戦後の住宅不足に応えるべく計画され、大量に供給された。

図6に挙げたのは大阪府堺市の白鷺団地だが、多くの住戸プランが「田の字型プラン」といわ

図6◆白鷺団地の住戸プラン例
建築1963年～　標準3K、12～13坪
復刻版住宅

白鷺団地の外観（筆者撮影）

れる和室をふすまで仕切った狭小な住宅だった。5階建てだが、エレベーターはない。今日の住宅ニーズとかけ離れていることは一目瞭然である。

ここで明らかなのは、私たち日本人の居住に関するニーズがこの半世紀の間に極端な変化を遂げてしまったということではないだろうか。

それに対してロンドンの事例を見てみよう。図7（18ページ）はロンドン市内北部にある共同住宅の事例である。

ヴィクトリアン様式と呼ばれる19世紀後半に広く建築されたスタイルで、ロンドンのみならず、広く英国の住宅街にみられる建築である。

築100年以上は経っており、インテリアは改装を重ねているが、間取りや広さに関しては、現在の居住ニーズに十分に耐えられる要件を備えている。設備さえ更新すれば、十分に市場性を持った商品である。

欧米のマンションと比較すれば、こうした戦

図7◆ロンドン郊外の集合住宅プラン例
建築1800年代後半、3 LDK、21坪

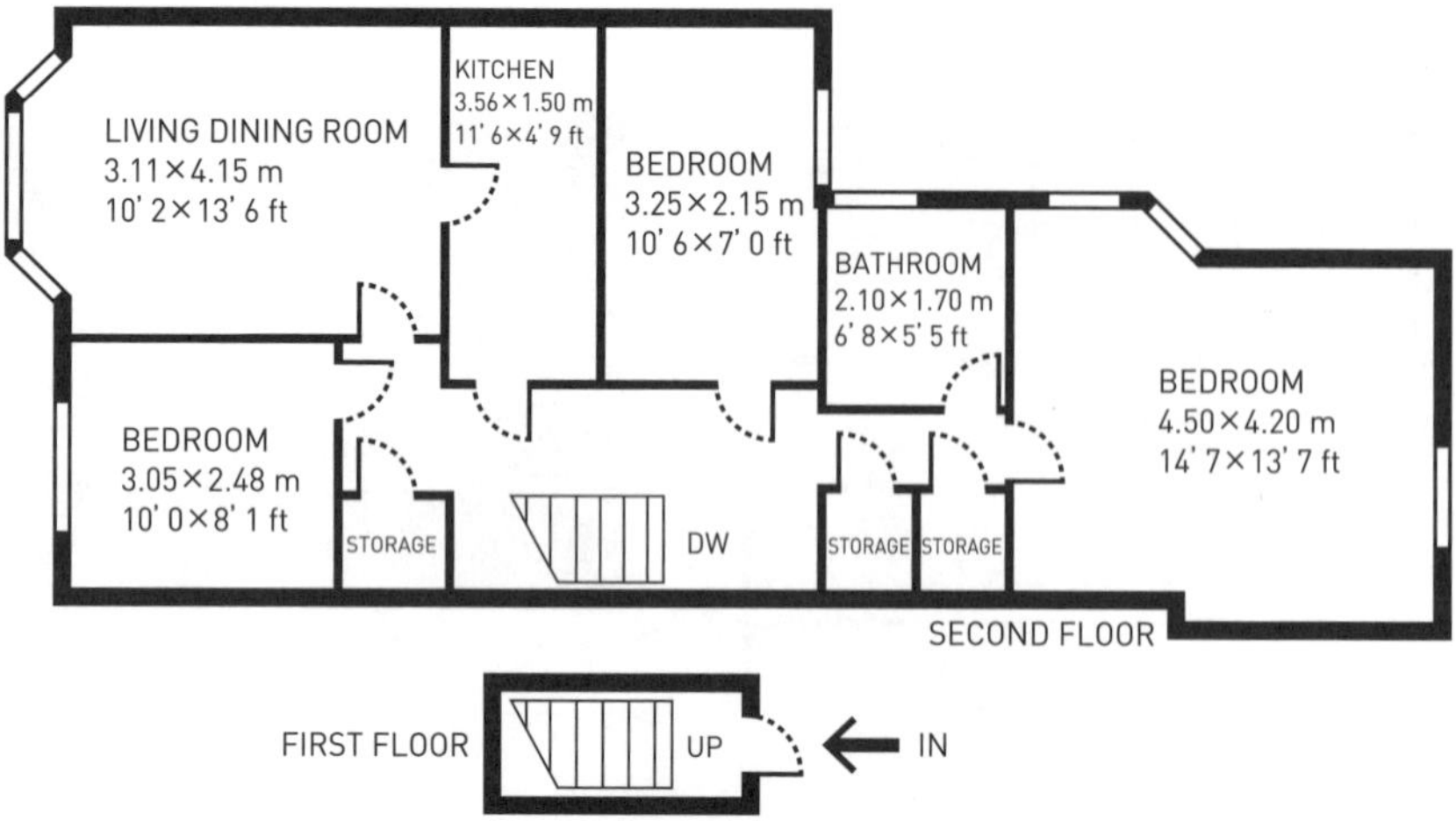

英国の一般的な共同住宅（筆者撮影）

後日本の特殊事情が今日のマンション老朽化問題の根底をなしていることは想像に難くない。

地震国・日本という特殊性も

欧米のマンションが長寿命な背景には地震が少ないこともある。マンションの老朽化問題が日本でより深刻なのは、日本が地震多発国であることだ。

日本では大地震が発生する度に建物の耐震基準が強化されてきた。十勝沖地震や宮城沖地震の被害を踏まえ、１９８１年には新耐震基準が制定された。これ以前に建設された、いわゆる「旧耐震マンション」は、耐震補強をしない限り、安全性はもちろん市場価値も下がる。ちなみに旧耐震マンションは、東京23区だけでも４４３０棟、24万戸超という莫大な数にのぼる（20ページ表5）。

阪神・淡路大震災や東日本大震災によって、耐震補強や建替えに対する問題意識が高まったものの、東京都が東日本大震災後に実施した調査結果（20ページ図8）では、8割を超えるマンションで耐震診断さえ行なわれていなかった。

分譲マンションの耐震補強や建替えの合意形成は非常に難しい。まして建物と居住者のダブル高齢化が進めば、さらに困難になる。後に述べるが、日本ではマンションの建替え制度の問題や、借家人を手厚く保護する借地借家法の問題、所有者不明問題なども重なり、老朽化マンションは有効な「出口戦略」がないまま、現在に至っている。

表5◆旧耐震マンション物件数・戸数

	23区	都　下	神奈川県	埼玉県	千葉県	首都圏計
物件数	4,430	410	1,001	416	489	6,746
戸　数	241,045	26,578	79,777	40,290	63,870	451,560

出典：不動産経済研究所　2017年12月公表資料

図8◆耐震診断実施状況

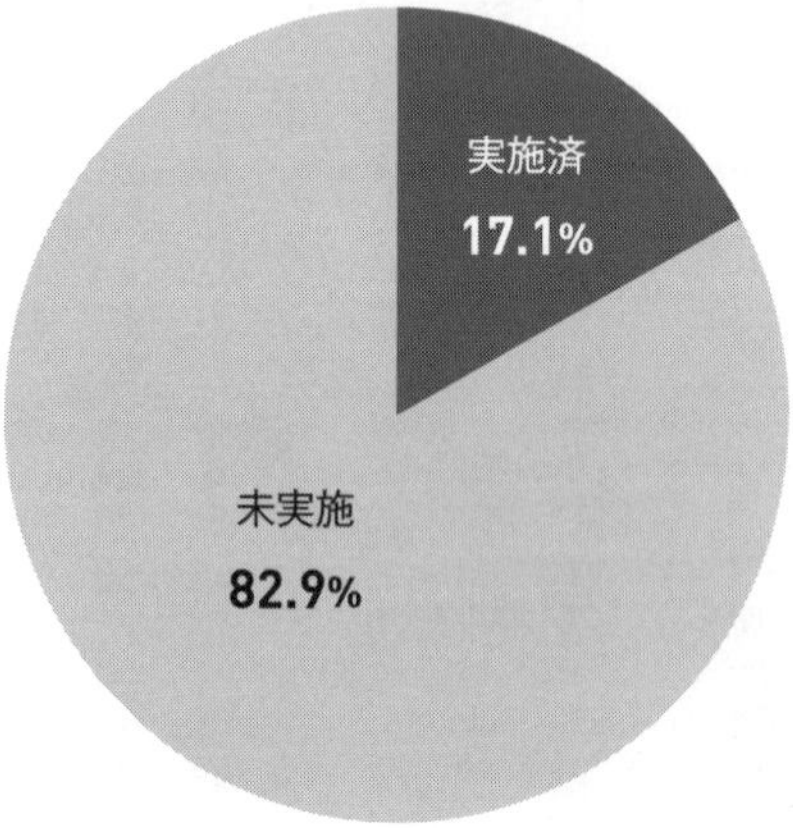

出典：東京都都市整備局　2013年3月公表

老朽化したマンションの選択肢

言うまでもないことであるが、すべてのマンションが、個別事情はさておき、着実に年々年老いてゆく。

図9の東京都の資料によれば、築40年を経過するマンション戸数は、２０１８年時点で24・6万戸だったが、５年後の２０２３年には42・８万戸まで増加する見通しである。

大規模修繕か建替えか

建物が老朽化するにつれ、マンション管理組合が直面するのは大規模修繕で延命を図るか、

図９◆東京都築年数別マンション戸数予測

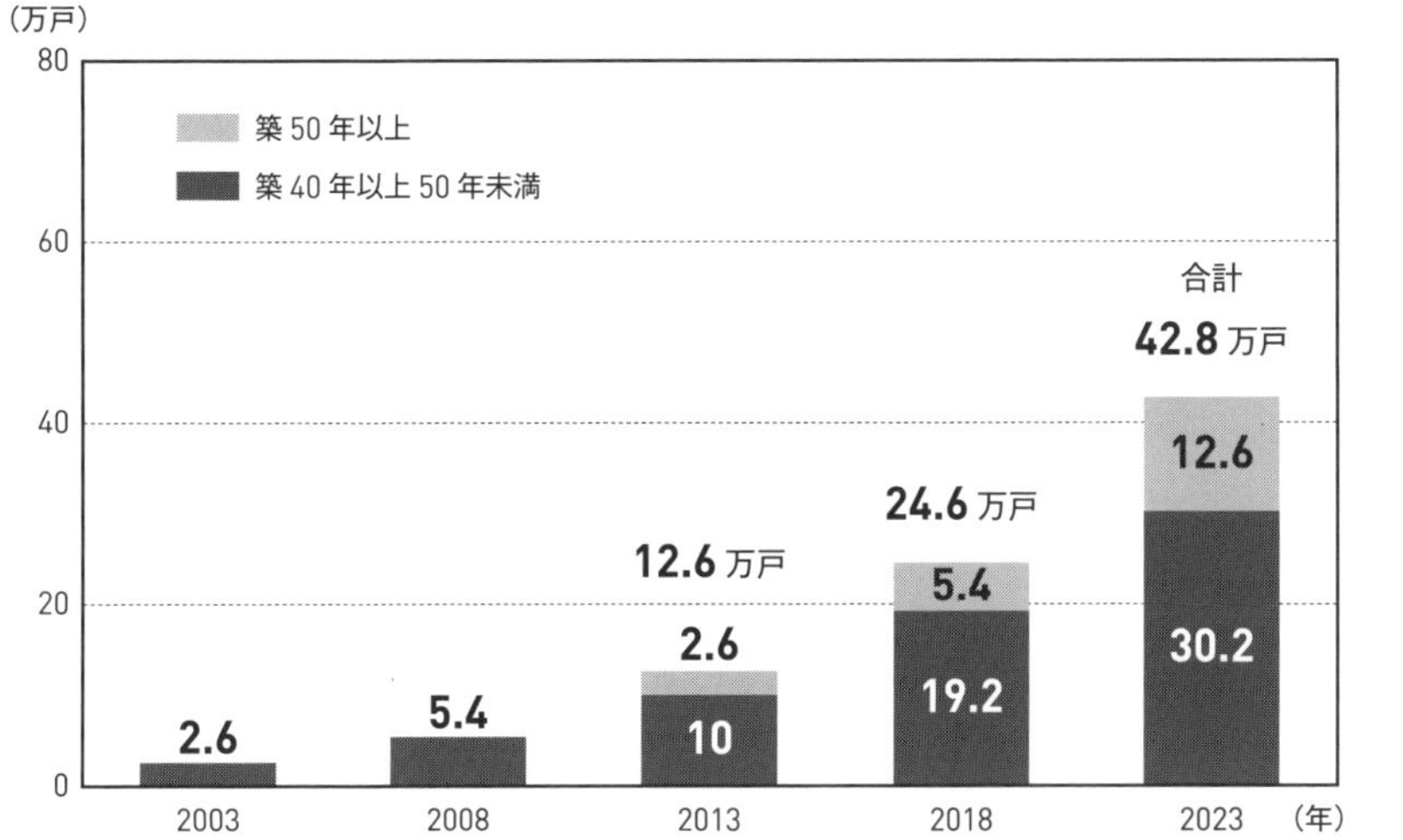

出典：東京都都市整備局

建替えを選択するのかという大きな判断である。しかし、この判断が難しく、しかもいずれを選択しても実現は容易ではない。

大規模修繕

一般的には鉄筋コンクリート造の耐用年数は60年とも言われるが、初期の建築はコンクリートの質が悪く、30年前後で劣化してしまうケースもある。それに加えて「給排水管がコンクリート躯体に埋め込まれて取り換えができない」、「間取りが古く（狭く）生活ニーズの変化に対応できない」、「仮に多額の費用をかけて修繕しても20年前後で寿命がつきてしまう」といった様々な問題を抱えている。

図10（22ページ）のように大規模修繕にはかなりの費用がかかる。さらに新耐震基準に適合した耐震補強となると、（規模にもよるが）数億円単位での費用が必要となり、修繕積立金が足りなければ一時金を集めなければならない。居住者が高

図10◆マンション大規模修繕工事に関する実態調査

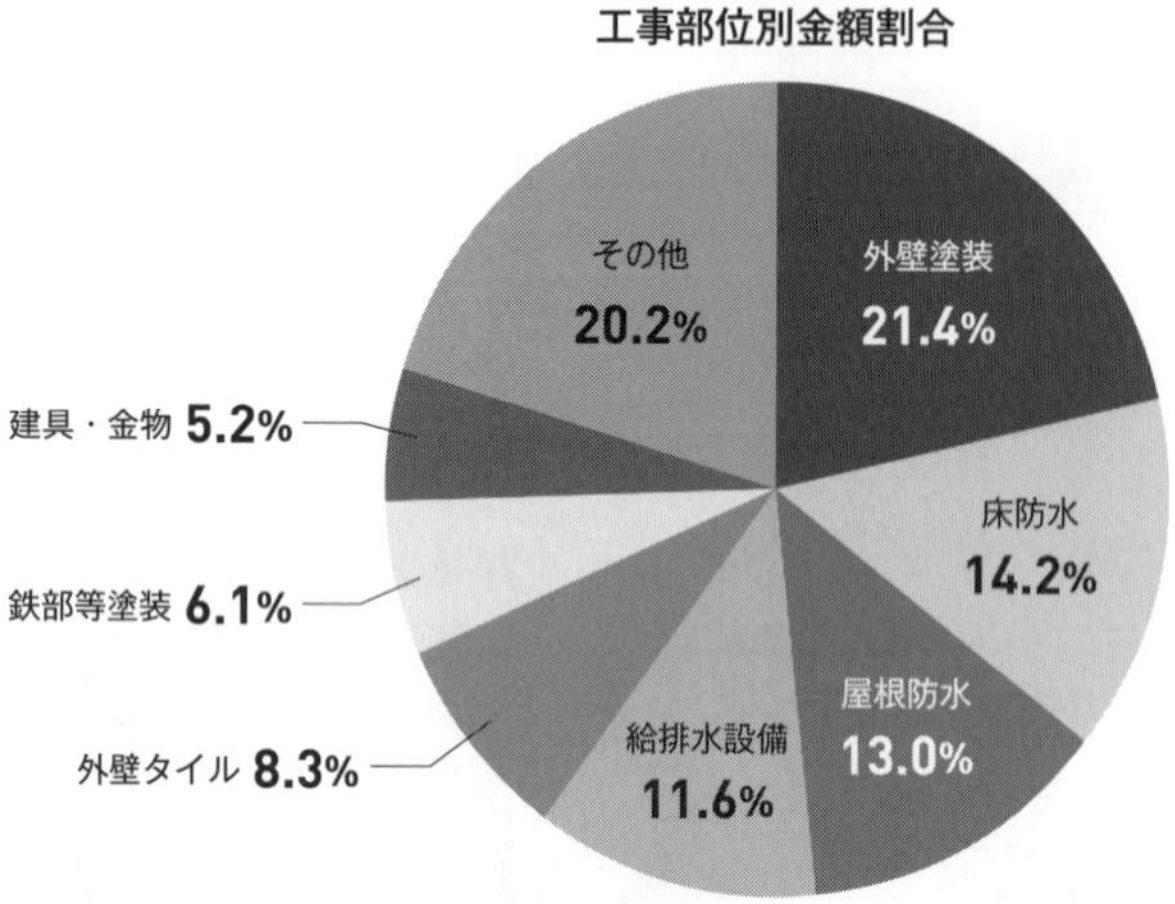

工事回数	平均築年数	戸あたり平均負担額
1回目	16.3年	100万円
2回目	29.5年	98万円
3回目	40.7年	81万円

- 国土交通省のアンケート調査結果では、築30年を迎えるマンションでは2回目の大規模修繕を行なっているケースがかなり存在。
- 戸あたりの負担額も1回ごとに100万円近くかけているようである。

出典：国土交通省　マンション大規模修繕工事に関する実態調査（2018年）

齢化して年金生活者が増えるとそれも難しくなる。

建替え

建替えはさらにハードルが高い。後の項目で現行の建替え制度の法的課題に触れるが、現状で建替えができるのは、一部の立地条件等に恵まれたマンションだろう。

東京都の調査（2013年時点）によれば、旧耐震マンション所有者の15％以上が建替えを検討あるいは検討中だが、建替え決議成立に至った割合はわずかに0・1％に過ぎない。また、なぜ、スムーズに進まないのか、建替え検討時の課題を示した（24ページ図11）。

建替えが進まない要素を大別すると次の3つになる。

①経済的な要因（過大な費用負担）
②合意形成の難しさ（経済的理由以外の反対、取りまとめ役の不在等）
③当事者の欠落（所有者不明、相続等で権利者の特定が不能）

ここで問題なのは、年を追うごとにすべての状況が悪化してしまうことだ。すなわち、建物は例外なく年々劣化する。恵まれた一部の物件を除き、マンション価格も下落する。一方で建築費は上昇する。区分所有者は確実に高齢化し、相続件数は増加する。こうした悪循環の中で、民間事業者が参画する魅力も低下していく、というわけだ。

これは、建替えに合意を得ることがますます困難になることを意味する。

図11-1◆建替えの検討状況（旧耐震基準のマンション）

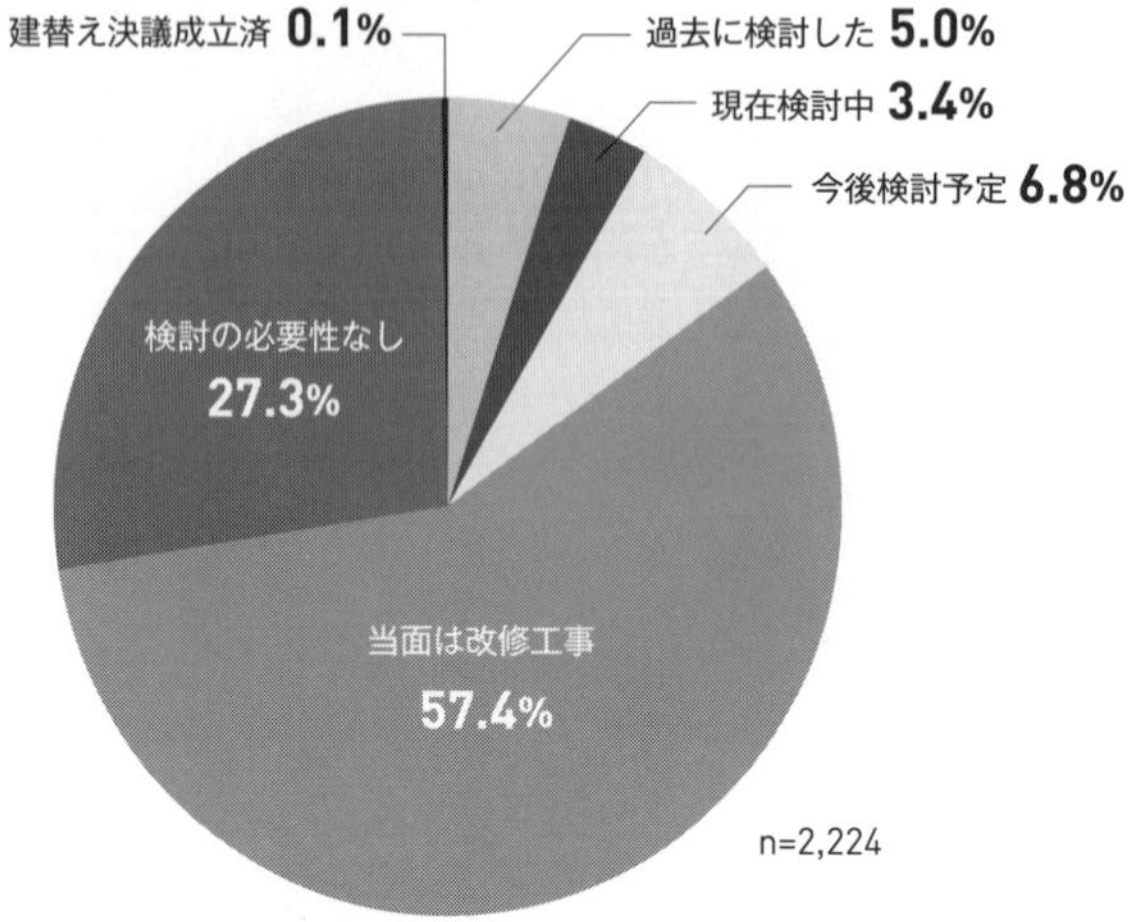

資料：マンション実態調査結果（2013.3公表）／東京都都市整備局

図11-2◆建替え検討時の課題

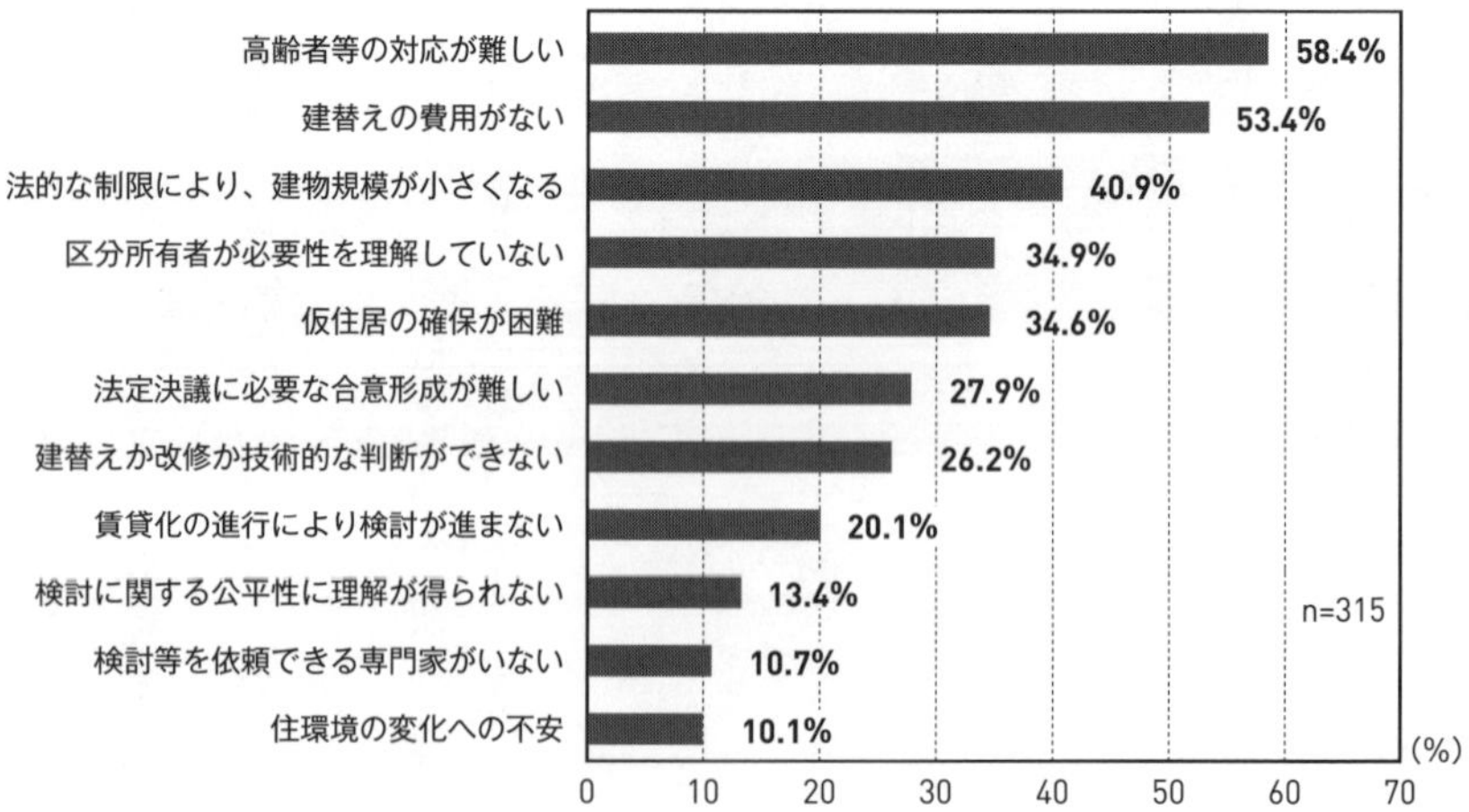

資料：マンション実態調査結果（2013.3公表）／東京都都市整備局

マンション立地による建替え難易度を図式化すると図12（26ページ）のようになる。

限界立地の老朽マンションはスラム化？

図12の「マンション立地ピラミッド」のDエリア、Cエリアの大部分では区分所有者の自助努力による建替えは極めて困難である。建替えどころか、解体費用さえも捻出できないことが想定される。

さらに不幸なことに、時間が経過するにつれて空き家の増加や区分所有権利者が不明という、経済的な問題以上に解決が困難な問題が続出する可能性が高い。

では、限界立地のマンションで大規模修繕工事も建替え決議もできず、老朽化したらどうなるのだろうか。居住に耐えなくなり、市場価値がゼロになってもゴミとして捨てることはできない。そんな状態でも土地の固定資産税の納税義務は残るだろう。

たとえば、区分所有者による資産処分に関する合意ができたとして、

「資産処分収益は土地売却価格からマンション解体費と整地他費用を差し引いたもの」となる。

むろん、そのプロセスは容易ではない。権利者不明住戸があればなおさらである。それでも建物解体後に更地を売却し、多少なりとも所有権割合に応じた売却益が分配されるのなら幸運だろう。その土地も、新しい所有者によって時代や地域にあったものに生まれ変わる。

しかし、売却益がマイナスと予測された場合はどうなるのか。

おそらくは放置され、巨大な廃屋として都市景観の中に残り続けることになるだろう。鉄筋コンクリート造であるがゆえに、１００年たっても滅失することはない。都市の安全性や景観、防犯など、周囲に及ぼす

図12◆マンション立地ピラミッド

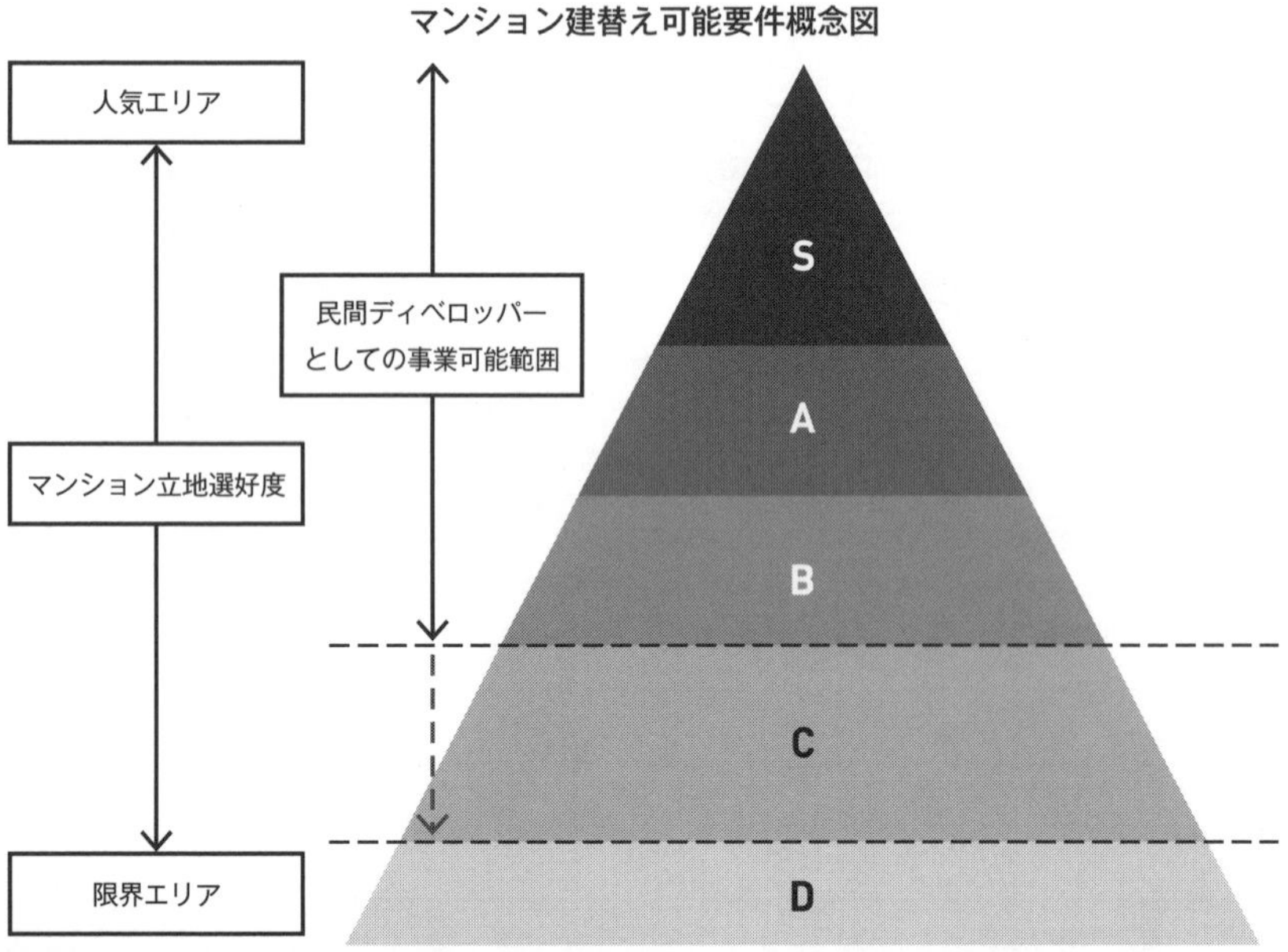

S	極めて優れた立地。既存物件が余剰容積を持っていなくとも建替え後の住宅に極めて高い価値が見込める。総合設計など利用の可能性が高い。 単純にマンション用地として更地では手に入らない立地であり、民間ディベロッパーも事業化には積極的にかかわる。
A	マンション人気立地。余剰容積など民間ディベロッパーにとって建替えメリットが見込める場合には積極的な支援が期待できる。 ただし、既存区分所有者の合意形成に支障が想定される場合は事業化が困難。
B	現在の市場ではマンション用地として十分に成立。しかしながら余剰容積があり、既存管理組合あるいは区分所有者が相当額の建替え資金を確保しており、かつスムーズな合意形成が図れない場合は建替えの実現は難しい。
C	マンション立地として、現在の市況下での限界立地。十分な余剰容積がある場合であっても、管理組合が自らの費用負担で建替え計画を作り、合意形成までを行なわない限り、建替えの実現は困難。 法制度的な支援・税制・補助金等が建替えの実現に大きく影響すると考えられる。
D	現状ではマンション事業可能立地の外。かつて高度成長期、人口激増期にはマンション立地として考えられたエリアであるが、現在再築しても市場価値としては極めて厳しいエリア。自治体等による対応が望まれる。

（筆者作成）

悪影響は計り知れない。

このような「限界マンション」が社会問題化するにはまだしばらくの時間の猶予はあるかもしれない。しかしながら、事例が発生し、社会問題化してから法制度の改正議論を始めても手遅れである。法制度の整備や改正には時間がかかる。その間に問題は加速度的に拡大し、複雑化していくだろう。根本的な問題解決のための法制度の整備、支援策の拡充を検討すべき時期に我々はもう直面しているのではないか。

包括的な公的支援が必須

実効性のある法制度の整備が必要なことは言うまでもないが、前述のように資産処分収益がマイナスになるマンションは、公的支援なしでは放置され荒廃していき、時間が経るほどに解決は困難になる。

この問題の難しさは、単に「解体費補助」といった金銭的支援では解決しないことだ。合意形成の担い手がいなければ何事も先へは進まない。しかし、その担い手は専門知識と長期間にわたる努力を強いられる一方、それに見合う報酬を得られる見込みは極めて低い。

マンション建替えは、理屈の上では管理組合が合意形成の役割を担うことになっているが、現実的には到底無理である。何年にもわたって、ボランティアとして時間と労力を費やすことができる区分所有者がいて、管理組合をまとめ上げることを前提とした仕組みこそ、非現実的であろう。

これまで述べてきたように、老朽化マンション問題は、日本の戦後の経済発展を支えてきた仕組みの必然的帰結とも言える。マンションは「個人の不動産所有権」の集合体として市町村に立地しているが、地方自治体任せにするのではなく、国土として、社会全体として問題解決に取り組む以外に方策はない。

不動産の所有権は憲法にも触れる極めて重い問題だが、日本の将来に向けて早急に取り組むべきである。この問題は解決が遅れれば遅れるほど、確実に深刻化し、複雑化し、肥大化する。まさに「時間との勝負」なのである。人間と不動産の寿命という、避けて通れない事実を踏まえてドラスティックな対応が迫られている。

次項では、法的側面から、マンション老朽化問題の解決策を提案する。

2 法的側面からマンション老朽化問題を考える

マンションの老朽化が進み、もはや延命措置に経済合理性がなくなっても、区分所有法では建替え制度しか用意されていない。しかし、現行制度での建替えが困難を極めることはすでに多くの専門家が指摘している。

「マンション建替えの円滑化等に関する法律」（以下、「マンション建替え円滑化法」）が２０１４年（平成26年）に改正され、耐震強度不足のマンションに対しては、マンション敷地売却事業が認められるようになった。しかし、この事業にも課題がある（後述）。

本項では、八方塞がりの状況を打開する方法として「従来の建替え制度に代わり、区分所有関係を解消できる制度を構築すべきではないか」という問題提起をしたい。

こうした方法を取り入れているアメリカの法制度を紹介する。

アメリカでは区分所有を解消し、共有に

アメリカでは区分所有建物のことをコンドミニアムと呼ぶが、コンドミニアムの最後は、「区分所有関係を解消して共有になる」という形に法制度が整理されている。「共有」関係では各共有者が共有物分割請求権をもつ。これはどの国でも採用している基本原理である。共有という状態は財産保有として不安定だからだ。

しかし、コンドミニアムの場合、物理的に建物を分割できないため、区分所有関係を解消した後、売却して代金を分割することになる。これがアメリカの用意しているコンドミニアムの最後の取扱いである。

日本の民法でも共有物分割請求権を規定

日本の民法にも共有物分割請求権が規定されており、各共有者は一人の意志で、いつでも共有物の分割を請求できる。

参考：民法の起草者の梅謙次郎博士は「共有ハ経済上頗ル不利益ナルモノナリ何トナレハ共有者ノ意見合致スルニ非サレハ充分ニ物ノ利用及ヒ改良ヲ為スコト能ハス且各共有者ハ共有物ニ付テハ自己ノ専有物ニ於ケルカ如ク利害ヲ感セサルヲ以テ自ラ其物ノ利用及ヒ改良ニ熱心ナラサルハ蓋シ人情ノ然ラシムル所ナリ故ニ共有物ハ充分ノ利用、改良ヲ受ケサルコト多ケレハナリ是レ各国ノ立法者カ共有ヲシテカメテ速ニ終了セシメンコトヲ図ル所以ニシテ」と述べて民法の共有物分割請求権である民法２５６条に言及し、「本条ニ於テモ此精神ヲ採用シ特ニ分割を容易ニ

セント欲シタルナリ」と説明している。

しかし、明治時代に民法が制定された当初から、区分所有建物（当時は1階ごとに所有者を異にする西洋式の建物や、日本の長屋で各戸別々に所有する場合が念頭に置かれていた）には共有物分割請求権がないことが明記されていた。なぜなら、共用部分は共有だが、それを分割すれば区分所有建物は利用できないし、共用部分だけを売却することもできないからだ。以後、区分所有建物の最後の処理に関する議論は、1983年（昭和58年）の区分所有法改正まで行なわれていなかった。

変遷を繰り返した共用部分の変更の要件

民法の共有の規定に任せて、分譲マンションなどの区分所有建物を管理運用することには無理がある。そのため、1962年（昭和37年）に区分所有法がつくられ、区分所有建物にふさわしい管理運営をできるようにした。

この法律はその後、何度も改正されてきた。とりわけ共用部分については変遷を繰り返している。たとえば、民法の規定では「各共有者は、他の共有者の同意を得なければ、共有物に変更を加えることができない」（民法251条）とあるが、これでは区分所有者全員同意が必要になり、実質的に何もできなくなる。そこで、現行法では、形状または効用の著しい変更を伴う変更は原則として4分の3、そうではない変更や管理は原則として過半数の賛成でできるようになっている。

大半が実現不能な制度では意味がない

今、問題になっている老朽化したマンションの最後の出口として、区分所有法が用意しているものは建替え制度しかない。しかし、維持管理すら区分所有者間で意見をまとめることが難しい状態に陥ったマンションでは、建替え決議など夢のまた夢であろう。これまで建替えに成功しているのは、非常に恵まれた条件を満たした一握りのマンションしかない。前出の「図12　マンション立地ピラミッド」（26ページ）でも示したように、限界立地の分譲マンションストックの多くは建替えられないだろう。

現実的に多くの場合に使えないような制度は、制度として意味がない。早急に建替え制度に代わる手法を考える必要がある。

区分所有関係を解消し、共有に戻して売却代金を分ける

マンションが劣化していく状況は、ちょうど「共有ハ経済上頗ル不利益ナルモノナリ」と指摘した梅謙次郎博士が想定した状況そのものだ。

共用部分の維持管理が困難になれば、「共有」の基本原則である共有物分割請求権を認めて処分するしかない。しかし、現実に、共用部分の現物分割も共用部分のみの売却ができない以上、アメリカのように区分所有関係を解消して通常の「共有」に戻し、一括売却して代金で分割するか、誰かが共有持分を買い取る形の代償分割かしかない。こうした方法で共有状態の解消を目指すべきではないだろうか。

今、まさにそういう局面が到来しているように思う。

ネックになる日本の借地借家法

では、区分所有関係を解消する場合、借家人はどうなるのだろうか。

アメリカでは、コンドミニアム関係の終了時に、土地建物のすべての権利が何の負担もない所有権となって他人に売却できる状況になる。区分所有関係が解消されると、賃借人の権利は消え、区分所有者が得られる代償の中で解決されるのである。このような帰結が可能であるためには、区分所有建物の処分において、他の区分所有者の利益を害する権利設定はどの区分所有者もできないことが前提とならなければならない。

しかし、日本では借家人を手厚く保護する借地借家法がある。日本の法律が借家人をどう扱っているのだろうか。区分所有のマンションを考える前に共有建物の賃貸借を確認してみよう。

民法（602条）では、所定の期間（3年）以内の賃貸借契約は管理行為であり、持ち分の過半数で決めることができるとしている。この期間（3年）を超える賃貸借は、共有物の処分に当たり、共有者全員の同意を要すると解されている（鎌田薫「民法ノート物権法①」）。

ところが、分譲マンションでは、区分所有者が単独で賃貸借契約を締結できる。定期借家が導入された借地借家法の1999年（平成11年）の改正で賃貸借期間の上限がなくなり、理論的には100年の賃貸借契約も可能になった。つまり、他の区分所有者が知らないうちに、過半の住戸で長期賃貸借契約がなされていたとしても不思議ではない、ということだ。

仮にこうしたマンションで建替えが検討されたとしよう。建替え決議が賃貸借契約を終了する正当事由となるならば、特に支障はない。しかし、この一番大事な部分が法的にグレーであり、この点を明らかにした判例もない。

一方、マンション建替え円滑化法は、借家人との紛争を避けるため、借家人に借家契約の継続を保証するなど手厚く処遇している。同法は都市再開発法の仕組みを導入し、市街地再開発の権利変換処分と同様の処理をしたのである。その結果、区分所有者間の合意形成はますます難しくなった。借家人の居住継続のために、建替えに尽力する所有者がいるだろうか。誰が考えても無理な制度といえよう。

円滑化法の敷地売却事業制度の課題

マンション建替え円滑化法は２００２年（平成14年）に成立したが、その後も建替えは進んでいない。そこで２０１４年（平成26年）の改正で、耐震強度不足のマンションの建替えに容積の割増しを行なう規定を設け、それでも建替えが難しい場合のために敷地売却事業が制度化された。同事業は区分所有関係の解消と同様の効果をもたらすものである。

では、円滑化法の敷地売却制度で問題は解決するのだろうか。

この制度は耐震強度不足の建物に対象を限定し、建物の除却を前提としている。しかも、買受人は、マンションの居住者に代替建築物等を提供しなければならない。具体的には、買受人が「代替建築物の提供等に関する計画」（同法１０９条2項4号）を盛り込んだ買受計画を作成し、これが認定されて初めて買受けることができる仕組みである。

耐震強度不足の危険なマンションの取り壊しであっても、居住者の保護を徹底しないと大きな社会問題になる、との判断からだろう。

しかし、同制度では二重に居住者を保護している。

第1に、区分所有関係を終了させるには耐震強度不足を要件としていること。

第2に、退去した居住者が困らないよう、代替建築物の提供を求めていることである。

しかし、これが本当に居住者の利益になるのだろうか。

買受人が代替建築物を提供するために余分にコストがかかれば、区分所有者が手にする敷地売却代金はそれだけ減る。

また、借家人についても、耐震強度不足の危険なマンションに住み続ける権利を保護する必要があるのだろうか。こうした危険なマンションで区分所有関係を終了させる際にも、借家人を退去させるために多くの損失補償が義務付けられている（同法施行規則67条）。そもそも危険なマンションの取り壊しを、賃貸借契約を終了する正当事由としないこと自体、理解に苦しむ。

区分所有法の建替えでも、建替え決議が賃貸借契約を終了させる正当事由とするのか明らかにせず、マンション建替え円滑化法も徹底して借家人を保護している。結果的に所有者や買受人の負担が増えるため、建替えや敷地売却に消極的にならざるを得ない。その結果、マンションのスラム化が進み、最終的には借家人も出ていかざるを得なくなる。この帰結がいかにナンセンスか、誰が考えてもわかることである。

なお、円滑化法において敷地売却制度を導入することすら、内閣法制局の大きな抵抗があったと聞く。しかし、内閣法制局が大事だと考えていることが本当に大事なことなのか、再考願いたいものである。内閣法制局の問題については本書の第7章でも触れる。

不可解なマンション敷地売却事業の適用要件

前述のように敷地売却制度では耐震強度不足の建物に限定し、建物の除却を前提にしている。しかし、「区分所有関係の解消」の本来の趣旨からすれば、建物の除却は前提要件にはならないし、耐震強度不足の建物に限定する理由もない。区分所有者らが自己責任のもとに共有関係の終了を考えればよいことで、公共性や公益性を考慮しなくてもよいからである。

もっとも、日本では更地価格が高いため、区分所有関係を解消して処分する際に建物を除去するケースが多くなるだろう。そうした場合、借家人の退去が前提になる。厄介な借家人が居座っていれば、購入希望者は購入を断念するか、購入価格を減額するだろう。所有者が売却代金を極大化させるには、借家人の権利を区分所有関係の解消で終了させざるを得ない。

その場合、先に紹介したアメリカのコンドミニアムの「いかなる区分所有者も、最終的な共有物分割請求権を害することはできない」という考え方が参考になる。

この点を明確にしないで借家人の取扱いを議論すると、「借家人の権利を消滅させるに足る公共性や公益性がなければ、区分所有関係を解消できない」という議論になる。しかし、区分所有関係の解消はいわば私法上の問題であって、ここに公共性や公益性の議論が入ってくること自体、筋違いではないだろうか。

区分所有を解消して売却、分配へ

以上の通り、区分所有法の建替えもマンション建替え円滑化法の敷地売却制度も実効性が乏しい。それならば、共有物分割請求権の制度趣旨に立ち返って考えるべきではないだろうか。
区分所有者間の協議が進まず、マンションの劣化やスラム化が懸念されるのであれば、一定の特別多数決で区分所有関係を解消し、共有状態に戻す。そして共有物分割請求権を行使し、借家人の権利を消滅させてマンションを売却し、売却代金を区分所有者間で分配する。この仕組みがもっともシンプルで合理的であろう。

この仕組みは必ずしも既存建物の取り壊しを前提とする必要がない。購入した第三者は既存建物をリノベーションして賃貸事業を行なうこともできるし、取り壊して再築したり別な目的に利用することもできる。従来の区分所有者や借家人がリノベーション後の建物に借家人として住むことを望み、互いに満足できる条件で賃貸借契約を締結できれば賃貸事業も安定し、双方にとって大変望ましい。ただし、事前にそうした予約契約を締結して入札に臨む購入希望者がいても、落札者はあくまでも最高価格を付けた者でなければならない。そうしなければ、区分所有権解消後に退去する者と残る者の公平性が確保できないからだ。

こうした制約はあるものの、新築分譲マンション事業が成立するエリアは限定されており、既存建物をリノベーションして賃貸事業に転換するしか採算が合わない立地もある。既存建物を再活用できる仕組みも用意しておかなければならない。

なお、所有者であろうと借家人であろうと、マンションから退去した後、住むところがないなら、これは社会問題である。真に保護すべき人をどのように定め、どう対応するか、これは社会福祉の視点で検討すべき領域の問題だ。

付け加えるならば、適切な維持修繕で建物をできるだけ延命し、策が尽きたときに区分所有の解消制度が登場することが望ましい。しかし、マンションの質は千差万別であり、居住者の考え方も十人十色である。

梅謙次郎も共有物に対して「其ノ物ノ利用及ヒ改良ニ熱心ナラサルハ蓋シ人情ノ然ラシムル所ナリ」と指摘している。こうした冷厳たる真実に目を背けることなく、老朽化し管理不全となったマンションが急増する事態に備えた法制度を用意しておくべきである。さもなければ、分譲マンションのスラム化が進み、所有者不明の住戸も増えて、最終処理が加速度的に難しくなってしまうだろう。

Column

老朽マンションを投資物件に再生する

現在、我が国の老朽マンション対策としては、5分の4決議で建替える制度と、旧耐震マンションに限っては区分所有関係を解消して建物を解体し、一括売却する制度しかない。いずれにしても、5分の4の区分所有者が合意する可能性は非常に低い。前者は追加資金の拠出がネックになるし、後者では高齢者の多くが立退きに反対するだろう。

そこで「区分所有関係の解消制度」を旧耐震だけでなく、新耐震マンションにも適用し、次のような新たな選択肢を設けてはどうか。

マンションの区分所有関係を解消し、土地・建物を一括してディベロッパーに売却する。ディベロッパーは1棟丸ごとリノベーションし、収益不動産（賃貸マンション等）に再生する。「住み慣れた場所に住み続けたい」という旧区分所有者は、売却代金から家賃を支払って住み続ける。分配金を原資にして他に住み替えることも自由だ。

このスキームならば、「改修資金はないが、立退きたくもない」という要望に応えられるため、高齢者の賛同も得やすくなる。

一方、購入するディベロッパーにもメリットがある。

日本の不動産投資市場は投資適格物件が極端に少ない。これはグローバルな投資家にとって周知の事実である。投資物件に再生すれば、この市場に投入できる。

もちろん、全ての分譲マンションが対象となるわけではないが、ディベロッパーにとって、分譲マンションの建替え事業よりはるかに参入メリットが大きい。さらに、優れたリノベーション技術を持つ施工会社や建物の管理運営会社、仲介会社、投資家（年金基金など）が関与するチャンスが増え、ビジネスフィールドは大きく広がる。

建物と区分所有者の「ダブル高齢化」は年々加速し、解決の困難さも時とともに増幅する。所有者不明の空き家が分譲マンションでも多発し、管理費や修繕積立金の滞納による管理不全マンション増加のトリガーとなるだろう。こうしたマンションは早晩スラム化し、地域の荒廃を招く。

老朽マンションは決して区分所有者だけの問題ではない。深刻な社会問題であるという認識を持って社会全体で取り組む必要がある。

第2章

≫

土地が見捨てられる?
「所有者不明土地問題」に見る土地制度の課題

限られた国土に1億人が住む日本。
バブル崩壊まで、日本人にとって土地はもっとも貴重で有利な財産だった。
しかし今、所有者から「見捨てられる土地」が急増している。
一体、何が起こっているのだろうか。
そして、それは社会にどんな影響を与えるのだろうか。

土地の所有者がわからない

近年、所有者不明の土地が社会問題として大きな関心を集めている。不動産登記等の各種台帳では土地の所有者の所在や生死が直ちにはわからず、災害復興や新たな土地利用を進める上で大きな障害となっているからだ。

東日本大震災の復興事業では土地の所有者がわからず、復興が進まないケースが多発した。２０１６年4月に発生した熊本地震の被災地でも、熊本市だけで所有者や相続人に連絡がつかず、地震で傾いた空き家が解体できない事例が50件を超えた（『西日本新聞』２０１７年6月28日付朝刊）。2カ月後の熊本の豪雨災害では、宇土市住吉町の土砂崩れ現場の土地で、県内外に点在する相続人46人との連絡や調整が難航し、県が補強工事に着手できないまま、2年以上が経過している（同紙、２０１８年6月21日付朝刊）。

その他にも空き家や耕作放棄地など、所有者が見つからないために対策が進まない例が後を立たない。

なぜ、土地が見捨てられたのか。

現実に、所有者不明の土地はどのくらいあるのか。

それを防ぐには、どんな対策が必要なのだろうか。

政策対応の状況も交えつつ、所有者不明土地問題を整理し、そこから日本の土地制度の課題を探っていこう。

行政も頭を抱える「空き家問題」

所有者の所在や生死がすぐにわからない不動産として、もっとも身近な例が空き家だろう。

２０１５年、「空家等対策の推進に関する特別措置法」によって、長崎県新上五島町（２０１５年７月）と神奈川県横須賀市（同10月）の空き家が強制撤去された。どちらも行政のどの台帳からも所有者が特定できない「所有者不明」物件だった。

荒廃した空き家を放置すれば、防犯・防災上、周囲に迷惑が及ぶ。しかし、所有者がわからない以上、改善や撤去を要請することもできず、撤去費用を請求することもできない。所有者を探し出すにも費用や手間がかかる。自治体にとっては泣きっ面にハチである。

２０１４年、日本司法書士会連合会 司法書士総合研究所は自治体にアンケート調査を実施した。回答した１５７団体のうち、空き地・空き家問題が解決しない理由として「所有者の特定が困難」を挙げた自治体がもっとも多く、全体の85％（１３４自治体）に上った。[*1]

また、２０１５年、山形県鶴岡市は市内の空き家２８０６棟について所有者の意向調査を行なった。２８０６件のうち、なんと４７９件が所有者不明などで調査票が送付できず、宛先不明で返送されたものも１４２件あった。調査報告書では「老朽危険度が高い空き家ほど、宛先不明や未送付の割合が高くなる傾向」、「相続がされておらず、所有権が確定していない空き家が放置されている事例が多い」としている。[*2]

相続後の不動産登記は「義務」ではなく「任意」

なぜ、こうした問題が起きるのだろうか。

土地所有者の所在がわからなくなる大きな要因に「相続未登記」がある。

一般に土地や家屋の所有者が死亡すると、新たな所有者となった相続人が相続登記を行ない、不動産登記簿の名義を先代から自分へ書き換える手続きをする。しかし、大きな問題は「相続登記は義務ではない」ことだ。名義変更の手続きを行なうかどうか、また、いつ行なうかは相続人の判断次第なのだ。

相続人が相続登記をしなければ、不動産登記簿上の名義は死亡者のまま、相続人の誰かがその土地を利用している状態になる。このまま時を経て世代交代が進めば、法定相続人はねずみ算式に増え、登記簿情報と実態がかけ離れていく。

2017年の法務省の調査からは、こうした実態が浮かび上がる。

法務省は、全国10地区から累計11万8346人分の土地の登記記録を調べた。それによると、50年以上登記の変更がない土地が大都市で6・6%、中小都市・中山間地域では26・6%に上った。これらの土地は所有者の死後、相続登記がされないままになっている可能性が高い。

所有者の探索には膨大な時間と費用が

相続登記は「義務」ではなく、「任意」であるため、こうした状態自体は違法ではない。

しかし、土地を利用する話が持ち上がったり、第三者が所有者に連絡をとろうとした場合、大きな支障となる。不動産登記簿上の何十年も前の情報から相続人全員を特定し、同意を取り付けなければならないからだ。

具体的な作業は、相続人全員の戸籍謄本や住民票の写しを取得して親族関係を調べ、相続関係説明図をつくり、法定相続人を特定する。その上で、登記の名義変更について相続人全員の同意を取り付けなければばならない。相続人のなかに、一人でも所在不明や海外在住などで連絡のつかない人がいれば、手続きのための時間や費用はさらにかかる。

「土地の所有者がわからず、土地利用が進められない」という現象の背景には、こうした相続未登記の問題がある。

根底には制度上の課題がある

所有者不明土地問題の根底には「土地の所有・利用実態を把握する情報基盤が整っていない」という制度上の根本的な課題がある。

読者の皆さんは「土地の権利関係なら、不動産登記簿を見ればすぐわかるだろう」と思うかもしれない。しかし、前述のとおり、権利の登記はあくまでも「任意」である。

不動産登記簿の他にも固定資産課税台帳、農地台帳など、目的別に各種台帳は作成されているが、内容や精度はさまざまであり、情報を一カ所で把握できる仕組みがない。国土管理の土台となるものとして、地籍調査（土地の一区画ごとの面積、境界、所有者などを確定するもの）があるが、１９５１年の調査開始以来、進捗率は未だ5割なのである。

その一方、個人の所有権は諸外国に比べて極めて強い。

なぜ、不動産登記は「任意」なのか

では、なぜ不動産登記は「任意」なのか。

その理由は、不動産登記制度はもともと「権利の保全と取引の安全を確保するための仕組みであり、最新の土地所有者情報を把握するためのものではない」からだ。登記後に所有者が転居した場合も住所変更を届け出る義務はない。そのため、所有者が登記を書き換えなければ、登記簿上の名義人が死亡したままだったり、古い住所が何十年も残り続けることになる。

また、前述の通り、相続登記を相続人が行なうかどうか、また、いつ行なうかは個人の意思に委ねられている。登記するかどうかは個人の都合や事情だけでなく、景気動向などの経済的社会的な要因によっても影響を受ける。

たとえば、景気がよくなり、土地取引が活発化して地価が上がる局面では、売却の準備として相続登記をしておこうというモチベーションが高まる。あるいは、公共事業が起こり、売却できそうな状況になったため、相続から何年も経ってから登記するケースもある。

つまり、現行の制度は、市場動向や個人の意向で土地所有者情報の精度が左右される仕組みになっているのである。

「負の資産」を費用と手間をかけて登記するか？

相続未登記の増加には時代的な背景もある。すべての土地が有利な資産であった時代は終わった。今後も人口減少に伴って土地需要が低下する可能性は高い。

国土交通省が毎年実施している「土地問題に関する国民の意識調査」によると、「土地は預貯金や株式などに比べて有利な資産か」という問いに対して、２０１６年度は「そうは思わない」とする回答が調査開始以来最高の40・５％を占めた。これは１９９３年度（21・３％）の約2倍である。

今の仕組みのままでは、今後、相続登記する人が増えるとは考えにくい。

空き家の放置や農地の耕作放棄を、所有者による「管理の放置」と呼ぶとすれば、相続未登記によって死亡者の名前が何十年も登記簿に残り続けるのは、所有者による「権利の放置」ともいえる。しかも、この問題は普段はなかなか表面化しないから厄介だ。農地を利用する、空き家対策を進める、あるいは災害が起きる、といったきっかけがあって初めて、その実態が見えてくる。

関係者は以前から問題視していた

実はこうした相続未登記が地域に及ぼす影響については、農林業の従事者や研究者をはじめ、自治体や法務局、法曹界、不動産業界などの関係者はかなり早くから認識していたし、指摘してきた。

林業では、１９９０年代初頭に森林所有者に占める不在地主の割合が2割を超しており、過疎化や相続の増加で、所有者の把握がますます難しくなることが懸念されていた。[*3]

農業でも、死亡者名義の農地が集約化や耕作放棄地対策の支障になるとして、長年問題視されていた。２０１５年の鹿児島県の実態調査では、県内の21％に当たる３万２９００haで、登記簿上の所有者がすでに死亡していることがわかっている。[*4]

道路建設など自治体の公共事業でも同様の問題が起きていた。相続未登記の土地が用地交渉や取得手続きの大きな障害であることは、自治体の現場ではよく知られている。

たとえば、全国町村会が２０１３年７月に決定した「平成26年度政府予算編成及び施策に関する要望」では、次のような要望が出されている。

「相続人が多数存在し、かつ相続手続きが一定期間（すくなくとも三世代以上）なされていない土地を、地域住民が生活していくうえで不可欠な公共用地として取得する場合は簡略な手続きで行なえるよう法的整備を」と。

こうした問題は関係者の間でこそ知られていたが、一般の目に触れることは少なかった。しかし、近年、震災復興や空き家対策のなかで大きく取り上げられ、広く社会に認識されるようになった。

５５７の自治体が「問題が生じたことがある」と回答

では、全国の実態はどうなっているのだろうか。

本書の共同執筆者である吉原祥子らは、所有者不明土地の実態を定量的に把握するため、２０１４年秋に全国１７１８市町村および東京都（23区）の税務部局を対象に、アンケート調査を実施。全国８８８自治体から回答を得た（回答率52％）。

調査目的は、相続未登記が固定資産税の納税義務者（土地所有者）の特定にどんな問題を起こしているかを調べることによって、間接的ではあるが、所有者不明土地問題の実態を把握するためである。

まず、「これまで土地の所有者が特定できないことで問題が生じたことはありますか」との質問に対して、

63％に当たる557自治体が「ある」と回答。具体的にどのような問題が起きたか、選択式（複数回答）で尋ねた。

その回答としては「固定資産税の徴収が難しくなった」（486自治体）が最も多く、次いで、「老朽化した空き家の危険家屋化」（253自治体）と「土地が放置され、荒廃が進んだ」（238自治体）がほぼ同数だった。

「死亡者課税」が増える制度的要因

同調査では「死亡者課税」についても尋ねている。

死亡者課税とは、相続未登記の事案に対して税務部局の相続人調査が追いつかず、やむなく死亡者名義で課税を続けていることを言う。死亡者への課税は本来無効であるが、相続人調査には多大な時間が必要なため、次善の策として、「納税通知書を受け取った親族の誰か、あるいは相続人の代表者が払っていればよい」としている。

146自治体（16％）が「（死亡者課税の事例が）あり」と回答しており、納税義務者に占める人数比率（土地、免税点以上）は6・5％で、「なし」は7自治体（1％）だった。735自治体（83％）は「わからない」と回答し、所有者の生死を正確に把握することが困難な実態の一端が浮かび上がった。

次に「死亡者課税が今後増えていくと思うか」と尋ねたところ、「そう思う」もしくは「どちらかといえばそう思う」が770自治体（87％）に上った。その理由を記述式で尋ねたところ、491自治体から回答があり、「制度的な要因」と「社会的な要因」に大別された。

まず、制度的な要因としては、「手続きの煩雑さ」や「費用負担の大きさ」などを理由に挙げた自治体が222に上った。さらに、所有者が自治体以外に住んでおり、死亡の把握が難しいことや、不在地主の増加で相続人調査が難しくなっている実態も指摘された。

たとえば、A市に住民登録のない納税義務者（不在地主）B氏が死亡した場合、現行の制度では、B氏の死亡届の情報がA市に通知される仕組みがない。そのため、相続人が相続登記をするか、納税通知書が戻るか、滞納などがない限り、A市は納税義務者（不在地主）の死亡を把握すること自体が難しいのである。それに加えて、所有者の死亡や転居後、古い住民票（除票）が保存期間（通常5年）を過ぎて廃棄処分された場合には、相続人調査はますます困難になる。

「死亡者課税」が増える社会的要因

次に、死亡者課税が増える社会的な要因は何か。

理由として挙がったのは、土地の資産価値の低下や、管理負担を理由に相続放棄が増加していること、親族関係が希薄になり、遺産分割協議が難しくなっていることなどである。

具体的には次のような回答（記述式）があった。

「土地の売買等も沈静化しており、正しく相続登記を行なっていなくても当面実質的問題が発生しないケースが増えている」

「相続人が地元に残っていない。山林・田畑について、所有する土地がどこにあるかわからない方が多い」

「土地は利益となる場合よりも負担（毎年の税金等）になる場合が多いので、相続人も引き受けたがらない」

「過疎地で固定資産の価値も低い上、所有者の子が地元に帰ることがますます少なくなり、固定資産に対する愛着がなくなってゆく」等々。

調査結果からは、「人口減少・高齢化」といった社会の変化と「硬直化した現行制度」によって、土地所有者（納税義務者）の把握がますます困難になっている構造が浮かび上がった。[*5]

今後、必要な対策と近年の政策動向

では、今後どのような対策が必要だろうか。

冒頭で述べたとおり、所有者不明土地問題について、近年、国の政策が動き始めている。その動向も交えながら整理してみたい。

政府はこの問題に対応するため、２０１８年の通常国会に「所有者不明土地の利用の円滑化等に関する特別措置法案」を提出。同法案は同年6月6日に可決成立した。

この法律は、所有者不明土地を公共的目的のために一定期間利用可能とする「地域福利増進事業」など、新たな仕組みを盛り込んだものであり、所有者不明土地問題への当面の「対応策」として着実な第一歩といえる（50ページ表1）。

さらに、２０１８年6月15日に閣議決定された「骨太の方針２０１８」に、今後、取り組むべき課題と期限が盛り込まれた。これは中期的な「予防策」の検討と位置付けることができる。

具体的には、所有者が負うべき責務やその担保方策をはじめ、相続等が起こった場合に、これを登記に反映させる仕組み、所有者が土地を手放すための仕組み、さらに所有者情報を円滑に把握する仕組みなどの中

表1◆「所有者不明土地の利用の円滑化等に関する特別措置法」の骨子

1．所有者不明土地を円滑に利用する仕組み
　反対する権利者がおらず、建築物（簡易な構造で小規模なものを除く）がなく、現に利用されていない所有者不明土地について、以下の仕組みを構築。
・公共事業における収用手続の合理化・円滑化（所有権の取得）
　国、都道府県知事が事業認定した事業について、収用委員会に代わり都道府県知事が裁定
・地域福利増進事業の創設（利用権の設定）
　地域住民等の福祉・利便の増進に資する事業について、都道府県知事が公益性を確認し、一定期間の公告に付した上で、利用権（上限10年間）を設定（所有者が現れ明渡しを求めた場合は、期間終了後に原状回復、異議がない場合は延長可能）

2．所有者の探索を合理化する仕組み
・土地の所有者の探索のために必要な公的情報について、行政機関が利用できる制度を創設
・長期間、相続登記等がされていない土地について、登記官が、長期相続登記等未了土地である旨等を登記簿に記録すること等ができる制度を創設

3．所有者不明土地を適切に管理する仕組み
・所有者不明土地の適切な管理のために特に必要がある場合に、地方公共団体の長等が家庭裁判所に対し、財産管理人の選任等を請求可能にする制度を創設

（出所）国土交通省報道発表資料（2018年3月9日）
http://www.mlit.go.jp/report/press/totikensangyo02_hh_000106.html

期的課題が挙がった。そして、これらについて、「2018年度中に制度改正の具体的方向性を提示した上で、2020年までに必要な制度改正の実現を目指す」ことが明記された。[*6] 今後、土地の基本制度に踏み込んだ検討が本格化していくことになる。

しかしながら、これらはいずれも根の深い重要な課題である。そこで、これらの課題を(1)相続登記のあり方、(2)「受け皿」づくり、(3)土地情報基盤のあり方に整理し、順番に見ていこう。なお、(4)としてグローバル化への対応についても触れる。

1 相続登記のあり方

喫緊の課題は相続登記の促進

所有者不明土地問題の発生・拡大

を防ぐために、もっとも重要で喫緊の課題が相続登記を進めることである。

先述のとおり、日本では登記情報が実質的に土地所有者についての主要な情報源だが、相続登記はあくまでも任意となっている。国土というレベルで土地を見たとき、政策の基盤となる情報が個人の任意の上に成り立っているのは大きな問題である。

中期的には相続登記のあり方について根本的な見直しを進めつつ、まずは現行の制度を前提として改善策を探すことが先決であろう。

問題の種類に応じた複数の対策を

相続登記が任意である以上、登記の促進効果が限定的になることは避けられない。そこで、登記が古いままの土地が地域の土地利用を妨げないよう、そうした土地について問題の種類に応じた複数の対応策を用意することが必要になる。

相続手続きの簡素化も喫緊の課題

相続手続きの簡便化も急務だ。

相続登記で苦労した経験者からは「明治時代にまで遡って親族関係を洗い出させるような相続手続きを大幅に簡素化するべき」、「現在の相続人の協議書のみで名義変更ができる制度改革を」といった声が挙がっている。相続人が手続きの面倒さに辟易して相続登記を断念しないよう、実態に即した簡便な制度にするべきだろう。

2 「受け皿」づくり

見捨てられる土地は今後も増える

所有者不明土地問題の対策として、第2に重要なのは「受け皿」づくりである。人口が減少し、使われない土地が増加しているからだ。

「地方に住む親から土地を相続したものの、管理も売却もできず、先の見通しが立たない」といったケースは今後ますます増えていくだろう。相続によって不在地主が増えれば、地元の自治体の所有者探しは一層難しくなる。

国は原則として土地の寄付を受けない

ところが、現状ではこうした土地の受け皿がほとんどない。

国は原則として行政目的で使用する予定がない限り、土地の寄付は受け付けていない。財務省のウェブサイトの「よくあるご質問」には、「国に土地等を寄付したいと考えていますが、可能でしょうか」という問いに対して、次のような回答が載っている。

「行政目的で使用する予定のない土地等の寄付については、維持・管理コスト（国民負担）が増大する可能性等が考えられるため、これを受け入れておりません」[*7]

実際、相続財産管理制度に基づいて、2015年度に国が受け取った土地・建物は、土地が37件、建物は2件のみだった。[*8]

自治体も土地の寄付はほぼ受け付けない

表２◆土地の寄付希望と実際の受け付け（件数別）

件　数	0件	1～5件	6～10件	11～20件	21件～
寄付の申し出を受けた自治体の件数別の数と割合	38	304	86	42	25
	8%	61%	17%	8%	5%
実際に寄付を受けた自治体の件数別の数と割合	220	135	27	14	—
	56%	34%	7%	4%	—

出所：筆者作成（注：端数処理の関係で合計が100%になっていない）

また、先出の自治体アンケート調査では、住民からの土地の寄付希望についても尋ねている。自治体の回答から、自治体が住民から土地の寄付を受け取るのは、道路用地など公的利用が見込める場合にほぼ限定されていることがわかった。

調査票では「貴自治体へ土地を寄付したいというケースは年間どれくらいありますか」、「上記のうち、寄付を受け取る事例は年間どれくらいありますか」と尋ねた。

個人からの寄付希望については４９５自治体から回答があり、年間の申し出件数は「１～５件」が３０４自治体（61％）で最も多く、実際に寄付を受け取った件数は、「０件」が２２０自治体（56％）と最多だった（表2）。

なお、回答欄には、「寄付したいという依頼自体は複数の課の窓口で聞くため、その総数は把握できていない」、「寄付は担当課が違うため、わかる範囲」という但し書きが散見された。したがって、役所全体での総数はこの集計結果よりも多い可能性がある。

受け取るのは、公的利用が見込める土地のみ

さらに「土地の寄付を受け取る場合と、受け取らない場合のそれぞれについて、どのような事例がありますか」と尋ねた（記述式）。

「受け取る土地事例」については365自治体から回答があり、「公的利用が見込める場合」が343自治体（94％）だった。公的利用の具体例は、人口規模や地域を問わず道路用地がほとんどだった。その他には「自治体がすでに所有する土地の隣接地であり、取得することで有利になる場合」「更地で、除雪などで活用できる場合」「文化的価値又は公共性があると判断された物件」など。

「受け取らない土地事例」については、420自治体から回答があり、「公的利用が見込めない場合」（266自治体）のほか、「個人の都合による場合」（39自治体）、「権利関係に問題がある場合」（37自治体）、「維持管理が負担となる場合」（34自治体）といった回答が見られた。

「原則として受け取らない」とする回答も50自治体あった。理由として「公共資産を処分しているなか、不要な土地の受け取りはしない」（2万～5万人）、「合併以降、使っていない市有地を払い下げなどで処分しているので寄付は受け取らない」（5万～10万人）といった記述があった（カッコ内の数字は回答した自治体の人口規模。以下同）。

また、欄外や自由記述欄には、所有者が寄付を申し出る理由として「固定資産税が支払えない、土地の管理ができない、老朽化して住めないなどにより、当該土地・家屋は不要であり、行政が管理・受け取ってほしい、といった自己都合による場合がほとんどである」（2万～5万人）、「相続人が市外在住である、または高齢のために金銭的体力的に維持管理が難しいため、が多数である」（20万～30万人）といった記述が見られた。

この調査結果から、利用見込みや資産価値の低い土地の処分に所有者が苦慮している一方で、行政が個人から土地の寄付を受け取るのは、道路用地など公共的な利用見込みのあるごく一部の事例に限られていることがわかった。

本来、所有者が維持管理しきれなくなった土地については、できれば「皆のもの」に戻したり、新たな売買・利用方法を斡旋できる仕組みが揃っていることが望ましい。だが、現状ではそうした選択肢は限られている。

モデル地区を設け、新たな受け皿づくりを

今後、こうした土地が放置されれば、その土地だけなく、地域の荒廃にもつながり、相続未登記により権利関係もますます複雑化してしまう。

土地の保全や地域の公益の観点からも新たな仕組みをつくる必要がある。

たとえば、こうした土地を受け取り、最低限の管理を行なう非営利組織を各自治体に設置する方法もその一つである。行政主導で新たな仕組みをすべて作り出すことは難しいし、都市部と中山間地域では事情も違う。同一の仕組みを全国一律に適用することは合理的ではない。まず、モデル地区をつくり、民間の専門家の知恵を活用しながら実験的な取り組みを進めることが現実的だろう。

「受け皿」組織は土地という個人の財産を扱うため、大きな責任を担うことになる。実現には国による財政的、法的な支援をはじめ、人材面の支援も重要だ。

人口１・５万人のある自治体では、農林課、建設課、税務課といった部局を超えて存在する土地問題に対応するため、専従の嘱託職員を配置している。その職員によれば「自治体には土地関係の専門職員がいない。各課に事業が分かれており、職員も数年で異動になるため、詳しいことがわからない」、「制度をよくわかっていない職員が、抵当権の抹消をせずに登記を進めてしまったこともあった」と話す。

自治体や地域のＮＰＯが地域の土地の「受け皿」となり、土地の管理や権利の保全を行なっていくために

は、どのような専門職員を擁するかも重要な論点になろう。

3 土地情報基盤のあり方

所有者不明土地問題への対策として、第3の論点が土地情報基盤のあり方である。相続登記の申請が任意である以上、現行制度だけで土地の所有者情報を把握することは難しい。現在あるさまざまな台帳を最大限に活用し、最低限必要な基礎情報を効率的に把握できる仕組みが不可欠だ。

現在、土地の所有・利用については不動産登記簿のほか、固定資産課税台帳、農地台帳などが目的別に作成されている。しかし、作成目的が違うため、内容や精度にばらつきがある上、台帳間の情報連携も一部に限られている。各種の台帳を有効活用して所有者情報を把握するためには、できる限りシステム間の情報連携を進めるべきだろう。

固定資産税台帳等の情報を利用できる制度も

不動産登記簿の限界は関係者の間では知られており、空き家対策や農地台帳の整備などでは、所有者情報源として固定資産課税台帳の相続人情報が重視されている。その利用についても法的に位置づけられてきた。今般の特別措置法でも、所有者を探すために行政機関が固定資産課税台帳等の情報を利用できる制度が創設された。

ただし、固定資産課税台帳も万能ではない。

先述のアンケート調査では、複数の自治体から「免税点未満」の土地所有者情報は十分に把握していないという指摘があった（同一名義人が、同一自治体内に所有する土地の課税標準額の合計額が30万円未満の場合、「免税点未満」として固定資産税が免除される）。

総務省の2016年度の統計によると、全国の課税対象となる個人所有の土地のうち、免税点未満の土地は面積比率では9％程度。しかし、納税義務者数では全体の19％（免税点未満741万人／総数3940万人）を占める。特に町村部では37％（211万人／572万人）に上っている。

免税点未満の土地は「蚊帳の外」

同調査では、自治体の税務部局から免税点未満の土地所有者について次のような回答があった。

「事務処理簡素化のため、免税点以下の物件所有者の相続人調査は以前から行なっていない」（1万～2万人）、「免税点未満の場合は、費用対効果を理由に所有者の特定事務を実施しない場合が多い」（1万～2万人）、さらに、「免税点未満の約4万2000人の納税義務者のうち、どの程度死亡者がいるかまったく把握していない」（10万～20万人）。

免税点未満の土地の所有者には納税通知書が届かないため、土地の存在自体に相続人が気づかないおそれもある。つまり、免税点未満の土地は、税務部局、所有者（相続人）双方から関心の対象外とされ、登記簿上も課税台帳上も所有者情報が更新されていない可能性が高い。

土地情報基盤の議論ではこうした実態にも留意する必要があろう。政府の基本方針で示された登記簿と戸籍等の連携システムの構築をはじめ、現在ある各種台帳を有効活用し、情報連携の精度を高めていくことが求められる。

4 グローバル化への対応

土地情報基盤を検討する際、グローバル化という視点も重要である。

国土交通省は2013年8月、「不動産市場における国際展開戦略」を公表した。日本の持続的な成長のため、海外投資家による投資を呼び込もうと、英語による日本の不動産市場に関する情報発信や「不動産事業者のための国際対応実務マニュアル」（2017年8月）の整備など、不動産市場の活性化に向けた政策を進めている。

投資促進策を進める上でも、土地についての情報基盤と所有者の把握や権利の確定に関わる法制度を整備することが不可欠である。

国境を越え、所有者不明土地問題が広がる

今や不動産の所有者や法定相続人が海外在住というケースも珍しくない。調査対象が海外に広がれば、追跡にはさらに多くの時間と費用がかかる。また、不動産取得のグローバル化が進み、海外での転売や相続が発生すれば、同様の問題がより複雑な形で起こるだろう。

外国為替および外国貿易法（外為法）では、日本国内に住所を持たない非居住者が投資目的の不動産を取得するとき、事前届出や事後報告を義務付けている。しかし、届出件数などの情報は公表されていない。実際に行なわれた売買に対してどれだけ届出が出されているのかも不明だ。

加えて、非居住者が他の非居住者に日本の不動産を転売した場合、報告義務の対象外である（外国為替の取引等の報告に関する財務省令第5条第2項10）。こうした不動産の所有者情報を追うことは現行制度では極めて難しい。

海外からの不動産投資が進むある自治体では、毎年、海外宛に納税通知書を１００件ほど発送しているが、15件ほどが先方に届かず、戻ってきてしまうという。徴税吏員の質問検査権は海外には及ばないため、調査には限界がある。担当者は「納税通知書が戻ってきた場合、あとは公示送達と不納欠損処分を毎年繰り返すしかない」と現状を話す。

こうした課題を放置したまま土地所有のグローバル化が進めば、国境を越えて「所有者不明化問題」が広がることに繋がりかねない。国内外から優良な投資や多様な人材を地域に呼び込むためにも、今、自治体の現場で起きているさまざまな所有者不明土地の実例に照らしつつ、慎重に制度を検証する必要がある。

土地を次世代に適切に引き継ぐために

国、自治体の役割分担と連携

以上、主要な論点を整理して、今後の政策議論の方向性を考えてみた。

いずれも、個人や市場に任せているだけでは解決しない。まずは人口減少を前提とした国土保全のあり方について国としての理念を打ち立て、土台となる制度の枠組みを再構築しなければならない。

その上で、各自治体が地域の特性に応じた柔軟な取り組みを促進できるよう、国と自治体が役割分担をして取り組んでいくことが必要である。国として標準化すべき土台と、地域の特性に応じて自律的に対応する部分を丁寧に整理していくことだ。

所有者不明土地問題は、これまでの土地需要や人口増を前提とした現行制度と、人口減少・高齢化という社会変化の狭間で拡大してきた構造的な問題である。問題を一気に解決する万能薬はない。これまで築き上げてきた制度も活かしつつ、国としての共通基盤の上に、それぞれの地域に馴染む多様な方法を一つひとつ作っていくことが必要だ。

土地所有者には権利だけでなく責務がある

土地とは、本来的に公共的な性格をもつものだ。

民法学者の渡辺洋三は、土地のもつ4つの特質として「人間の労働生産物ではないこと」、「絶対に動かすことのできない固定物であること」、「相互に関連をもって全体につながっていること」、そして、「人間の生活あるいは生産というあらゆる人間活動にとって絶対不可欠な基礎をなしていること」を挙げ、これらの特質ゆえに、土地とは本来的に公共的な性格をもつと結論づけている。[*9]

土地がもつこうした特性に鑑みれば、所有者には自らの利益だけでなく、公共の利益のためにも土地を適切に管理し、権利を明確化する責務があると言えるのではないか。今後、所有者の責務のあり方を具体的に考え、社会全体で共有していくことも忘れてはならない。

冒頭でも触れたが、東日本大震災の被災地では、移転候補地のうち、相続登記が長期にわたって行なわれていなかった土地の権利調整が難航し、避難生活の長期化の一因となった。

空き家対策では、荒廃した家屋を強制撤去せざるを得なくなった場合、所有者不明であれば撤去費用を請求することができず、税金で賄うことになる。所有者の管理不全によって生じる不利益は地域社会や地域住民へ及んでいくのだ。

「土地登記は所有者の責務」と条例で規定した自治体も

所有者の責務を考える１つの事例として、京都府が２０１４年に制定した「京都府森林の適正な管理に関する条例」を紹介したい。

京都府では府の面積の約８割を森林が占めており、近年、豪雨などによる山地崩壊や土砂流出が問題となっている。そこで府は、森林の所有者に災害の復旧や防止に対する意識を喚起し、所有者の責務を明確化するため、適正な管理のあり方について条例で定めた。

特筆すべき点は「森林の所有者は、その所有する森林に関する権利関係が登記簿に正確に記録されるよう努めなければならない」（第3条2項）として、所有者の責務を規定したことだ。努力規定とはいえ、権利関係を正確に登記簿に記録することを所有者の責務と位置付けたのはこの条例が全国で初めてである。

国の土地基本法（１９８９年制定）には、このような所有者の責務についての規定はない。土地という公共性の高い財産の継承のあり方について、国民の問題意識と理解を深めるためには、所有者の責務を国の法律で規定していくことが必要ではないだろうか。

一人ひとりの理解がなければ、制度改革は進まない

私たち一人ひとりも土地制度について国や自治体、専門家任せにするのではなく、自分自身のこととして捉え、学ぶ必要がある。

土地に関する制度や問題は学校教育でもほとんど扱わないため、多くの人々は土地の売買や相続、災害時などの「一生に一度」の場面で初めて土地取引の仕組みや手続きの実際を知る。あるいは、報道によって、土地を巡るさまざまな問題を「断片的に」知ることはあるだろう。だが、その背景に何があるのかを俯瞰して考える機会は、残念ながら極めて少ない。

本書の目的はそこにある。専門家だけでなく、一般の方に今起こっているさまざまな土地問題の背景や原因を知ってもらいたいと思っている。

本章で取り扱った所有者不明土地問題についていえば、相続未登記によって、将来、権利関係の調整が難しくなることや、その影響が地域の土地利用や災害復旧などを妨げるおそれがあること、所有者探しや空き家の強制撤去に税金を投入しなければならないことなど、社会や地域に様々な悪影響をもたらしていることを知ることで、「個人の権利と公共の利益のバランスをどうとるか」という、財産権や所有権を巡る根本的な課題を考えることにも繋がっていくはずだ。

所有者不明土地の問題は「人口減少時代における土地制度のあり方」という大きな課題を提起したが、土地制度は財産権にかかわる問題でもあり、国民一人ひとりの理解がなければ、制度の見直しや制度改革を進めることはできない。

＊1　日本司法書士会連合会司法書士総合研究所「平成26年度司法書士総合研究所研究大会資料集」2015年2月

＊2　鶴岡市「鶴岡市空き家実態調査結果について」2016年7月15日
(http://www.city.tsuruoka.lg.jp/kurashi/jyutaku/akiya/akiya_jittaichosaH27.html)

＊3　たとえば、柳幸広登「不在村森林所有の動向と今後の焦点」『林業経済』45巻8号(1992年)、安藤光義「農地問題の現局面と今後の焦点」『農林金融』60巻10号(2007年)など

＊4　南日本新聞「農地4割相続未登記　鹿県調査　6万ヘクタール、集積困難」2016年3月31日

＊5　詳しくは、東京財団政策研究所「土地の『所有者不明化』～自治体アンケートが示す問題の実態～」(2016年)、および拙著『人口減少時代の土地問題―「所有者不明化」と相続、空き家、制度のゆくえ』(中公新書、2017年)を参照されたい。

＊6　内閣府「経済財政運営と改革の基本方針2018」

＊７　財務省ウェブサイトhttps://www.mof.go.jp/faq/national_property/08ab.htm（最終アクセス２０１９年1月7日）
＊８　第１９３回国会参議院法務委員会会議録第２号
＊９　渡辺洋三『法社会学研究４　財産と法』（東京大学出版会、１９７３年）

第3章

狭隘道路や私道紛争が無くならないわけ

元凶の「土地所有権」にメスを

なぜ、いつまで経っても狭隘な道路が解消できないのか。

なぜ、私道を巡るトラブルが後を絶たないのか。

その背景には「無秩序な市街地形成を容認してきた制度」と「強すぎる土地所有権を容認する法律」がある。

第3章では市街地形成の歴史と制度を紐解いた上で、私道を巡るトラブルの実態と「ニッポンのびっくり仰天判決」を紹介する。

「自分の土地だから何をするのも勝手」でいいのか

普段、なにげなく歩いている道路や路地。それが公道か私道か、そして私道がどんな問題を孕んでいるか、といったことを考えることはほとんどないだろう。しかし、ひとたびトラブルが起こると、とんでもなく解決が難しいことを実感することになる。その背景には「無秩序に市街地が形成されてきた歴史」と「強すぎる土地所有権」がある。

たとえば、私道を巡ってこんなトラブルが起こっている。

自宅前の道路に大量の植木鉢を置いたり、ブロック塀を道路側に張り出して立てたりして通行を妨げている家があった。近隣住民が注意したところ、「この道路は私の所有地だ。どう使おうと勝手だろう」と逆切れ。

また、自宅前の道路のアスファルト舗装が劣化したため、自治体に相談したところ、「私道の土地所有者全員の承諾を取り付けてくれ」と言われたケースもある。全員の承諾をとりたくても、居どころさえわからない所有者がいてどうにもならない。手をこまねいている間に、汚水枡や下水道管の破損で道路の一部が陥没してしまった。

さらに、私道にしか接道していない土地を購入したケースでは、私道の所有者から自動車の通行のみならず、私道にガス、上下水道管を通すことさえ拒否されたケースさえある。

どうしてこうしたトラブルが続出するのだろうか。また、なぜ、私道問題は解決が難しいのか。そもそも土地所有権は、公共の福祉や安全な生活を凌駕するほど強力であってよいのだろうか。

これらを明らかにするため、街づくりの観点と法的な観点からアプローチする。

1　街づくりからのアプローチ／市街地形成の制度と歴史

東京の周辺区部には戦後と高度成長期につくられた住宅市街地が多い。郊外部に向かってＪＲや私鉄等の鉄道網が発達し、鉄道沿線の各駅を中心に住宅市街地が急速に拡大していった。私鉄沿線の多くの駅は駅前広場もなく、駅前通りもバスがようやく通れる狭さ。駅周辺の住宅地の多くが幅員４ｍに満たない細街路網で構成されており、住宅、アパート、作業所、店舗、飲食店などが混在している。

なぜ、こうした状況が生まれたのだろうか。

東京に焦点を当て、20世紀の市街地形成の歴史を振り返ってみよう。

第１次都市化・郊外化のきっかけは関東大震災

第1次都市化・郊外化の波は、１９２３年（大正12年）の関東大震災を契機に押し寄せた。甚大な被害を受けた東京の中心部や下町の人々は、安全な街を求めて西に移動。当時は徒歩交通が主体だったため、路地状の空間に長屋建ての住宅や貸家戸建てなどが次々に造られていった。こうした道路は舗装もされておらず、下水もほとんど整備されていなかった。

一方、東京中心部や下町は、震災復興区画整理で比較的整然とした道路網が整備された。しかし、街区内の敷地は細分化され、細街路に面した狭い敷地に住宅、工場、店舗などが密集してつくられた。

震災で焼け残った地区は都市更新が進まず、明治、大正時代に自然発生的にできた細街路に沿って形成された住工混在の密集市街地が残された。

第2の波は第2次世界大戦からの復興

第2の節目は、第2次世界大戦からの復興と高度経済成長に伴う急激な都市の成長・拡大である。市街地が急拡大すると共に、既成市街地では敷地が細分化されて建物が建て詰まり、高密度化が進んだ。区画整理や団地開発が行なわれた地域は例外として、都市の急成長に計画が追いつかず、計画がないまま開発が進んだ住宅地も多かった。こうした地区では既存の道路をつぎはぎ的に伸ばしたため、行き止まりや袋地も含む細街路網で構成された木造密集市街地が形成された。また、焼け残った地区も再整備が進まなかった。

こうした状況は東京だけではない。京都や金沢など、近代以前につくられた歴史的な都市には狭い道路や路地が残る旧市街地が残されている。都市以外でも、限られた平地に形成された漁村などの集落では、狭い道路に沿って住宅や作業場が密集し、独得の集落景観をつくりだしている。

集住の歴史の中で、住み働く建物のまわりには自然発生的に生活と密着した道路（細街路、路地、通路、小路等）がつくられてきた。これらの生活道路と街づくりに関わる法制度との関係を整理してみよう。

街づくりを支える都市計画法と建築基準法

街づくりに関わる法制度には「都市計画法」と「建築基準法」がある。

これらの原型は、日本が本格的な都市化の時代を迎えた１９１９年（大正８年）につくられた「都市計画法」と「市街地建築物法」だ。戦前の街づくりの基本的構造を支えてきた両法の影響は、今も市街地の街割りや道路パターンなどに残されている。

１９５０年には市街地建築物法を受け継ぐ形で「建築基準法」が制定された。１９６８年には都市計画法が抜本改定されて「新都市計画法」となった。これと連動して１９７０年に建築基準法も大きく改定され、両法が街づくりの骨格を制度的に支えてきた。

建築基準法で、建築敷地と道路の関係を規定

建築基準法3章では、都市計画と連動して建築物が守るべき規定、いわゆる集団規定が設けられ、42条以下には、建築物を建てる敷地と道路に関連する一連の規定が設けられている。まず、第42条第1項では、都市計画区域内の道路は幅員４ｍ以上であることが規定されている。第43条では「建築物を建てる敷地＝建築敷地」は、第42条で規定した幅員４ｍ以上の道路に２ｍ以上接道することとされた。

つまり、すべての建築物の敷地は幅員４ｍ以上の道路に、幅２ｍ以上接道するのが原則である。

しかし、市街地形成の歴史で述べたように、同法の制定以前に形成された市街地では幅員４ｍに満たない道路が大変に多い。こうした実態を踏まえ、第42条第2項で４ｍ未満の道路に対する例外的規定（※）を設けた（なお、建築基準法の道路関係の規定は複雑な規定が多いため、ここでは原則的な話として展開する）。

これが現在も狭隘な道路が残ることになった原因の一つである。

※この章の規定（法第3章の、都市計画区域等における建築物の敷地、構造、建築設備及び用途の意味）が適用されるに至った際、現に建築物が建ち並んでいる幅員4m未満の道で、特定行政庁の指定したものは、前項の規定にかかわらず、同項の道路と見なし、その中心線からの水平距離2mをその道路の境界線とみなす。以下略。

この規定は、市街地の幅員4m未満の道路を幅員4mと同等の道路と見なし、新たに建物を建てたり、建替えたりできるようにしたものである。ただし、建築確認を受ける際、接道義務を満たしているかをチェックし、道路中心線から2m敷地を後退させて建築させることで、幅員4mの道路空間用地を提供させた。道路沿いの建築物が順次建替えられていくことで、最終的に幅員4mの道路を生み出すことが狙いだった。これが建築基準法の「2項道路」である。

東京区部の住宅の3割が4m未満の道路に接道

建築基準法が制定されて70年近く経つ。同法の狙い通り、2項道路に接道する建物が順次セットバックして建替えられていれば、幅員4m以上の道路網で構成される住宅地が大半となっているはずである。しかし、実態は違う。依然として2項道路は現存し、大都市の狭隘道路として街づくり行政上の大きな課題となっている。

2013年（平成25年）の土地・住宅統計調査によれば、4m未満の道路にしか接道していない住宅の比率は、東京23区平均で29・4%。中野区では43・3%、新宿区37・3%、杉並区38・6%、豊島区36・3%、練馬区31・8％となっている。

なぜ、2項道路問題は解消されないのか

建築基準法の狙いどおりにならなかった理由は、主として3つある。

第1は、建築基準法制定時、幅員4m未満の道路を「2項道路」として一括指定したことだ。当時の行政のマンパワー不足などから個別具体的に指定できなかったのである。そのため、2項道路沿線の土地所有者はもちろんのこと、行政さえも自治体区域内の2項道路を十分に把握しておらず、道路台帳も整備されていなかった。その結果、建替えに伴う拡幅整備が進まなかったのである。

第2は、道路の土地所有権に関わる問題である。

建築基準法は、道路用地について「公共が所有する道路＝公道」なのか、「私人が所有する道路＝私道」なのかを区別していない。

私道の場合、道路中心線から2m後退した部分に所有者の財産権（所有権）がある。そのため、冒頭に紹介したように、ことあるごとに所有権を主張したり、勝手に使用したりする例が後を断たず、建築基準法が意図する道路拡幅の効果が十分に発揮できないケースが散見される。

先進的な自治体は「細街路拡幅整備事業」でセットバックした部分に道路標識や境界識等を設置し、2項道路拡幅の実効性を高めようとしているが、「強すぎる土地所有権」がネックになって成果を発揮しにくい。いわば、行政法が民法に対抗できないのである。

第3は、いわゆる「ヘビ玉道路問題」「のど元敷地問題」といわれる現象である。

2項道路では、道路中心線から2mセットバックして建物を建築することになっているが、建替え時期が異なるため、一時的に道路はヘビが玉子を飲み込んだような形になる。この状態が長く続けば、道路拡幅整備の実効性を発揮できない。

さらに問題なのは、敷地の一方が4m未満の道路（2項道路）、もう一方が4m以上の道路に接道している場合だ。この場合、4m以上の道路に接道しているため、4m未満の道路側を2mセットバックしなくても、建物を建てることができる。その結果、沿道が順次建替えられて道路拡幅が進んでも、上記のような敷地が2項道路の喉元にあれば狭隘道路問題は解決しない。

「狭あい道路等整備促進事業」で国交省が後押し

こういった状況を打開するため、国土交通省は2009年度（平成21年度）から「狭あい道路等整備促進事業」を立ち上げ、地方公共団体が狭隘道路を解消するためのハード、ソフトの事業に対して支援制度を設けた。

目的は、狭隘道路を解消して安全な住宅市街地にすることや、建築確認・不動産取引時のトラブルを防ぎ、建築活動の円滑化を図るためである。具体的には地方公共団体に狭隘道路の調査・測量、データベースの構築・運営、拡幅整備に係る用地費、舗装費等について交付金を交付する。これを受けて、多くの自治体では独自の助成の工夫も盛り込んだ形で細街路拡幅整備事業を展開している。

次に杉並区の取り組みをみていこう。

杉並区の私道整備事業と、そこから見えてきた課題

杉並区は東京23区でもっとも私道が多い。同区の私道は約３０１㎞で、区内の道路の3割を占めている。ちなみに2位は練馬区の２７８㎞、３位は葛飾区で２４８㎞である。

私道の整備が進まないために区民の日常生活にさまざまな支障が出ていた。たとえば、私道に塀や建物、樹木があり、災害時の緊急車両が通行できない。避難路としての役割を果たせない。介護車両の安全な乗り降りや、ゴミ収集車の出入りなどに支障をきたす等々。

そこで、同区は一般交通に使われている私道を対象に、私道整備に対する助成などを実施した。私道整備に関する年間相談件数は約３００件、助成金の申請・整備件数は約60件。２億円の予算を計上している。

私道整備事業に取り組むなかで次の課題が浮上した。

- アスファルト舗装の劣化
- 下水道が老朽化し、汚水桝や下水管の破損による陥没の増加
- 私道の土地所有者全員の承諾が整わず、申請ができない

この中で特に注目すべきは「私道の土地所有者全員の承諾が得られない」という問題である。その理由は以下の通り。

- 実印がない、あるいは特に理由がないが承諾しない

・所有者が登記簿の住所に住んでおらず、居場所もわからない
・所有者が海外におり、承諾をとる手続きが大変である
・所有者が死亡後、相続登記をしていない
・近隣とのトラブルにより、承諾しない住民がいる
・申請の代表者が定まらず、手続きができない
・手続きが面倒など

「土地所有者全員の承諾」が整備事業推進の足かせとなっていることは明らかなのに、なぜ、行政は「所有者全員の承諾」を申請条件として求めるのか。それは「財産権（所有権）の侵害」で訴えられることを回避したいからである。

拡幅整備を強制的に行なう条例を目指したが…

打開策として、同区は私道の拡幅整備を強制的に行なえる条例の制定に向け、専門家による審議会を設けた。審議会では、法律家の意見が真っ二つに割れた。ひとりは「世の中の変化」を理由に強制的に整備することを「可」としたが、もうひとりは「財産権の侵害」を理由に「不可」としたのである。結局、私道の強制的な拡幅整備は見送られた。次の条例改正で強制整備が「可」となる可能性はあるが、そうなったとしても、代執行まで至ることはまずあり得ないとのことだ。

強すぎる所有権（財産権）が私道問題の解決を阻む

私道問題で浮上したのは、強すぎる所有権（財産権）が公共の福祉や人々の安全を脅かしている姿である。所有権を盾にとった一部の私道所有者の専行と、所有権の侵害を怖れて土地所有者全員の承諾を求める行政、さらに足並みが揃わない沿道の土地所有者。この悪循環を断ち切る特効薬が見つからないのが現状である。

その結果、私道整備事業に積極的な自治体でさえ私道の拡幅整備が進まず、防災上危険な状態のまま、インフラも年々劣化している。

これを放置すれば、状況は間違いなく悪化する。所有者不明土地の問題（第2章参照）が社会の関心を集めているが、私道整備問題とも関わりが深い。相続未登記や所有者不明土地が増えれば増えるほど「全員の承諾」というハードルは高くなる。さらに地域コミュニティの希薄化も追い打ちをかけている。

その一方、相続などで敷地が売却・分割され、建売住宅などが建設されるたびに新たな私道が誕生している。それはつまり「新たなトラブルの火種が街に植え込まれている」ということだ。

次に私道問題を法的観点からみてみよう。

2　法的アプローチ／私道トラブルと土地所有権

私道の「所有権」に由来するさまざまなトラブル
「所有権の絶対性」は近代民法の大原則だが…

私道とは、個人または民間団体が所有している土地で、道路として使われている区域をいう。私道の問題点は、民間の個人や団体が所有し管理していることである。誰でも利用できるように開放されている私道もあるが、土地所有者の許可を得なければ通行が認められない場合もある。また、土地所有者が私道上に勝手に物を設置し、近隣住民の通行が妨げられるといったトラブルも多発している。

こうしたトラブルの際、私道の所有者が必ず主張するのが、私道に対する所有権である。

所有権とは「物を全面的かつ排他的に支配する権利」、すなわち、物を自由に使用・収益・処分する権利である。他人はもとより、国家権力といえども侵害すべきでないとされており、日本国憲法も私有財産の不可侵を定め（29条1項）、民法２０６条も近代的所有権を承認している。「所有権の絶対性」は、近代民法の大原則の一つに挙げられている。

物理的に連続する土地に所有権は馴染まない

商品などでは一物一権主義の原則のもと、１つの物に１つの排他的な所有権を認めることには合理性があり、近代以降の社会には不可欠と言えるだろう。しかし、「土地」はどうだろうか。人為的に境界で区画しているが、物理的にみれば土地は連続しており、常に互いの権利が社会生活上接触している。

そうした点に着目すれば、土地所有権は建物の区分所有に類似しており、相互の権利内容を調整する必要があるのではないだろうか。私道をみれば調整の必要性は明らかである。私道の所有者が土地所有権の絶対性や不可侵性を主張すれば、近隣や私道の利用者との間で深刻なトラブルが生じることとなる。

私道であっても、建築基準法上の道路と指定された場合には「一般交通の用に供するその他の場所」（道路交通法2条1号）として、道路交通法による規制の対象となるため、通行を妨害すれば、道路交通法76条3項の「何人も、交通の妨害となるような方法で物件をみだりに道路に置いてはならない」という規定に違反する。

では、警察に通報したら解決するだろうか。そこがこの問題の難しいところだ。私道はあくまで私有地であり、その所有者に所有権があるため、警察もうかつには手出しができないというのが実態なのである。「土地所有権とは何か、土地はだれのものか」を考える上で、私道に関して現に発生しているトラブルを紹介し、解決の方向性を考える参考としたい。

私道を巡るトラブル事例

私道に関するトラブルとしては、主に3つのケースが挙げられる。

第1は、私道の所有者が近隣住民の通行を認めず、日常生活に支障をきたしているケース。

図1◆事例1

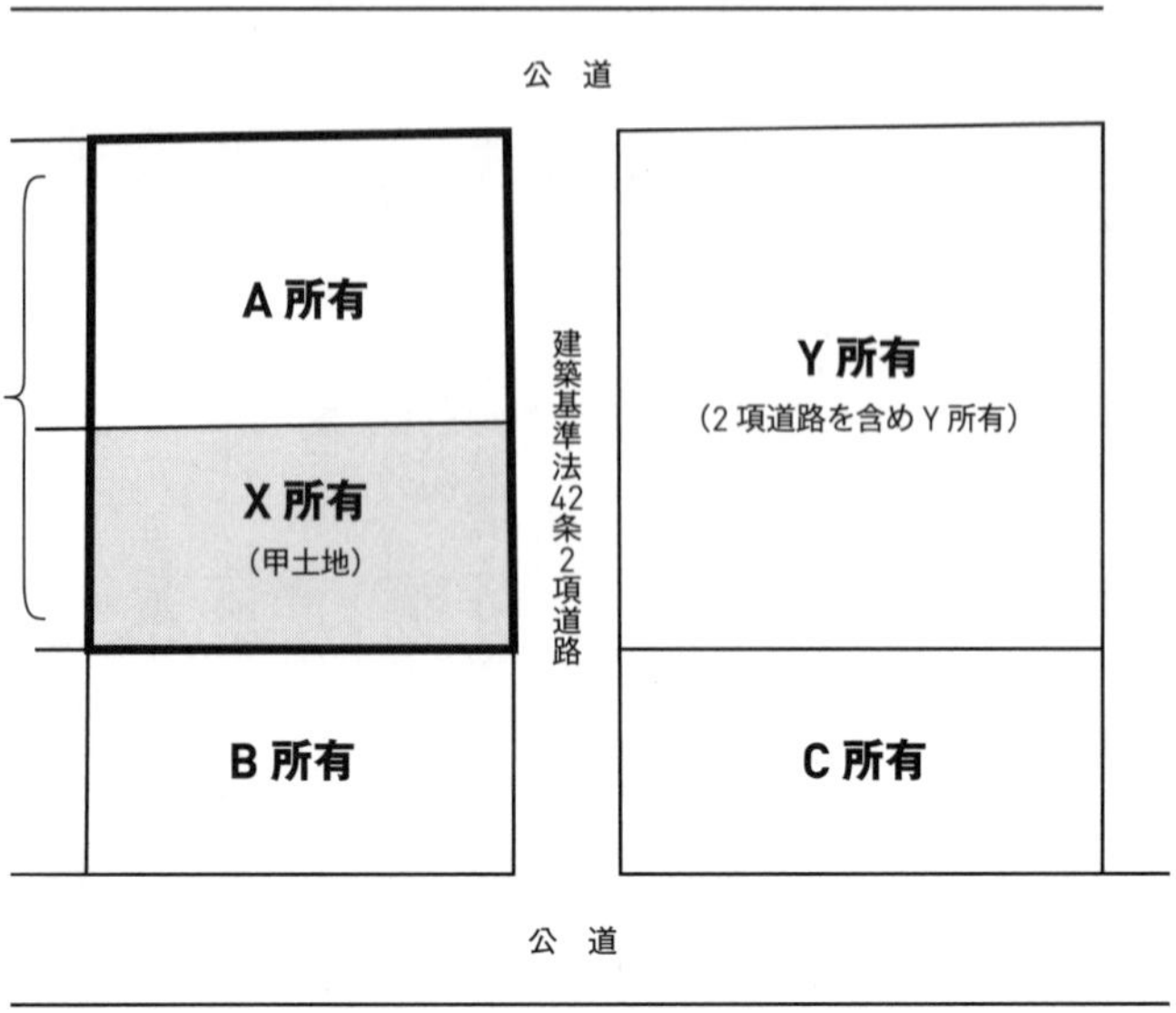

第2は、私道の所有者が近隣住民の通行は認めているが、ガス管や水道管、電線の引き込みや自動車の通行を認めず、日常生活に支障をきたしているケース。

第3は、公道と各建物所有者の敷地との間に帯状の細い私道があるケース。この場合、私道の通行が認められなければ、各建物は公道に接道していないことになり、建物の改築や建替えができなくなる。そのため、建物敷地を担保に金融機関の融資が受けられず、土地の価値（売却額）も極めて低くなってしまう。

具体例を挙げて検証してみよう。

事例1／2項道路の所有者がアパート建設に反対

Xは、Aから図の「甲」土地を購入した。この土地はもともとAが所有していた一筆の土地を分筆したもので、建築基準法42条2項道路に接しているため、建物の建築は建築基準法上も認められている。

そこでXは、甲土地にアパートと入居者用の駐車場を計画したが、この土地に接する道路（2項道路）の所有者Yから「アパートの建築には反対だ。私道を車で通行することも、ガス、上水道、下水道管を通すことも認めない」と言われ、困惑している。

さて、このトラブルをどう考えたらいいのだろうか。

問題の私道（2項道路）は建築基準法上の道路として扱われている。しかし、所有権の理論からすれば、私道の所有者であるYに排他的な使用収益権があることになる。事実、Yは所有権を盾にとり、私道の車での通行やインフラの埋設を認めないとして、Xのアパート計画に反対している。

建築基準法上「道路」であり、現実にもアスファルト舗装の道路として利用されていても、それが私道である限り、私道所有者の所有権の主張に対応せざるを得ないのが実態なのである。

事例2／「道路の土地持分がない」を理由に通行を拒否される

Eは図2（80ページ）の土地Eを購入した。この土地Eの北側は位置指定道路（建築基準法上の道路のひとつで、特定行政庁が道路位置の指定をした道路）に、南側は公道に接している。Eは位置指定道路については権利もなく、費用も負担していない。以前の所有者の時代からそうだったと聞いている。

Eとしては、北側に最寄り駅があるため、公道より位置指定道路を利用したほうがずっと近いのだが、位置指定道路の所有者であるA・B・C・D・Fは「土地持分を持っていない者の通行は認めない」として、

図2◆事例2

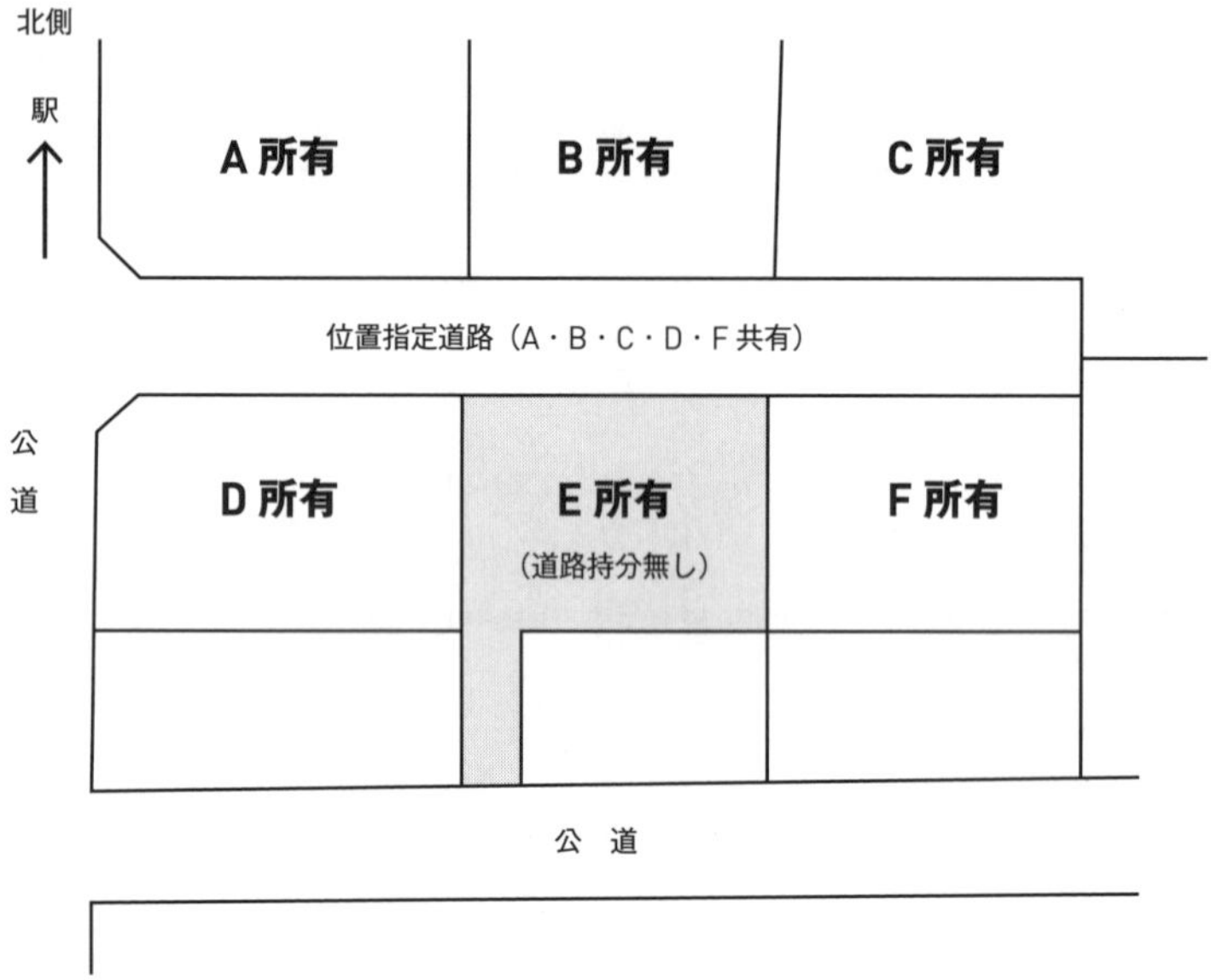

Eの通行を拒否している。

法的解釈／私道に第三者の通行権などの権利は発生するか

ここで、事例1と事例2に共通する問題について法的に考えてみよう。

第1の問題点は「2項道路や道路位置指定によって、私道に第三者の通行権が発生するか」である。問題は、個人が所有している私道であることだ。「他人の所有物である土地を、所有者の同意なく第三者が通行する権利があるのか」ということは、所有権の理論からすれば避けて通ることのできない問題である。

第2の問題点は「2項道路または位置指定道路に通行の自由権は認められるか」である。仮に、第1で「第三者の通行権は認められない」と判断されたとしても、「第三者に通行の自由権が認められ、私道の所有者は、第三者の通行を妨害してはならない義務を負うのか」ということも考えておくべき問題である。

第3の問題点は「通行の自由には車両の通行も含まれるか」である。2項道路や位置指定道路は、一般には天下の公道と同じように受け止められていることが多いが、土地所有者が所有権を盾に私道を自動車で通行することを禁じることができるのだろうか。仮にこれが認められれば、徒歩でしか通行できないことになり、近隣住民の支障は大きいと思われる。

第4の問題点は「個人の所有する私道に、第三者のための上下水道、ガス、電気、電話線を引き込むことができるか」である。もし、私道の所有者に引き込みを拒否されれば、日常生活を営むことができなくなってしまうことになる。

私道トラブルについて、裁判所はどう判断したか

では、裁判になった場合、裁判所はどう判断しているのだろうか。

まず、「2項道路や道路位置指定によって、個人の所有地である私道に第三者の通行権が発生するか」についての判例をみてみよう。これは、私道の所有者の所有権の行使を制限することができないのか、という問題でもある。

■1 2項道路に私法上の通行権は生じるか？

①東京地判昭47.5.30・判時687-65

裁判所は「建築基準法で2項道路に指定されたからといって、第三者に私法上の通行権が発生するものではない」として通行権の主張を否定した。

判決の内容「建築基準法の目的は、『建築物の敷地、構造、設備及び用途に関する最低の基準を定めて、国民の生命、健康及び財産の保護を図り、もって公共の福祉の増進に資する』（建築基準法第1条）ことにあるが、この建物所有者ないし建築者と、その隣地の所有者等との利害の調整は、これらの者の間の特段の合意あるいは民法上の相隣関係についての規定等に委ねたもので、したがって、建築基準法に基づく行政処分ないし行政上の措置がなされたからといって、ただちに私法上の権利が発生するものではないと解されるから、建築基準法第42条第2項に基づく東京都告示第957号をもって、本件道路が東京都知事より道路の指定を受けたことによって、当然に、Xに、本件道路の通行権が発生する旨のXの主張は失当である。」

※傍線は筆者による（以下同様）

---

②東京地判平元.2.28・判タ712-142

この裁判でも、裁判所は2項道路に対する第三者の通行権を否定した。

判決の内容「建築基準法42条2項に定める指定がなされている道は、同法第三章に定める道路として、同法44条1項により、同項但書の場合を除き、建築物を建築し又は敷地造成のための擁壁を築造することが禁じられ、

従って専ら一般人の通行のために利用されるということができるけれども、右利用は、前記指定によって反射的に受ける利益であって、右道路を常時通行のため利用している者であっても、私法上の権利を取得したと解することはできないから、その通行が道路の所有者によって妨害された場合には、右妨害によって通行が不能となったにもかかわらず、当該行政庁が何らの措置もとらない挙に出るなどの特段の事情がない限りその妨害の除去につき行政庁の職権の発動を促したり、違反行為の処罰を求めたりすることは格別、直接に所有者を相手どって通行権を主張し、あるいは妨害の排除を求めたりすることは許されないものといわねばならない。」

2 道路位置指定によって、私法上の通行権が発生するか

①東京高判昭 40.5.31・下民集 16-5-956、東高民時報 16-5-103

裁判所は、位置指定道路に対しても、この道路を常時通行している第三者が私法上の通行権を取得したわけではないとの判断を示している。

判決の内容「本件土地について、建築基準法第42条第1項第5号、同法施行規則第9条、東京都建築基準法施行細則第16条第1項に従い、東京都知事に対し道路位置指定の申請をし、その指定がなされたことは前記引用にかかる原判決記載のとおりである。ところで右各法条によりその位置を指定された道路は道路法による道路その他建築基準法第42条第1項ないし第4号所定の道路と共に、同法第44条第1項により、同項但書所定のものを除き、建築物を建築士又は敷地造成のための擁壁を築造することが禁ぜられ、また右道路は道路交通法にいう道路と解せられるから、同法第76条により交通の妨害となるような行為が禁止され、同法第77条によりその使用に各種の制限があり、従って専ら一般人の通行のために利用されるということができるけれども、右の利用は知事の道路

位置指定なる行政処分によって反射的に受ける利益であって、右道路を常時通行のために利用している者であっても、私法上の権利を取得したと解することはできないから、その通行が道路の所有者によって妨害された場合には、その妨害の除去につき行政庁の職権の発動を促したり、司法官憲に違反行為の処罰を求めたりすることは格別、直接所有者を相手どり通行権の確認を求めたり、妨害の排除や予防を求めたりすることは許されないものといわなければならない。」

②東京地判昭58.2.14**・判タ**489-129

裁判所はこの判例でも道路位置指定を受けたことにより、第三者の通行権等の私法上の権利が発生するものではないとしている。

判決の内容「建築基準法上の道路位置指定（42条1項5号）を受けた道路敷の所有者は、右指定につき適正な廃止・変更があるまで私道の所有権の行使に当り法令上道路としての用に供すべき負担および制限を受けることになるが（その結果一般人もその私道を通行できることになるが、これは道路位置指定があることの反射的効果であること。つまり右指定はあくまでも建築法規上、建築を可能にするための行政処分であって、それによって通行地役権等私法上の権利を発生させたり強化したりする効力を直接持つものではなく、それは特約の合意あるいは民法上の相隣関係の規定等に委ねられている）、右は同法42条2項の指定道路についても同様であると解される。」

このように、裁判所は、私道はあくまで他人の所有物であり、第三者に私道の通行権があるとまでは認められない、としている。しかし、「私道の所有者が第三者の通行を妨げてもよいのか」とは別の問題である。この問題に関する判例を検討してみよう。

3 42条2項道路又は位置指定道路に通行の自由権は認められるか

①東京地判昭60.5.9　判例時報1201-100

この判例では、裁判所は通行を妨げていたブロック塀の撤去を認めた。「位置指定道路については、所有者が第三者の通行の自由を妨害してはならない義務を負う」としつつ、「私道の所有者の所有権の行使も当然である」として、「さまざまな事情を総合考慮したうえで判断すべきである」としている。

判決の内容「建築基準法第42条第1項第5号に定める道路は、当該道路に接する土地にある建物利用者の防災活動や災害避難に備えるため及び敷地及びその建物の効率的な利用、便益に資するため有効かつ安全な交通路の確保を図るために、道路法その他の公法によらず築造される私道であって、そのために私道ではあるけれども原則としてその道路内に建築物を建築してはならない等の制約を受け、道路指定を受けた道路については、Xをも含む一般人がその通行の自由を有し、道路敷土地の所有者といえども原則として右通行の自由を妨害してはならない義務を負うものである。しかしながら、他方、右道路は私権の対象でもあるから、右私道についての所有権者等の権利者がその道路の管理、保全のために道路側の側壁等の工作物を設置する等の権限を有することもまた当然である。以上の諸点を考え合わせれば指定道路上に構築された建築基準法違反の工作物については、その工作物の形態、構造、それによる通行妨害の態様、工作物の除去を求める者の立場、他の通行手段の有無等の諸般の事情を勘案した結果、その侵害態様が重大かつ継続のものである場合には、通行の自由の妨害に対する排除請求権によって、右工作物の除去を求めることができると解するのが相当である。」

②東京地判昭62.1.12　**判タ**656-158

裁判所はこの判例でも、通行の自由に対する妨害の排除や予防を請求することの可否は、具体的な事情を総合考慮して判断すべきものとしている。

判決の内容「5号道路は、専ら一般人の通行の用に供されるものであり、従ってまた、右道路においては、一般人が通行の自由を有するものであるということができる。もとより右一般人の通行の自由は前記公法上の規制による反射的利益であって私法上の権利ではないけれども、当該私道に直接接地した土地の所有者若しくは用益権又は右私道を解することなく行動に出ることが困難である者等、通行の必要性があり、かつ、その通行が継続的である者にとっては、これが右私道の通行に対する妨害から私法上も保護されるべき法的利益たり得るものというべきである。そして、右の場合に、通行の自由に対する妨害の排除または予防を請求することの可否については、当該工作物の形態及び構造、それによる通行妨害の態様、私道に接地する敷地保有者らの生活並びに敷地及び私道、代替の交通手段の有無等諸般の事情を勘案し、侵害の態様が重大かつ継続のものである場合にこれを請求できるものとすべきである。」

4 通行の自由権に自動車通行は含まれるか

公道に出るには私道を通るしかない場合、私道に車の通行が認められなければ、生活上、かなりの支障が生じる。裁判所はどう判断しているのだろうか。

①東京高判平 2.10.29　判タ 744-117

裁判所は、２項道路の通行を禁止したり、阻害することはできないとしながらも、この事案では安全性に着目し、自動車の通行を認めなかった。

判決の内容「建築基準法42条２項により指定された道路は、私有の物であっても、その所有権等は、その利用に制限を受け、また、一般公衆の通行、立入を全面的に禁止したり、阻害したりすることはできない。しかし、道路自体の安全性に問題のある本件のような場合に、安全性を無視した通行を許容しなければならない義務を負ういわれはない。従って、一般公衆の立場から本件私道を自動車通行を含む自由な利用ができることを前提とするＹの反訴請求は理由がなく、認容することができない。」

②東京地判昭 61.8.26　判時 1224-26（位置指定道路に関する裁判例）

この事案では、自動車で通行する必要性等を勘案した結果、位置指定道路を自動車で通行することを認めなかった。

判決の内容「ＹらもＹ土地をＸが徒歩で通行することを認め、消防自動車等の緊急車両がＹ土地を通ってＸ方に行くのも認めているのであり、しかも、Ｘが自動車によってＹ土地を通行する必要性も、従来のＸの自動車の使用方法から考えて決して高いものとはいえないのであるから、Ｘに妨害排除請求権、あるいは妨害予防請求権が発生するものと認めることができない。」

ただし、この問題については具体的な事情により結論が異なっており、事案によっては自動車による通行が認められるとしたもの、自動車による通行が認められるか否かは交通安全上の検討を要するとしたもの、車両の出入りを制限するもの等々多岐にわたっている。

5 他人の私道に上水道・下水道・ガス管、電気線などを引けるか

ガス、水道、電気事業者は、敷設の申し込みを受けた場合、法的に正当な理由が認められない限り、供給を拒否することはできない（ガス事業法16条1項、水道法15条1項、電気事業法18条）。その一方、供給規定には「水道、ガス管を敷設する場所に地主などがいる場合は、事前にその承諾を得なければならない」との規定もある。

敷設を希望する人が土地の所有者の同意を得られない場合、裁判所はどう判断するのだろうか。

これまでの判例から、裁判所は下水道法11条を上水道やガス管の敷設の場合に類推適用したり、相隣関係（土地の隣地所有者等との間の関係を調整するもの）に関する民法第210条を類推適用して、敷設を認めるよう解釈に工夫を凝らしていると言えよう。私道が個人の所有権の対象である以上、隣地所有者との関係を調整することが不可欠であると判断している。

最高裁は私道の通行についてどう判断したか

ここまで、私道に関する下級審（地方裁判所、高等裁判所）の裁判例を見てきたが、私道の通行に対して、

図３◆事案の概要

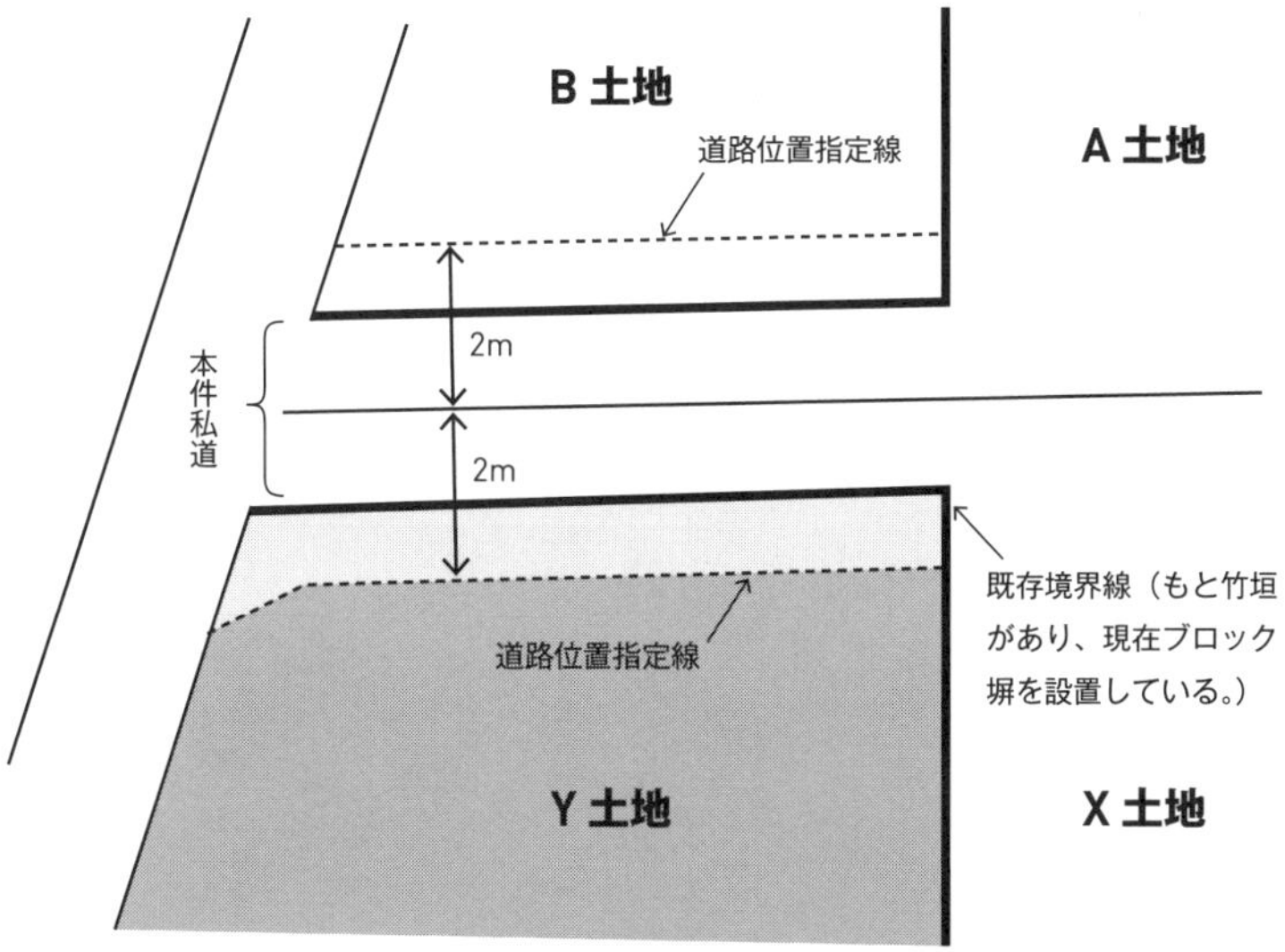

最高裁判所の判断はどのような判断を示しているのか。著名なものとして、次の２つの判例を挙げる。

判例１【最判平3.4.19　**金融・商事判例**872-42**】**
（位置指定道路に関する最判）

図３のＹ土地の所有者が、位置指定道路内のＸ土地とＹ土地の境界線上に以前からあった竹垣と柾木の生垣を除去し、同じ位置にブロック塀を立てた。そのため、Ｘ土地の所有者が「位置指定道路内の通行の自由を侵害した」として、ブロック塀の撤去を求めて訴えを提起した事件である。

ちなみに東京地裁、東京高裁はいずれもＸの請求を認めている。

①第一審判決（東京地判昭60.5.9　**判時**1201-100**）**

第一審判決は、本件位置指定道路は、Ｘ土地、

Y土地、A土地、B土地の4筆の各一部で構成されており、Xも一部を分担していること、Xは、X土地が位置指定道路のみによって公道と接しているため、防災活動、災害避難には位置指定道路を利用せざるを得ないこと、ブロック塀は半永久的で移動が容易ではなく、位置指定道路が事実上幅員3・125mしか利用できず、消防自動車などの緊急用車両が出入りし難く、その結果、Xの財産権、生命、身体の安全が危機にさらされる可能性があり、近隣への延焼による大火という公共の危険の発生も考えられることなどから、「建築基準法違反のブロック塀の設置によるXの通行利益に対する侵害は重大かつ継続である」としてXの請求を認容した。

②第二審判決（東京高判昭62.2.26　**判時**1233-75）

控訴審も（通行は）民法上保護に値する自由権（人格権）として保護されるべきであり、この自由権を侵害され、その侵害態様が重大かつ継続的なものであるときは妨害を排除することができるとして、ブロック塀撤去請求を認めた。

③最高裁の判断／Xの請求を棄却

ところが、最高裁は原判決を破棄し、第一審判決を取り消したうえで、下記のような理由でXの請求を棄却したのである。

判決の内容「特定の土地につき道路位置指定処分がなされ、当該土地が現実に道路として開設されている場合においては当該土地所有者以外の者も右土地を自由に通行することができると解すべきところ、前示事実関係によ

図４◆事案の概要

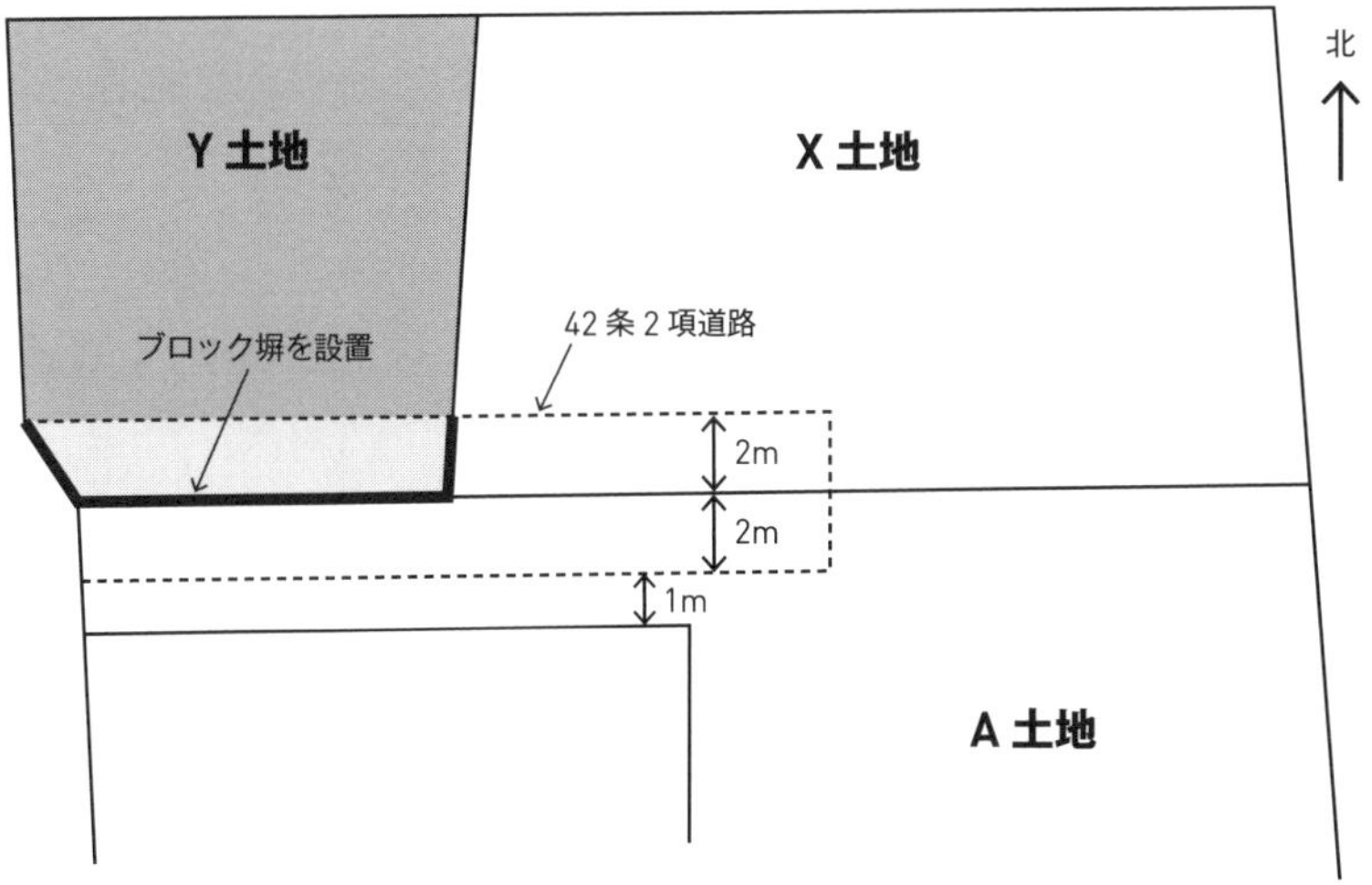

れば、本件道路位置指定道路のうち、Y所有土地の部分は、既存の本件私道との境界上（本件ブロック塀築造位置）に従前から存在した竹垣及び柾垣の内側に位置し、現実に道路部分として開設されていなかったものであるから、Xがその部分を自由に通行することができるものではない。」

ではもうひとつの事案をみてみよう。

判例２【最判平5.11.26　**判時**1502-89**】（２項道路に関する最判）**

図４の事案は２項道路に関するものである。Xが建物を建築して住み始めた当時、すでにYの土地にはYの建物があり、２項道路の中心線からブロック塀２枚分ほど北側に塀が設けられていた。

Yは１９８７年（昭和62年）、現在の建物を新築し、既存の塀を取り壊して、その位置からブロック２枚分ほど南側に張り出した位置にブロック塀を新設する工事に着手した。ブロック塀の位置が2項道路の中心線にほぼ沿った位置であったため、区役所建築課から「2項道路内にブロック塀を設置することは許されない」と通告された。

しかし、Yが工事を強行しようとしたため、区長は工事の停止を命じたが、Yは停止命令に従わず、翌年、ブロック塀の設置が完了した。なお、2項道路の中心線から南側には幅員約3mの道路がある。Xは通行の自由を侵害されたとして、ブロック塀の撤去を求めて訴えを提起したという事案である。

では、原審である東京高裁と最高裁の判断を見てみよう。

①原審（東京高判平元年9.27　判時1326-120）

原審の東京高裁は、Xは生命、健康、財産の保護が全うされない状況に置かれているとして、Xの妨害排除請求を認めた。

判決の内容「一般人の建築基準法42条2項の指定道路に対する通行は、同項の指定反射的な利益はあるが、Xにとっては同時に民法上保護すべき自由権（人格権）の重要な内容をなすから、右権利に基づいて妨害の排除及び予防を請求できるものであり、本件では、特定行政庁が2年以上にもわたってYの工事停止命令違反の状態を放置したため、Xは、生命、健康、財産の保護を全うされない状況下に置かれているのであって、本件ブロック塀の南側に約3m幅の通路上の土地部分があることは右自由権に基づく妨害排除請求を妨げる理由となるものではない。」

---

②最高裁の判断／原判決を破棄し、Xの訴えを棄却

ところが、最高裁は、現在のブロック塀の設置前から塀の内側が道路として使われていなかったことなどを挙げ、ブロック塀の設置によってXの人格的利益が侵害されたものとは考えにくいとして、原判決を破棄したのである。

判決の内容「Yは、建築基準法42条2項に規定する指定がなされた本件道路指定土地内に同法44条1項に違反する建築物である本件ブロック塀を設置したものであるが、このことから直ちに本件道路指定土地に隣接する土地の地上建物の所有者であるXに、本件ブロック塀の収去を求める私法上の権利があるということはできない。」「本件ブロック塀の内側に位置するYの所有地のうち、Yが従前設置していた塀の内側の部分は、現実に道路として開設されておらず、Xが通行していたわけではないから、右部分については、自由に通行し得るという反射的利益自体が生じていないというべきであるし、また、本件ブロック塀の設置により、既存の道路幅員が狭められた範囲はブロック塀2枚分の幅の程度にとどまり、本件ブロック塀の外側（南側）には公道に通ずる通路があるというのであるから、Xの日常生活に支障が生じたとはいえないことは明らかであり、本件ブロック塀が設置されたことによりXの人格的利益が侵害されたものとは解し難い。」

強すぎる土地所有権に再考を

このように、我が国の判例を紐解くと、私道の所有者に対して通行の自由や通行に対する妨害排除が認められるためには「(通行する人の）人格的利益が侵害された」ことが要件とされ、私道を通行する自由でさえ、容易には認められないのが現状である。

しかし、前述したように建築基準法で「道路」とみなされ、近隣の人々の生活に不可欠となっている生活道路が、土地所有者の所有権によって通行の自由やライフラインの敷設さえままならない現状はいかにも不自然ではないだろうか。

土地所有権は、公共の福祉や安全な生活を凌駕するほど強力であってよいのだろうか。私道を巡るトラブルの防止や、安全・安心な街づくりという観点からしても、今一度、考えるべき問題だろう。

3　私道問題再考のヒント――「生活道路」としての細街路

以上のように、民法と行政法の分裂状況が私道トラブルの元凶であることが見えてきたが、私道問題を再考するにあたって、このような法律論とは別に、「細街路が果たす機能・役割・意味を生活道路の構成要素として捉える」という視点も必要ではないだろうか。以下、この視点からポイントを整理してみよう。

交通機能としての細街路

徒歩が中心だった江戸時代の街割りでは、長屋の路地は6尺、9尺。そうした経緯から、1919年（大正8年）の建築物法は道路の最低幅員を全国一律に2・7m（9尺）とし、それ未満の道路は、建替え時に道路中心線から4・5尺セットバックする救済措置を設けた。これは、当時、6尺幅の道路に面した住宅や長屋が相当程度あったことを意味している。

１９３８年（昭和13年）に市街地建築物法が改定され、道路幅員は４ｍが基本となり、１９５０年（昭和25年）の建築基準法の最低限道路幅員規定に引き継がれた。モータリゼーションの進展で、一般の住宅地も自動車でアクセスすることを想定したためである。

しかし、観点を変えれば、すべての住戸に自動車でアクセスする必要があるのだろうか。騒音や排気ガスに煩わされない環境を望む人もいるのではないか。欧米では、各住戸に自動車でアクセスしない形の計画的住宅地開発「カーフリー住宅地」の開発が進められている。

歴史的な街並みに価値があるのなら、無理に路地を拡幅せず、別な方法で安全を確保するという選択肢も考えてみてはどうか。

建築を構造・秩序づける役割

道路は、沿道の建物と一体となって建築活動を構造・秩序づける機能がある。細街路もしかり。道路空間によって日照、採光、通風が確保されるし、細街路のありようと敷地の形状、建物規模には大きな関係がある。

そうした観点から、地域が長年にわたって維持・利用してきた細街路空間を改めて評価し、地域の財産として位置づけてはどうか。土地の所有権問題とは別な次元で、細街路のあり方や維持管理を地域共有の課題として捉えてみたい。

災害時の避難路としての役割

細街路は災害時の避難路であり、消防活動や救助活動に重要な役割を果たす。安全・安心な街づくりのため、建築基準法は幅員4m未満の道路（2項道路）の拡幅を進めているが、現実的にすべての細街路が4m幅員以上に拡幅されるまでには非常に長い時間がかかるものと思う。沿道の不燃化や耐震性の強化を図るなど、面的に災害に強い街づくりを進めることも必要であろう。

生活インフラを収容する役割

細街路は、上下水道、電気、ガス、情報通信設備などの生活インフラを収容する空間として重要な役割を果たしている。前述の裁判例のように、生活インフラの敷設が私道の土地所有者の意向に左右されることは重大な問題である。私道であろうと「地域住民の生活を支える共同施設」と位置づけて対処すべきだ。

コミュニティ空間としての役割

モータリゼーションが進む前は、住宅まわりの路地や道路空間は子どもたちの遊び場であり、近隣の人々が集うコミュニティ空間だった。特に下町では路地を介して相互扶助関係が築かれていた。相互監視的な息苦しさもあり、手放しで礼賛するわけではないが、今後、ますます重要になる防犯・防災や地域コミュニティの醸成に重要な役割を担う場として、細街路を見直すべきではないだろうか。

行政や法制度により狭隘な道路の拡幅を進めることはもちろん重要だが、細街路を地域の共有財産として継承し、共同で維持、管理、改善していく仕組みも大切である。何よりも地域住民自身が細街路を「自分たちの生活空間」として認識し、積極的に関与することが、不毛な所有権問題を解決するもうひとつのアプローチではないだろうか。

私道を巡るトラブルの実態、原因、解決のヒントを、歴史、法律、街づくりなど多角的な視点で探ってきたが、このまま手をこまねいていれば状況が悪化していくことは間違いない。本書のテーマである「土地はだれのものか」という議論に遡り、「強すぎる土地所有権」にメスを入れると共に、柔軟な発想で解決の選択肢を広げていくことが重要である。

第4章

今日的課題の底流(1)
人口動態&都市の構造変化が問題を加速させる

世界最速で深刻化するマンション老朽化、所有者に見捨てられる土地、
そして一向に解決しない私道問題…。
これまで見てきた現象を引き起こし、
さらに加速させている背景には何があるのだろうか。
日本が直面する人口減少や少子高齢化の現状、
それに伴う都市構造の変化を各種データから探る。

戦後の社会システムが通用しない時代

第2次世界大戦後、日本は高度成長を成し遂げ、世界有数の経済力と豊かな生活を実現した。これは私たちが誇るべき戦後70余年の歴史であろう。しかし今、そうした成功体験や社会経済システムが実態に合わなくなっている。今、どのような変化が起きているのか、人口動態や都市の構造変化などから探る。

人口動態予測が示す「避けられない現実」

まず、人口の推移を確認しておこう。

人口予測は数ある一般経済指標の中で、もっとも将来予測の確度が高い指標である。他の指標、たとえば、金利、株価、為替、インフレ率等は時として大きく外れるし、その確度も数年先まで。しかし、人口動態予測は10年、20年先まで高い確度で予測できる。人口動態予測が示す将来像は「避けられない現実」と言えよう。

なお、欧米などでは移民や難民という不確定要素があるが、日本ではその影響は今のところ小さいと判断してよさそうである。

図1は「日本の人口ピラミッドの変遷」である。

１９４７年のベビーブーム期、１９８９年のバブルのピーク期、直近の２０１８年時点、そして団塊世代ジュニアが70歳になる２０４０年（予測）の４つを挙げた。これらを比較すれば、日本の人口構成が劇的な変化を遂げ、さらに加速していくことは一目瞭然だ。

図１◆日本の人口ピラミッド変遷（※巻頭カラーページ参照）

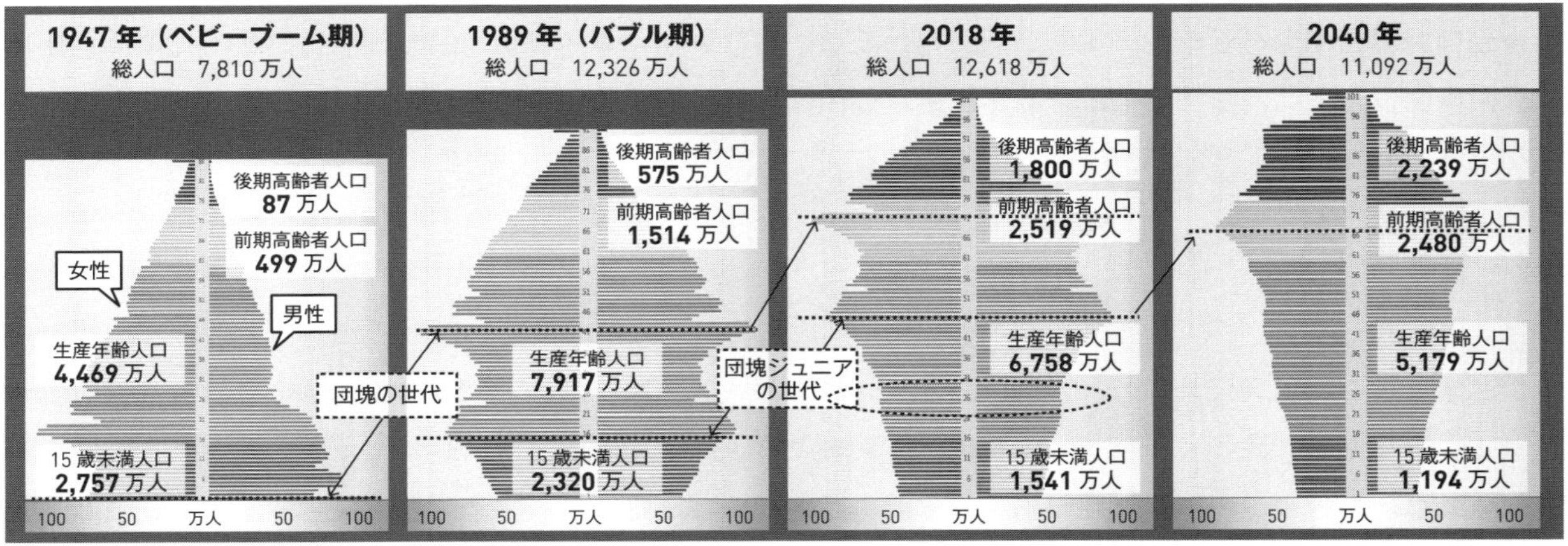

出所：総務省、国立社会保険・人口問題研究所のデータをもとに筆者作成

戦後直後のベビーブーム世代（団塊の世代）が最大のボリュームゾーンであることは言うまでもない。1947年から1949年にかけて毎年250万人を超える出生数を記録した団塊の世代は、戦後の経済成長を担い、さまざまな点で社会にも大きなインパクトを与えた。

日本が未曾有のバブル景気に沸いたとき、団塊の世代は40代の働き盛り、団塊ジュニア世代はティーンエイジャーであり、大きな消費パワーを発揮した。そして団塊ジュニア世代が生産年齢人口の仲間入りし、日本の生産年齢人口は8000万人近くに達した。ちなみに、現在の生産年齢人口は6758万人である。

注目すべき点は、団塊ジュニア世代の子供たちに当たる世代（2018年グラフの楕円で囲った部分）に人口の膨らみが見られないことだ。団塊の世代、団塊ジュニア時代を最後に、日本は真っ直ぐに少子高齢化、人口減少社会に向かっていった。

子供と働き手が減少、老人だけが増加

少子高齢化は加速している。1947年当時、75歳以上の後期高齢者人口はわずかに87万人に過ぎなかったが、今日、その数は20倍を超える1800万人に達している。総人口が減少する中で後期高齢者は増え続け、2040年には2239万人に達する見込み。「国民の5人に1人が75歳以上」という社会が予想されている。

一方、15歳未満人口はバブル期から50年間で1126万人も減少。「働き手」である生産年齢人口も、今後20年強で1579万人も減少するという深刻な事態が予想される。

産業構造も劇的な変貌を遂げる

このように急激に人口構成が変化する中で、産業構造も第一次産業から製造業中心へ、さらにサービス業主体の社会へ、劇的な変貌を遂げている。

図２（１０４ページ）は１９５５年から２０１５年までの「産業別就労者数推移」である。

戦後の日本では、就労者の40％近い１５００万人超が第一産業に従事していたが、２０１５年にはその就業人口は２３０万人まで減少。一方で、戦後60年間で第二次、三次産業関連の労働者は３６５０万人もの激増となった。

ちなみに製造業関連の就労人口は１９９５年にピークに達した後、減少に転じており、産業構造が大きく転換してきたことがわかる。

さらにいえば、図３（１０４ページ）で明らかなように、産業種別によって主体となっている働き手の年齢層も大きく異なる。農林業従事者の半数は65歳以上。この極端な高齢化は将来不安を抱くに十分であろう。

地方から都市圏へ人口流入

次に、「都市と地方」という観点で人口動態を分析してみよう。

図４（１０５ページ）は、１９５５年～２０１５年の全国から３大都市圏への人口移動を示したものである。

ここで明らかなのは、戦後の高度成長期を通して大都市圏には膨大かつ急激な人口集中が続いたことだ。

図2◆産業別就労者数の推移

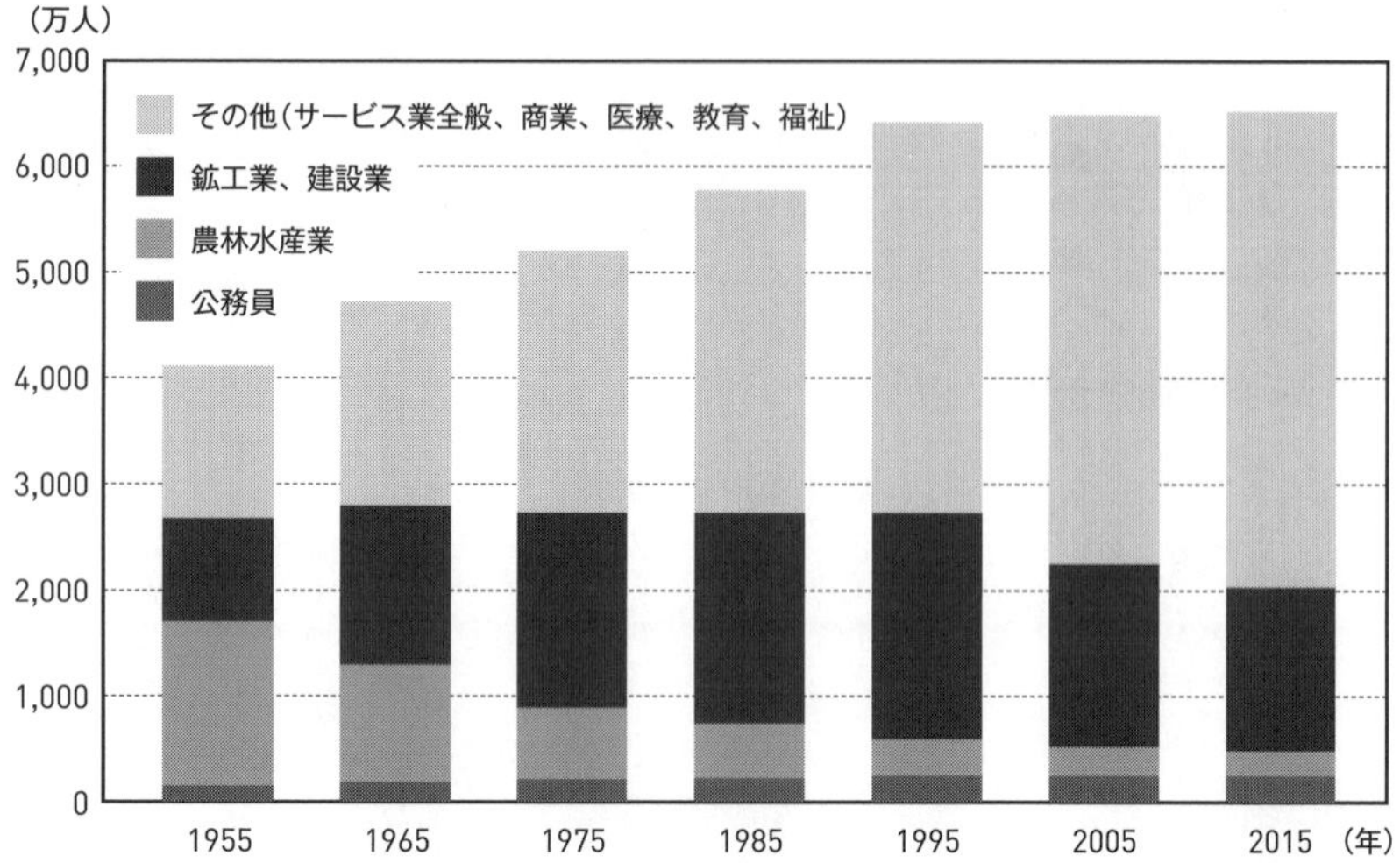

出所:総務省統計局

図3◆産業別就労年齢層の割合

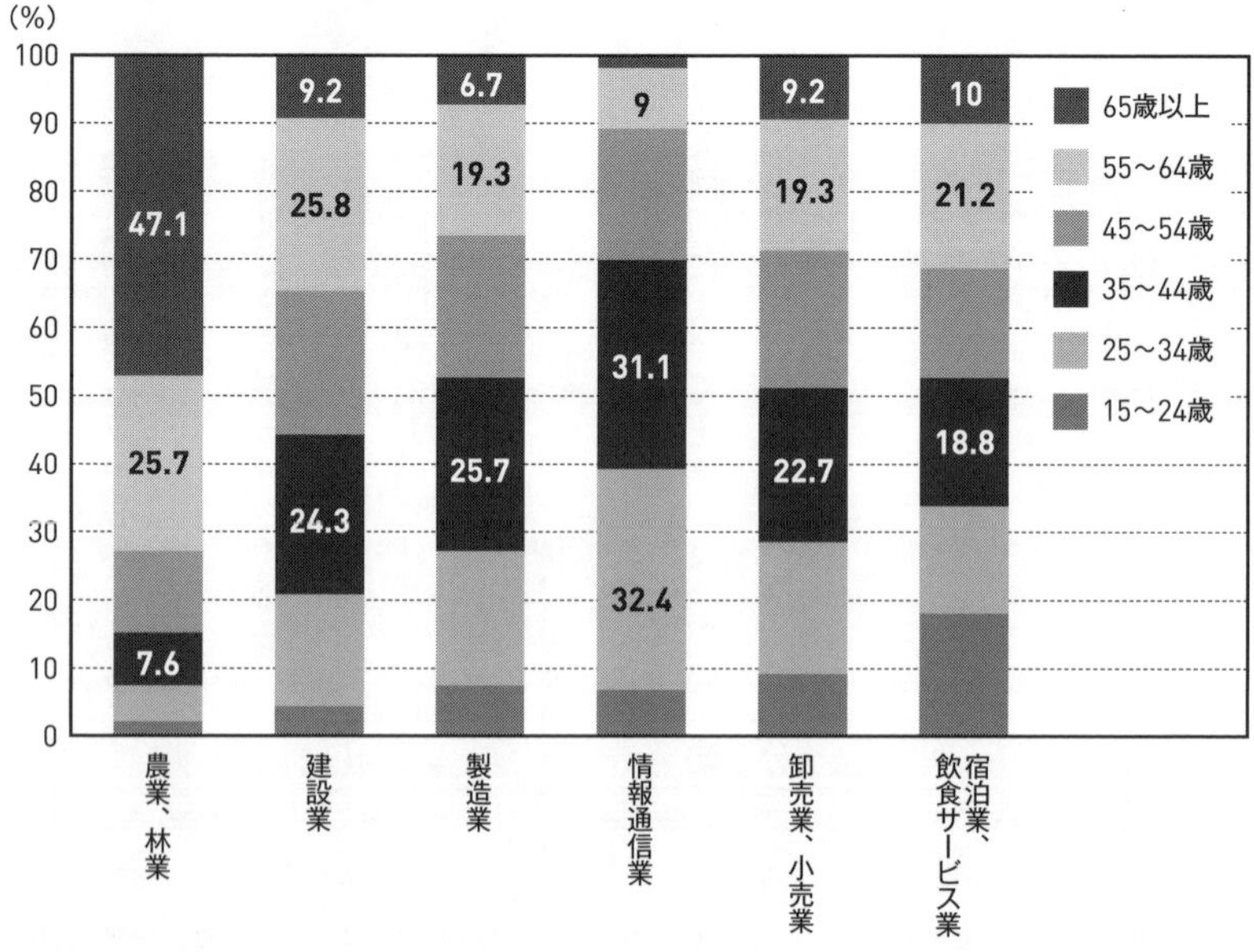

図4◆三大都市圏への人口流入推移

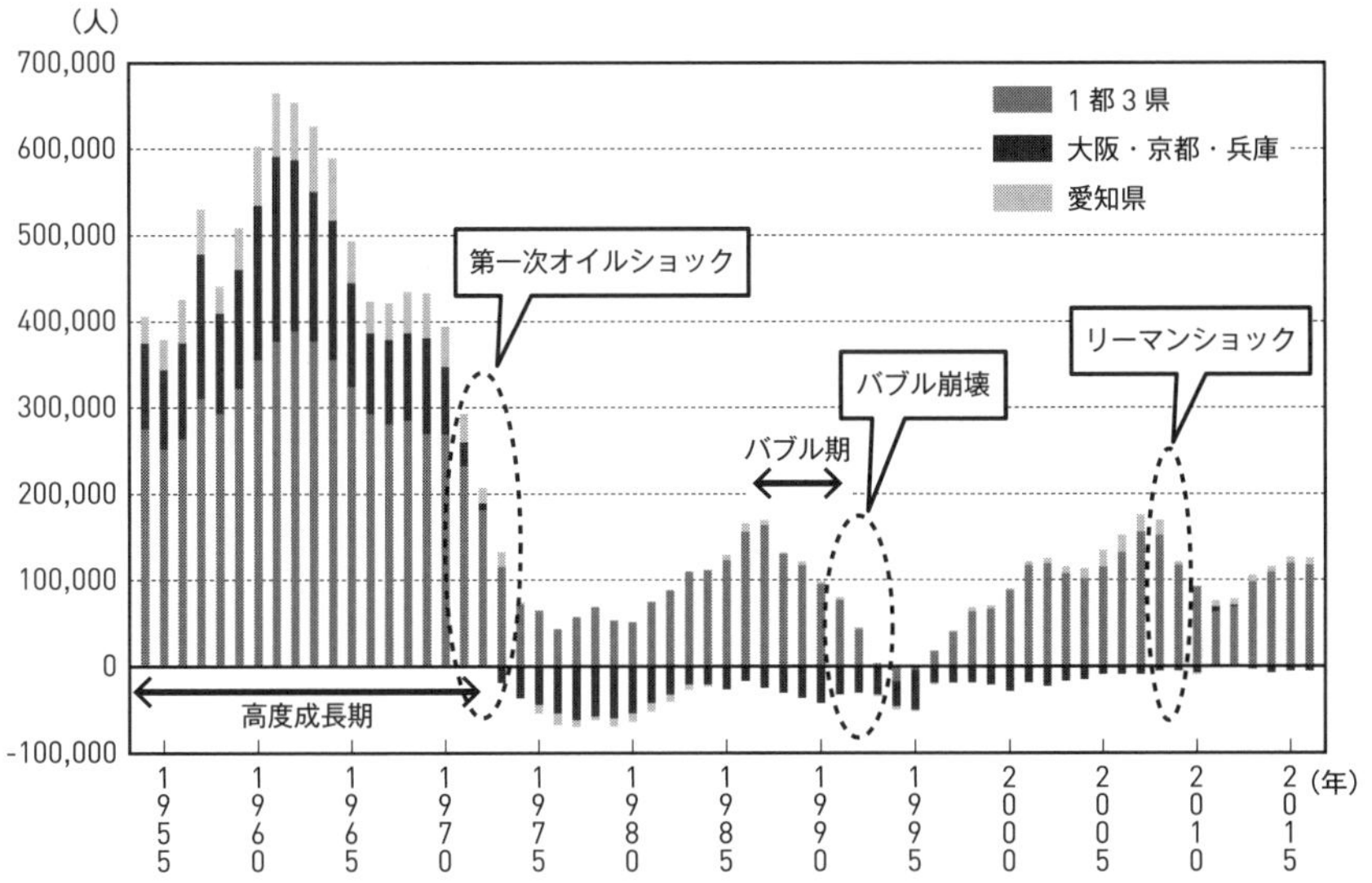

出典：総務省E-Stat

東京圏（東京都、神奈川県、千葉県、埼玉県）へは毎年30万人、大阪圏（大阪府、京都府、兵庫県）へも毎年10万人を超える人口が流入している。

しかし、第1次オイルショックを迎えた1970年代初頭から状況は一変する。大阪圏は人口流出に転じ、東京圏への流入もペースダウンした。しかし、東京圏への人口流入は、バブル崩壊の一時期を除けば、今日に至るまで続いている。

さらに東京圏をクローズアップしてみよう。図5（107ページ）は、全国から東京圏への流入人口を時期別に累積したものだ。

1954年〜1970年の高度成長期に流入した人口は、17年間で実に529万人に達していた。ちなみにこの間、東京都だけでみても190万人近い人口が流入している。その後ペースダウンするものの、東京圏への人口流入は今も続いており、分析対象期間を累積すると実に956万人に達している。そのため、東京圏は慢性的な住宅不足となり、日本の新築住宅投資は今日まで、他の先進国では例がない高い割合が続いている。

一方で、地方は主に若年～壮年世代が流出し、過疎と高齢化が一挙に進む結果となった。

2040年、東京圏では3分の1が高齢者に

全国から働き手を吸収し、経済成長を担ってきた東京圏。その人口動態は今後どう変化するだろうか。図6は、東京圏とそれ以外の高齢者人口増加率が今後どのように推移するかを予測したものである。

注目すべきは、東京圏の高齢者人口増加率の凄まじいまでの伸びである。

東京圏では2015年から10年間で、高齢者人口（65歳以上人口）が100万人増加、その後の15年間でさらに164万人増加する見通しだ。すなわち、2040年には東京圏の総人口約3230万人のうち、120万人程度、つまり「3人に1人が高齢者」という大変な状況になる。

「死亡者数」が投げかける課題

高齢化問題は、年金などの財源、医療・介護といったケアなどについて頻繁に取り上げられるが、ここでは視点を変えて「死亡者数」に注目してみたい。

図7（109ページ）は、1947年～2015年の「死亡者数および死亡率の推移」である。

74歳以下の死亡者数は減少傾向だが、75歳以上の死亡者数および割合が急激に増加している。2016年、

図5◆全国から東京圏（1都3県）への流入人口

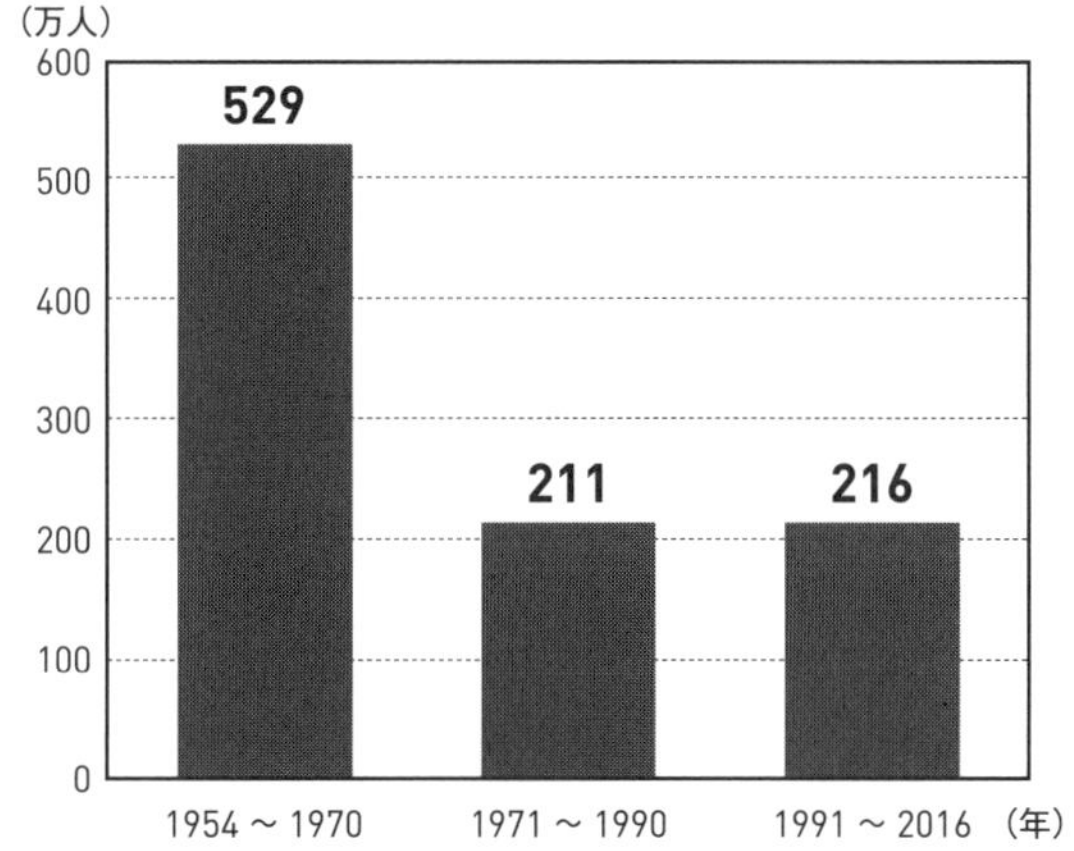

出典：総務省E-Stat

図6◆高齢者人口増加率予測

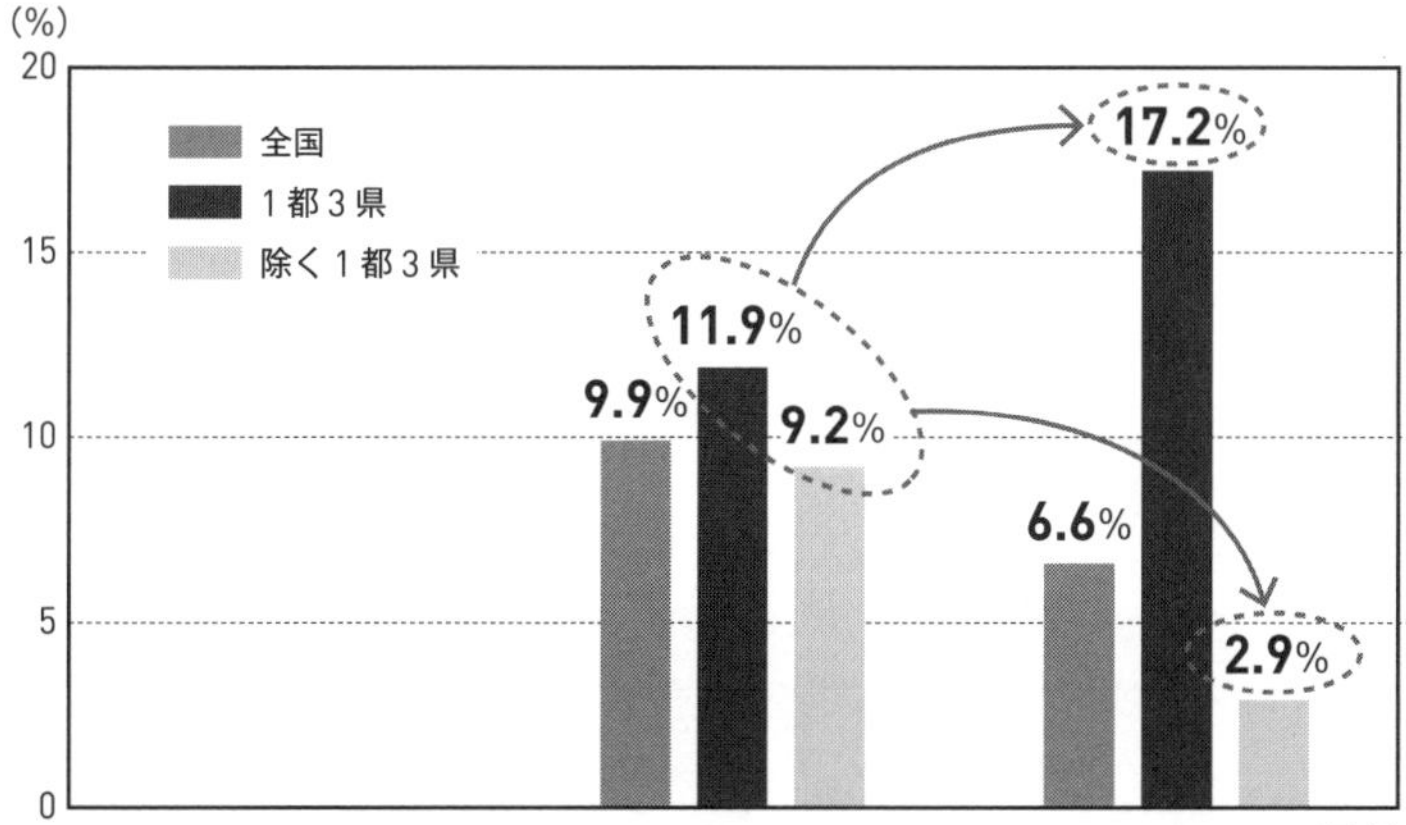

（万人）

	2015年	2025年	2040年
全国	3,347	3,677	3,921
1都3県	854	955	1,119
除く1都3県	2,493	2,722	2,801

出典：内閣府　高齢者白書

全国の死亡者数は130万人を超えた。その内訳をみると75歳以上の高齢者が97万人で、死亡者数全体の74％を占めている。日本が人口減少＆超高齢化社会、そして、大量死時代に向かっていることは明らかだ。

高齢者の死亡者数の増加により、葬儀関連のみならず、相続とそれに関連する様々な業務が金融機関、地方自治体、登記所、税務署などで激増している。死亡者増加の影響は図6（107ページ）にも示した通り、今後は大都市で加速度的に大きくなり、相続関連の作業量はこれまで経験したことにないボリュームに膨らむだろう。なかでも不動産に関する相続手続きには多大な時間と労力を要することは周知の事実だ。

さらに高齢者は圧倒的に持ち家率が高い。

図8は内閣府が行なったアンケート結果である。回答者は60歳以上であり、高齢者の持ち家の割合は大都市でも82％に達している。これは、高齢者死亡数の増加と比例して、居住資産の相続が増えることを示す。

では、高齢者の持ち家は死後どうなるのだろうか。同調査で持ち家居住者に「将来、住まいをどうするか」と聞いたところ、「家族や親族が相続して居住予定」と回答した割合は、全国でも50・5％、大都市では48・5％と半分に満たない。死亡者増加に伴い、現在問題になっている空き家や所有者不明土地（第2章参照）が増えていく可能性が高い。

以上、ポイントを絞って戦後日本の人口動態推移と社会変化を見てきたが、大都市と地方都市に分けて、今後深刻化すると予想される問題をまとめておこう。

〈地方都市〉

高度成長期を通して働き手が都会へと流出し、人口減少と高齢化がいち早く進行した。その結果、産業は衰退し、高齢化と過疎化が進み、地方都市はシュリンクしている。かつて主産業だった一次産業は高齢化が

図７◆死亡者数ならびに死亡率の推移

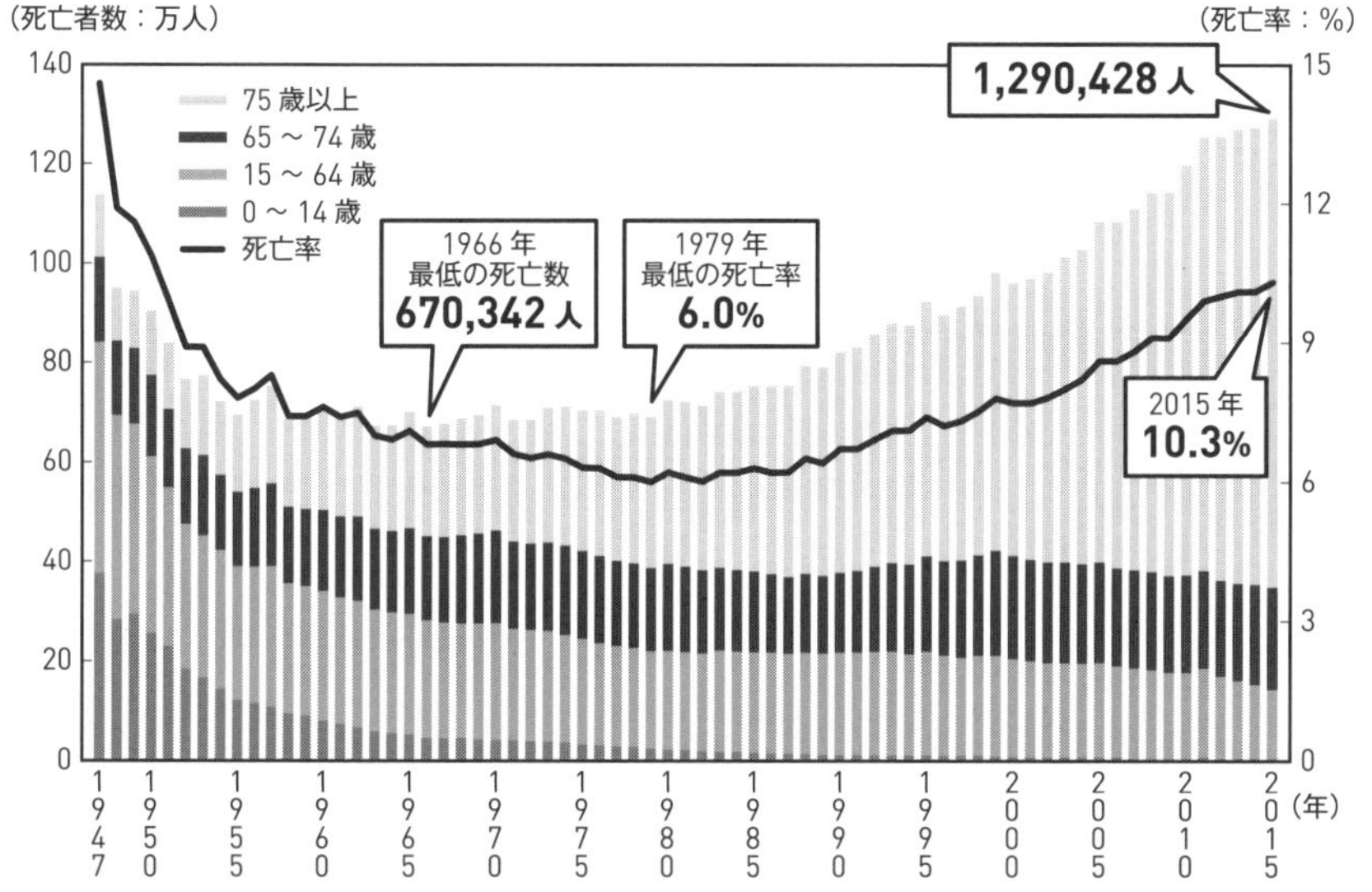

出典：厚生労働省　人口動態統計

図８◆高齢者の住宅所有形態

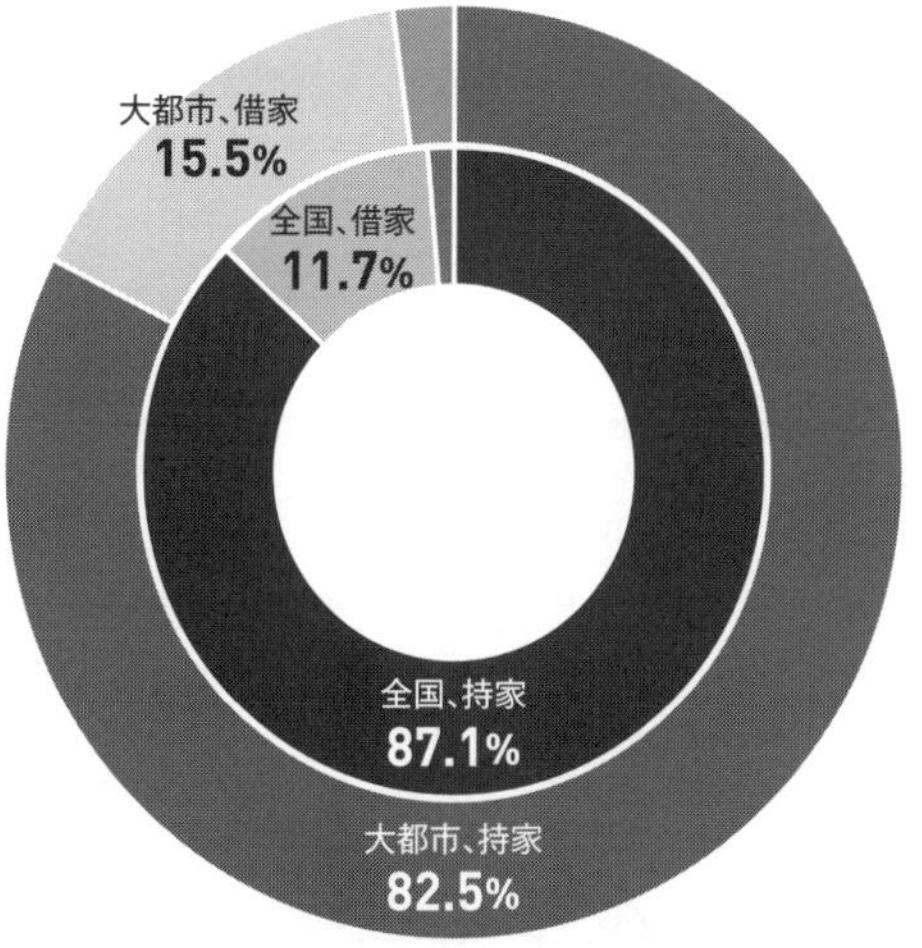

出典：内閣府高齢者生活調査　2016

加速し、後継者難が深刻になっている。

子供が都市に移り住んだ結果、親が死亡した後の実家が空き家になったり、不在地主が増加。相続未登記も増え、所有者不明土地問題も自治体の悩みの種となっている。この傾向は早急に手を打たない限り、今後さらに加速するだろう。

自治体レベルでは財源不足と行政サービスの非効率化が進み、インフラ機能の維持はさらに難しくなっていく。民間レベルでは人口減少などによる店舗や病院などの不採算化、撤退が発生し、結果として不動産価格の下落、放棄地等の発生が深刻になる。

〈大都市〉

戦後、都市に流入し、日本の製造業、サービス業を担ってきた世代が順次高齢化し、年金・医療・介護など広範囲にわたる資金不足・担い手不足が顕著になっている。

今後、1都3県でも総人口が減少する中で（図9）、若年層の急激な減少と高齢者の急激な増加が予想され、次のような問題が急速に深刻化していくだろう。

居住用不動産で発生する問題

高齢独居世帯の増加、空室の拡大、相続者不明問題の拡大。特に区分所有の集合住宅（分譲マンション）では、建物と居住者のダブル高齢化や空き家の増加などによる管理不全マンションの増加や建替え問題が深刻化する。

不動産価値の二極化に伴う問題

都市中心部と外周部の不動産価格の乖離が進む。バブル期前後に広がった住宅立地やオフィス、商業立地

図9◆1都3県人口推移予測

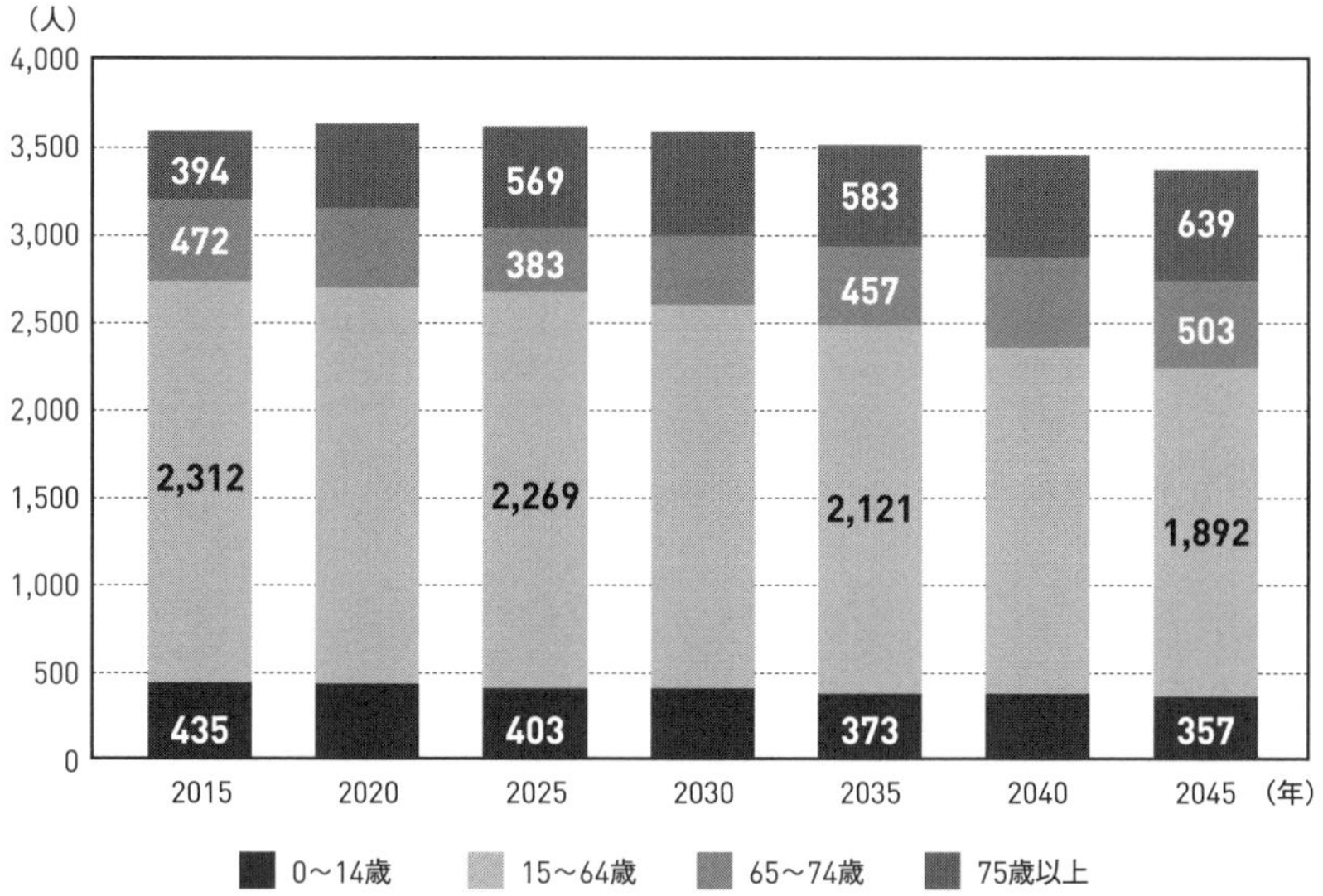

出典：国立社会保障・人口問題研究所

がシュリンクし、商品価値が下落、あるいは需要そのものがなくなってしまうエリアや不動産が増える。

以上の問題は多少の時期のズレはあっても、今後、確実に深刻化するものであり、対応が遅れるほど解決は難しくなる。

また、ひとこと付け加えるならば、今日の日本の都市や地方に露呈している問題は、私たちや私たちの先輩世代が間違った歴史を歩んでしまった結果ではないし、問題を放置した結果でもない。その時々の日本の社会のニーズに応えようと、私たち日本人が懸命に考え、行動をしてきた結果なのである。

しかしながら、時代は大きく変わった。本書で指摘した都市や不動産を巡る問題は、金融資産などと異なり、不良債権として損失補填で一挙に解決を図ったり、処理機関に集めて一括処理したりといった解決は図れない。

時代が変わったからやり直しだと言って、Deleteキーをクリックして消し去ることはできない。

過去の我々の努力や営みの結果が、土地利用や建築物という形で目の前に形を残し続け、現在の都市を形づくっているわけであり、その改変には膨大な労力と資金と時間が必要である。そして、縮減社会下では、経済合理性がなくなったものが更新できず、都市に残り続ける可能性が高い。

こうした中で日本の都市をより魅力的で快適な生活空間としてゆくには、行政や自治体、個人、民間企業が問題意識を共有し、人口動態や産業構造の変化にそぐわなくなってしまった法制度の根本的な見直しをはじめ、一刻も早く大胆かつきめ細やかな改革に着手しなければならない。

第5章

今日的課題の底流（2）

法曹界内部から見た、日本の法制度の歪みと限界

一般の人には「法は絶対的なもの」というイメージが強い。
しかし、法もまた人間がつくりだしたものであり、完全でも絶対でもない。
本章では、長年法曹界に身を置き、さまざまな土地問題を扱ってきた弁護士、
小澤英明氏の軌跡と視点を通して、
土地所有権を巡る日本の法制度の限界や課題を追う。

1　昭和55年～64年（1980～1989年）

土地に群がる人々

私は1980年（昭和55年）に弁護士になり、3年間実務を経験してから東大の都市工学科の修士課程に入った。当時の仕事の多くが借地借家の紛争で、その種の紛争に長く関わり続けることに疑問があったからだ。当時の思いは、法律学は学問とは言うものの、真実を探求する学問とはまったく違うもののようだ、ということだった。法律学者の議論は「借地人保護」、「借家人保護」だけで内容は貧弱だった。

すでに戦後35年以上経過していたが、高度成長の真っただ中であり、今では考えられないほど土地建物に対する需要は旺盛だった。私が嫌悪感をもったのは、土地の値上がりに群がる人々の醜悪さだった。都市近郊の農地の所有者の相続人が若殿然としてたてまつられ、周りにはおこぼれにあずかろうとする人たちがうごめいていた。この種の現象は都市近郊だけではない。都内の一等地を所有している財団の支配権を巡って、財団の役員登記が勝手に次々と書き換えられるなど、とんでもない事件にも遭遇した。

今にして思えば、それらは当時の社会現象であり、人間社会の真実を探求できる恰好の題材ではあったかもしれない。しかし、私はまだ十分に青臭く、こうした醜い現象の背後には土地所有権制度があると思った。

土地所有者は、自分が働いて土地の価値を高めたわけではない。一般の人々の営為の結果が土地所有者の懐に入っているだけなのに、都市の発展の利益を独り占めにしている。そこに切り込まないまま、土地所有権を所与として疑問をもたないからこういうことになるのではないかと思い、土地所有権をもっと学問的に考えたいという気持ちになった。

真実を語る１冊『補償の理論と現実』

そんなとき、華山謙の『補償の理論と現実』[*1]というダムの補償について論じた本に出会った。当時、土地の収用に関して法律学で見るべきものはなかったが、この本を読んで、土地について初めて真実を語る本に出会い、衝撃を受けた。金銭補償よりも代替地補償が重要である場合が多いことなども実証的に示されていた。

華山先生に手紙を出したところ、「いつでも研究室に遊びに来なさい」というありがたい言葉をいただき、東工大の華山研究室にしばしばうかがった。華山先生は、当時まだ40代半ばの新進気鋭の学者だったが、土地問題、環境問題に広く通じておられた。そこで、土地問題や環境問題をもっと勉強したいという気持ちになり、東大の都市工学科に入った。しかし、それから間もなく華山先生は不慮の死をとげられた。

「土地公有論議」をまとめるが…

東大の都市工学科では都市計画の図面的なことにも関与したいと思っていたが、やはり弁護士として過された。先生方も私の扱いに困っておられたと思う。

土地所有権の起源を論じる本がないかと探したが、ロックの所有権論が目に付く程度で、読むべき本はほとんどなかった。当時、東大法学部の日本法制史の先生が明治以降の土地制度に関する思想を研究するゼミを開かれており、熱心に参加したが、自分が求めているものは得られなかった。すばらしいアイディアは過去にもないことを確認できたという意味はあったかもしれない。

修士論文を書く時期となり、「土地公有論議」をまとめた。

今にして思えば、まったくの若書きだったが、イギリスでは土地は女王のものらしい、日本でも土地を国有化してしまったらどうか、という提案を検討するものだった。イメージとしては、90年後に国有にすることを目指して少しずつ固定資産税を上げていくというものだ。当時は人間の利己心の強さを知らず、こんなのんきなことをよくも検討したものだと恥ずかしい。[*2]

東大都市工学科にいた１９８４～１９８５年（昭和59年～60年）頃、研究室の助手の方が「どうも最近の神田の地価の動きがおかしい。どんどん上がっている」と言われた。バブル経済による地価高騰の号砲のように記憶している。修士論文を書いた後、博士課程1年で弁護士に戻った。

2　平成元年～10年（1989～1998年）

１９８７年（昭和62年）、渉外事務所と呼ばれていた「西村真田法律事務所」（現・西村あさひ法律事務所：以下、「西村」と略す）に入った。西村はその後大きく発展し、今や弁護士５００人を超える大事務所になったが、私の弁護士番号は35番であり、当時はそのくらいの規模だった。西村にいた30年間を3期に分け、土地所有権にどのように関わってきたかを書いてみたい。

家を購入し、土地所有権に対する見方が変わる

西村に不動産に詳しい弁護士はいなかったが、不動産案件には私を引き入れてくれ、案件を通じて不動産に詳しくなっていった。

１９８７年（昭和62年）、柏市に戸建てを購入したことが、土地所有権に関する私の見方を劇的に変えた。それまでは世田谷区の借家だった。大きな屋敷の離れで、庭も広く恵まれていたが、自分のものではないので庭にはまったく関心がなかった。しかし、柏市に自分の自由にできる家を手にすると、俄然ガーデニングに熱中したのである。

人間が、自分が自由にできるものに対してどれほど熱中するのか、その心理が初めて理解できた。所有が人間を保守化させることもわかった。これが人間の真実であって、この真実に目をそむけて社会制度は語れないと感じた。

米国流の法的判断手法

１９９０年（平成2年）にアメリカに渡り、コロンビア・ロー・スクールに1年、ニューヨークの法律事務所に1年、計2年間を過ごした。ロー・スクールでは前期にproperty（不動産法）、後期にreal estate transactions（不動産取引）の科目をとった。

Propertyの授業では、Bergerの『Land Ownership and Use』という本をテキストとしたが、これはケー

スブック（判例を集めたもの）である。アメリカでは学生がケースブックで勉強することは知っていたが、徹底していた。

実はここに大きな意味がある。というのは、法的判断にあたっては「これこれの要件を満たせば、これこれの法的効果がある」という形で議論を整理することが重要だが、それに終始してはいけないからである。法律の条文に、事細かに要件と効果を規定することは不可能である。また、立法時に想像できる事象は限られているため、ある文言でうまくいくと立法時に思っても、それではうまくいかない事象が次から次に出てくるからである。

したがって、ある紛争が起きた時に、頭の中で要件と効果を整理しつつも、過去の裁判例のどの案件に似た案件なのか、徹底的にリサーチすることが重要になる。法的判断は杓子定規ではないからだ。英米の法律家はこのことがよくわかっている。

後期は、実務で活躍されている弁護士の授業を受けた。

アメリカは徹底した「契約自由」

留学2年目は、ニューヨークの歴史ある法律事務所で自由にさせてもらい、「不動産の証券化」と「アメリカの賃貸借」を勉強した。アメリカの賃貸借を勉強したのは、借地借家でほとんど法的議論がない日本に辟易しており、アメリカはどうなのだろうという関心があったからである。

日本では、学者が留学したドイツ、フランス、イギリスの法制度を紹介し、それがあたかも望ましい制度であるかのような議論をしている。契約の内容に関わらず、借りる者を強く保護することが正義であるかのような議論は、それにふさわしい社会経済のもとでふさわしいだけである。

アメリカの賃貸借がいかに契約自由であるかに私は驚いた。日本のように正当事由がないと更新拒絶ができないような制度は、公的資金の入った住宅の賃貸借や、ごく限られた州（当時はニュージャージー州）の住宅にしか採用されておらず、正当事由も明確だった。[*3]

留学は1990年（平成2年）7月〜1992年（平成4年）8月だったが、この間に日本ではバブル経済が崩壊した。アメリカへの不動産投資の仕事が入ると思って留学したが、帰国した私に最初に舞い込んだセミナーの依頼のテーマは「アメリカ不動産投資からの撤退」だった。

借地借家法の見直し論議が高まる

帰国して少し経った頃、定期借家導入議論がさかんになった。すでに1991年（平成3年）の借地借家法制定時に定期借地制度は導入されていたが、定期借家の制度はなかったからである。

経済学者を中心に「正当事由がないと賃貸人からは更新拒絶ができず、しかも正当事由がほとんど認められない。これでは既存の借家人の保護にはなっても、良好な借家が提供されず、借家を求める多くの人々にとって不利である」という主張がなされた。これに対して、法律学界が有効な反論ができなかったのは当然である。

アメリカの賃貸借に詳しいという理由で、私はいくつかの委員会に呼ばれた。

「ニュージャージー州のように住宅に正当事由を定め、正当事由をもっと明確にすべきではないか」と主張したが、結果的には、従来の「普通借家」と、それとはまったく異なる「定期借家」の併存という現在の制度になった。定期借家が導入されたのは１９９９年（平成11年）である。*4

土地区画整理／業務代行契約の貧弱さに驚く

西村の先輩弁護士の推薦で、財団法人区画整理促進機構の専門家として登録された。この機構は、バブル経済が崩壊する寸前、ディベロッパーとゼネコンの大手が資金を出して設立されたもので、土地区画整理事業の業務代行を行なっていた企業が会員だった。

業務代行とは、組合区画整理の事業遂行を一手に引き受けるもので、事業の結果、生み出される保留地の処分の責任を負うのが常だった。

しかし、バブル経済が崩壊した後は予定価格で保留地処分ができず、民間の業務代行者は保留地処分または引受で大赤字を出した。なんとか逃げ出せないか、苦悶していたが、企業の評判にも関わることなので、ほとんどの場合、組合に迷惑をかけない形で事態を収束させていた。

私は同機構の民間事業者研究会に参加した。研究会では業務代行契約ひな型の見直し作業を行なっていた。驚いたのは、１００億円以上の事業でありながら、用いられていた業務代行契約のひな型の貧弱さだった。リスクの分担など何も決めていないに等しいもので、日本の契約は契約ではないと感じた。

土地区画整理／無知、無関心、身勝手な人々

一方、区画整理という手法にはすっかり感心した。これは計画的に市街地を整備する手法である。各土地

所有者の土地所有面積は減らされ（減歩）、そうしてかき集めた土地が道路の拡張や公園の新設、事業資金の原資となる保留地となる。減歩されて所有面積は減るが、土地所有者に補償はしない。計画的な市街地に配分された土地（換地）は、面積が減っても従前の土地（従前地）よりはるかに単価が高くなるからだ。

ところが、戦後、「区画整理は憲法違反だ。面積を減らしておいて補償しないとは何事だ」と叫ぶ弁護士や学者、知識人もかなりいた。

「この手法をとらずに、あなた方はどういう手法で、自然発生的にできたくねくね道を整備して市街地をつくれると思っているのですか」と反論すれば、再反論しようがないレベルの議論なのだが、弱者救済を旗印に、このような訳のわからない議論もあったのである。

「そもそも土地所有者が弱者と言えるのか」とも思ったが、従前地から換地に土地所有権が移るのは換地処分という行政行為である。一方的な行為だから、昔は配慮のない換地計画でゴリ押しした事業もあり、気の毒なケースもあったのだろう。そのため、区画整理と聞くと条件反射的に反対する人たちも多かった。

しかし、私が関わったのは平成以降であり、換地計画にも土地所有者の意向を汲んだ申出換地の手法が取り入れられており、かつてのように無闇に反対する人たちは少なくなっていた。[*5] 土地所有者の意向を十分汲み上げて計画を練ることが成功の秘訣だが、一方で、この種の事業に進んで協力するほど土地所有者の意識は高くない。多くは「お上が全部段取りをすべきだ。自分は協力してやっているのだから損はさせるなよ」というレベルだった。

「住民参加の都市計画」という言葉を教科書等でよく目にするが、現実を知れば知るほどそらぞらしく聞こえる。実際には「お任せの都市計画」または「断固反対の都市計画」であって、自分の所有地の外の環境整備は自分の問題として捉えられていない。

大深度地下／所有権はどこまで及ぶか

この頃、大深度地下利用構想が議論を終え、法制化されようとしていた。

これはバブル時代の地価急騰の名残りである。地下鉄や地下道路の建設にあたって補償費が急騰し、事業ができないという事情があった。そこで、土地所有者の利害にまったく関係がないほどの深さの地下は土地所有権が及ばないとして、無償で公的目的に使えないかという問題意識から、この議論は出発していた。

私が議論に参加したのは終盤である。民法の高名な大学教授らが「今や温泉を1000m以上も深く掘ることがあるのだから、地下深くまで土地所有権が及んではいないとは言えない」という議論を発表しており、これは到底看過できないと思ったからである。

もし、この議論が通れば、地下1000mの深さまで所有権が及ぶことになる。その弊害は取り返しがつかないほど大きい。そもそも地下1000mまで温泉井戸を掘ることができるのは、そこまで所有権が及んでいるからではなく、地下深い空間は誰のものでもないからだ。言い換えれば「国民共有財産」だからである。

義憤を感じた私は当時の審議会委員全員に直筆の手紙を書き、そういう深さまで所有権が及ぶと考える必然性はないと力説した。最終的には、2000年（平成12年）に「大深度地下の公共的使用に関する特別措置法」ができ、大都市圏の一定地域の比較的浅い地中（地表から40m以深等）での公共工事が無償で行なえる道が開かれた。同法は、地下深いところまで土地所有権が及ぶか否かを、はっきりさせないまま立法されたものである。私の手紙も少しは揺り戻しに貢献したかもしれない。*6

３　平成11年〜20年（１９９９〜２００８年）

海外ファンドの行動パターン

１９９８年（平成10年）頃から、アメリカのファンドがなだれをうって日本の土地買収に走った。日本の土地の価格がどんどん急落した上に、日本の大企業は相次いで優良な不動産を手放していた。

私はファンド側で日本の不動産買収に関与した。

アメリカのファンドは「郷に入れば郷に従え」で、日本のルールを知りたがった。しかし、日本では重要な法律上の論点すらきちんと議論されず、裁判例も乏しい。

今でも覚えていることがある。

Ｂ社に建物を賃貸していたＡ社が、Ｃ社にその建物を売却した。この場合、Ｃ社はＡ社とまったく同じ地位を承継するのか、Ａ社はもとの賃貸借から完全に抜けられるのかという、基本のキのような論点が自信をもって答えられなかったことである。今ではいずれの論点についても「しかり」と自信をもって答えるが、当時は「そのはずだが、どこかに書いてないか」と教科書や注釈を必死になって調べた。しかし、これらの論点について端的に答える文献は見当たらなかった。

Ｂ社が建物を占有している以上、Ｃ社がＢ社を退去させられないことはどこにでも書いてあるのだが、「賃借権の登記もない中で、Ａ社とＢ社がひそかに締結した契約のすべてをＣ社が承継するのか」と面と向かって聞かれると自信がなかった。

なお、この論点については、2020年（令和2年）に施行される改正民法では明文化されている。

ルールを変えたければ立法をすべき

話を戻すと、ファンドの投資家が知りたいのはルールであり、ルールとは「裁判所はどう判断するのか」である。これは非常に重要だ。日本のように学者が裁判例を無視して自説を講義し、生徒がそれをルールと信じるなどということはない。「ルールを変えたければ立法をすべき」が正論である。

もっとも、判例変更もあるので、裁判所で判例変更を導く議論をすることが常に無駄なわけではない。案件によっては弁護士もそうした努力をすべきことは否定できないが、自覚が必要である。

利に聡い投資家は、裁判所に採用されるルールによって行動しており、それ以外は関心がない。日本では、法律実務家も学者も犬の遠吠えのように持論の展開をしたがるが、その時間とエネルギーを法律改正に振り向けたほうがいい。

建築協定／2回目の協定更新に奔走

この10年間は、私が弁護士としてももっとも忙しかった時期だったが、仕事を離れて、土地所有権に関わることに3つほど取り組んだ。

ひとつは建築協定の更新である。

１９８７年（昭和62年）に購入した柏市の戸建ては１５００戸を超える住宅地であり、ディベロッパーが分譲開始時に建築協定を定めて購入者に加入させていた。建築協定の期間は10年で、私が担当したのは2回目の更新だった。

私の地区は全体で１３００戸以上あり、1回目の更新時に10名ほど脱落した。2回目となると、そろそろ改築を念頭に置いた人も出てくる。各所有者から署名捺印（柏市は実印を要求した）をとるのはかなりの難題だったので、弁護士の私に委員長になってほしいと頼まれた。建築協定には関心があったので引き受けたが、その条件として、建築協定に自動更新条項を入れることを挙げた。10年毎にこんなに苦しい作業をするのでは脱落者が増えて歯抜けになり、不公平だからと話した。この提案にすべての委員が賛同してくれたが、問題は「どれだけの反対者がいれば更新しないことにするか」だった。

ある委員が「ハードルを低くした方が署名をとりやすいですね」と発言し、私も同意した。そこで、5分の1以上の人々が反対したら更新しないこととした。

ただ、日本の建築協定は団体法理を内包していないため、建築協定の内容をメンバーの協議で随時変更できるシステムがない。これは致命的欠陥である。したがって、長続きするように当たり障りのない内容になってしまう。ただ、2回目の更新で自動更新条項を入れるので、その内容が長く続く可能性がある。そのため、協定の内容を見直す必要がないか議論をした。

その時、初老の女性が「今の協定では、1世帯または2世帯の居住しか認められないと思いますが、たとえば、今後、友人同士で老後一緒に暮らしたいという場合もあると思います。そういうこともできるようにしておく必要がないでしょうか」と発言した。

まったく想定していなかった居住形態だったので驚いた。すぐに同意し、「原則として」という文言を入れたが、人間の想像力には限界があることを思い知らされた。

2回目の更新は、最終的に30数名が署名を拒否した。5％未満だったので成功と言うべきだろうが、そもそも協定があることを承知の上で購入して住んでいるのに、なぜ、署名を拒否するのか、理解に苦しんだ。何度訪ねても、のらりくらりと生返事しかしない所有者が少なからずいた。

私は、この更新作業を通じて人間観がかなり変わった気がする。「話せばわかる」は多くの場合、真実だが、「話してもわからない人もいる」もまた真実であり、それが人間社会である、と。人間はもともと勝手な存在だが、勝手がすぎると他人が迷惑する。しかし、そこに思いを致せない人もいる。[*7]

歴史的建造物の保存／架空の国の景観づくりを考える

もう一つ取り組んだことは歴史的建造物である。

定期借家の件で親しくなった本田広昭さん（現・株式会社オフィスビルディング研究所代表取締役、本研究会代表）に、三幸エステート株式会社（オフィス仲介会社）から歴史的建造物をテーマにした写真集を出版するという話を聞いた。

「一枚噛ませてくれませんか」と頼み、快諾していただいた。本田さんも私も歴史的建造物が次々に取り壊されることを惜しんでいたが、ただ取り壊し反対を叫ぶのではなく、もっとスマートに残す方法がないものかと考えていた。

大都市で歴史的建造物が取り壊される背景には、建替えて高容積を実現したいという土地所有者の意向がある。その意向を無視はできない。土地所有者の意向に応えながら、歴史的建造物を保存できる仕組みもあるのではないか、という問題意識があった。

また、私はこの頃、街づくりに対する日本人の身勝手さに嫌気がさしており、高度成長を果たしながら、日本の市街地のでたらめさ加減は何なのだと憤っていた。

そこで、架空の理想国を作り上げ、その訪問記をネタに本田さんと架空対談をするという趣向を思いついた。

その国では、登録景観設計士が一定の広さの地区の設計をすべて任されており、思い切った街並み規制が行なわれる。地区ごとに評価され、高いグレードを獲得すればその地区の固定資産税が大幅に減額される。地区間で美しさを競い合い、無能な登録景観設計士は地区の所有者で構成される団体から解任される。土地所有者はこの団体に入らないと固定資産税減額のメリットが享受できないので、自ら望んで団体に加入している、という話をでっち上げたのである。

その頃、私は地方公共団体が街づくりの細部に貢献できることは少ないと思うようになっていた。なぜなら、あのデザインはダメで、このデザインは良いなどということは、客観的には決めきれないからだ。人々が自発的に判断能力のあるプロに街並みづくりを託さない限り、納得は得られないだろうと思った。前述のとおり、日本の建築協定制度の限界を実感していたこともあり、そのブレークスルーを狙ったわけである。

なお、この本は『都市の記憶』として出版された。以後、『都市の記憶Ⅱ—日本の駅舎とクラシックホテル』、『都市の記憶Ⅲ—日本のクラシックホール』も出版され、三部作となっている。*8

この出版を通じて歴史的建造物保存に関わることになった。歴史的建造物は多くの人々に愛され尊ばれることで特別の存在になる。しかし、だからと言って所有者に過度な犠牲を払わせるべきではない。

私のアイディアは、容積緩和を受けたい者が、街づくりに関わるＮＰＯ等に一定の対価を払う仕組みである（支払先は選択可）。歴史的建造物の保存に熱心なＮＰＯに支払われれば、その資金で所有者の不利益をカバーできる。

ただ、このアイディアはあまり支持を得られなかった。ＮＰＯ等に対する人々の信頼度が低いのも一因だろう。「そういう制度ができれば、悪用する者が続出しそうだ」と鈴木博之先生に指摘され、ショボンとなった。アイディアは実現しなかったが、割増し容積をタダでばら撒くやり方には今でも反対である。

マンション建替え／現行制度では進まない

もう一つは、マンション建替え問題である。

本書の第１章でも触れているので詳細は省くが、この問題に取り組むきっかけは、１９９５年（平成７年）の阪神・淡路大震災だった。区分所有法で高名な鎌野邦樹先生から「阪神淡路大震災で被災したマンションの復旧や建替えが大きな問題になっている。アメリカではどうなっていますか」と問われたことが最初である。

アメリカの基本的な発想は次のとおり。

- 区分所有関係は特別多数決（５分の４が多い）で解消できる。
- 解消後は単なる共有になり、どの共有者も共有物分割請求ができる
- 現物分割はできないので、建物全体を売却して売却代金を共有者に分配する。

つまり、区分所有を「共有の特別形態」と考えているのである。

しかし、日本の建替え制度は「区分所有関係にある人々が再築メンバーにならなければならない」という発想が基本である。「なぜ？」と聞かれると答えに詰まるような前提から出発しているのだ。

したがって、再築建物は区分所有者の多くが満足できるものでなければならない。しかし、余剰容積があり、余った床を売却して事業費に充当できるような恵まれた立地のマンションは一握りしかないのが現実である。不可能なことを求めて悪戦苦闘しているのであって、成功事例がごくわずかしかないのも当然だ。

これは自分をその場に置いて想像すればすぐにわかることだ。今なお幻想にとらわれて、現行の建替え制度にしがみつくのは愚かなことのように思う。

まして、耐震性能に劣るマンションを建替える場合に割増し容積を付与するなど、耐震性能を満たしたマンションの区分所有者からすれば、まったく理解できないような不公平な制度まで登場している。

私は、アメリカの制度から共有物分割請求権がどれほど重要であるかを学んだ。共有関係は共有者間の仲がよい時はよいが、一旦悪くなるとどうしようもない。また、共有者の数が多くなると管理も行き届かず、収拾がつかなくなる。これは日常よく見られることだ。したがって、どの国でも共有者の権利として共有物分割請求権を認めている。これも土地所有権に関わる人間社会の真実であって、忘れてはならない。*9

4　平成21年～30年（2009～2018年）

環境訴訟における団体訴権

２００４年（平成16年）から東京弁護士会では公益活動が義務化された。私は公害環境特別委員会に参加している。この委員会活動を通して得られたものは大きい。その中で特筆しておきたいことは、環境訴訟で団体訴権を使えるように制度化できないか、議論したことである。

委員会では、公害の闘士とでもいうべき弁護士会の諸先輩に出会った。法律が不備な中、公害で深刻な被害を被った人々の救済に全力を尽くされた。そのおかげで公害規制法は充実し、新たな公害被害はほとんど発生していないと言ってもいいくらいである。

また、近年は多様な環境法が次々に整備され、環境行政はおおむね適切に運用されているように思われる。ただし、時には法令が守られない場合もあり、行政が対応しないと事態は放置される。そのような場合、環境法令の遵守を求めて、私人が裁判所で何らかのアクションを起こせないかが議論になる。しかし、日本ではこれが難しい。

司法は、人の生命、身体、財産が害される場合に、当事者からの救済申し立てに応えるところであって、人類とか、国民全体とか、住民全体とか、将来の世代の権利や利益を守るところではない、という前提で制度化されているからだ。

しかし、それでは、特定人には還元できない法的に守られるべき利益が適切に守られない。そこをチェックできないという問題がある。日本でも近年、消費者団体訴訟が導入されたが、環境の分野も同様に、たとえば環境保護団体に原告適格を付与して、広く環境保護の実をあげるようにできないものだろうか。環境法の保護法益には、特定人の生命、身体、財産に還元できないものが多いからである。

いわゆる〝環境弁護士〟の多くは、手弁当で環境保護の運動に取り組んでいるが、前述のような理由から裁判所で門前払いとなるものも多い。それでも「黙って見ていられない」という。純粋な弁護士が活躍する場を広げるには、環境団体の訴権が認められなければならない。なお、諸外国では当然のように環境団体の訴権が認められている。

この問題は東京弁護士会でも議論され、２００８年（平成20年）、環境訴訟の団体訴権をテーマにシンポジウムが開かれた。私も立法化を進めようと、環境団体訴訟制度の導入についての立法提言の内容を起案した。これは、翌年、環境影響評価法の改正についての意見として、東京弁護士会名義で環境省大臣に提出された。[*10]

司法制度は、特定の人の生命、身体、財産の保護を使命としており、それはそれで合理的な思考の産物ではあるが、個々の土地所有権に還元できない環境の利益というものがあることを認識しておく必要がある。「環境権」とは、まさにそのような利益のことである。

山林の境界不明・所有者不明

東京弁護士会公害環境特別委員会の活動として、山林の土地の境界不明、所有者不明の問題にも関わった。

きっかけは、委員会で花粉症の被害拡大が話題にのぼり、その原因に関心を持った委員が「森林部会」を立ち上げたことに始まる。若い弁護士のおかげで、私も現地視察を含め、森林の勉強ができた。花粉症は森林の荒廃によるところが大きいこと、日本の林業がふるわない大きな原因は、路網の整備が遅れていて切り出した木材の運搬が困難なことを知った。急峻な地形もあるが、「路網を整備しようにも林地境界が判然とせず、所有者の把握も難しいことから、紛争を恐れて路網整備事業に取り組む意欲が削がれるのだ」と聞き、非常に驚いた。

「それならば、森林の荒廃の責任は法律家にあるのではないか」と、投げた球が我々に投げ返されたような気持ちになった。2013年（平成25年）に「森林の再生」をテーマにシンポジウムを開催し、「林地境界と路網整備の法的課題」を論じた。この議論を通して、本書の第2章で取り上げている土地所有者不明の問題と土地境界不明の問題の深刻さを実感した。

その後、森林に限っては、2017年（平成29年）の森林法改正で市町村に林地台帳の作成が義務化された。林地台帳には不動産登記上の登記名義人を記載する欄とは別に「現に所有している者・所有者と見なされる者」を記載する欄がある。公的機関が不動産登記の記載以外に、独自にこうしたことを行なわざるを得ないのは不動産登記制度の崩壊の始まりのように思えて憂慮される。

この問題に対する対応は、取得時効で所有権を主張できる者に所有権移転登記ができるように、被告を「甲（登記名義人）又はその一般承継人又は特別承継人」とする民事訴訟を許容するなどの大改革が必要であり、早急に本格的に取り組むべき課題である。

土地境界の問題も深刻さでは負けないが、2006年（平成18年）に不動産登記法改正で導入された筆界特定制度をもっと活用できるように工夫すべきだと思う。[*11]

筆界特定制度とは、土地の一筆ごとの境界を特定するための行政制度のことである。登記官が土地の所有権の登記名義人等の申請により、申請人・関係人等に意見や資料を提出する機会を与えた上、外部専門家である筆界調査委員の意見を踏まえ、自己が認識する筆界の位置を特定する。

なお、以上と関連して土地所有権の放棄の議論があるが、私は放棄を認めるべきではないという考えである。認めれば税金で対応することになり、国民の負担が増える。好きな時だけ土地を独り占めして、魅力がなくなれば捨ててよいのでは身勝手すぎる。

温泉・地下水／法的な権利はどこまでか

もう一つ、興味を持って研究したテーマに温泉利用権がある。

前述した大深度地下の議論の際に、地下水利用権を法的にどのように構成すべきかを考えたものの、十分な整理ができなかったことから勉強しようと思った。

また、土壌汚染の法的問題を検討していたこともあり、地下水には関心があった。しかし、日本の地下水を扱った裁判例を集めてみると、圧倒的に多いのが温泉を巡る争いだった。特に戦前、地下から湧き出る温水は希少性が高く、その紛争は激烈である。

裁判例を収集してわかったことは、温泉井戸を掘るには土地所有者から土地使用の承諾を得る必要があるが、温泉利用権はあくまでも地下の熱水にアクセスする権利にすぎず、所有する権利ではない、ということである。

地下水利用権一般も同様である。文献を読むにつれて、戦前の議論の方の質が高いと思った。戦後は事実に即して論を組み立てるのではなく、最初に枠組みをつくり、その枠に無理やり事実を押し込めるような議論が横行した。裁判例の解釈等で誤りと思われるところは遠慮なく著書[*12]で指摘したが、その対象のほとんどが故人となっておられる。それほど長くこの分野は研究されていない。地下水だけでなく、河川、湖沼、海洋も含めて、水法は日本法学界の未開の沃野である。

土地所有権を考えるに際して

振り返ってみると、弁護士になってからずっと土地所有権やその周辺に関心を持ってきた。その経験を通じて重要だと思ったことを最後に指摘しておきたい。

第1に、法律学は何か真実を探求するような学問ではない、ということである。したがって、何か正しい命題（科学の公理のような命題）があって、事実をこれに当てはめさえすれば正しい答えが出るというものではない。特に「社会の発展はこういうふうに進むべき」といった命題を立て、それと異なる議論を排斥したり、軽視することは害が大きい。重要なことは、裁判所で取り上げられた個別の事案の内容とそれに対する裁判所の判断であり、これらに謙虚に向き合う必要がある。

第2に、土地所有権で守られてきた人々の利益は、今後も基本的には守られるべきである。なぜなら、法の精神は合理的期待を守ることにあるからだ。したがって、現代社会においても、人々が常識的に守られなければならないと考えているルールは尊重されなければならない。ただし、社会経済の変化に応じて制約を課すことが必要な場合もある。不合理な帰結をもたらすルールには変更が求められてよいし、変更することで社会はよりよいものになる。

第3に、土地所有権は、理念型としては「使用・収益・処分の自由」をもつが、実際はさまざまな制限に服しており、それら全体を理解しなければならない。特に使用の制限には多くのものがあり、土地所有権を論じるときはそれらを十分に理解しなければならない。

第4に、土地所有権は処分の自由を通じて、その土地を経済的に最も有効に活用できる者に集め、社会の富を増大させる。しかし、その一方で、土地所有権は土地の断片ごとの権利にすぎない。それら断片で構成される一定の広さの土地を、どのようにして望ましい方向に向けるかは、断片の所有者が集まって協議して対応しなければならない。しかし、現代社会では協議の場が乏しく、適切な仕組みもできていない。特に、将来の世代の利益は土地所有権には還元されないことに注意が必要である。街づくりや景観や環境問題の難しさはここにある。

第5に、土地所有権に関する裁判所の判断は重要だが、裁判所は既存の法律に基づいて判断するものであり、解釈の幅はあっても、解釈では超えられないところは裁判所ではどうしようもない。立法時にはすべての事態を想定はできないのである。時に自分の主張が認められないと「反動判決だ」と裁判官を罵倒する人がいるが、しばしば、それは法律の限界による。その場合に必要なのは新たな立法である。

第6に、社会経済の変動により、土地所有権に関する既存の法令や既存の判例が適切ではなくなる場合もある。その場合、裁判所の解釈の変更に期待できないときは、法令改正を検討する必要がある。その際は賢い改正を行なうべきである。賢い改正とは、人間の行動を読み切って、人間がその制度の下で自然に改正の目的とする方向に向かうようなものである。決して近視眼であってはいけない。

第7に、法律は、人間や社会の真実に目をふさいではならない。人間は勝手なものである。自分の利益になることは追求するが、負担になることは避けるし、責任を負うことはしたくない。何とか人のせいにして自分はラクをしたいのである。それをよくわかった上で制度を組み立てないと制度が機能しない。あまりに高い理想では人々はついていけない。鞭では人は動かせない。社会、経済、文化のレベルが上がれば、期待できるレベルも上がるが、それには時間がかかる。街づくりの難しさはここにもある。

第8に、制度は悪用されがちである。制度の穴ばかりを探す人もいるし、「弁護士や税理士はそのためにいる」と考える人もいる。したがって、制度を構築する場合には悪人を想定することを忘れてはならない。善人ばかりを想定すると、とんでもない悪人が跋扈しかねない。ただ、悪人ばかりを想定するとがんじがらめの規制となり、一般人にも不要な負担を強いることになる。バランスが重要である。悪人を厳しく罰したり、厳しい制裁を加えたりすることで、規制による一般人の負担を軽くする必要がある。

＊1　華山謙『補償の理論と現実』（1969年、勁草書房）。この本に出会えなければ、人生が変わっていた可能性がある。

＊2　ただし、修士課程2年目の冬、ジュリストに「土地所有権の制限―現代社会と土地所有権」（１９８５年1月１‐15日号、８２８号）を寄稿できた。これは土地所有権制度のもたらすさまざまな帰結が、実質的正義観念として代表的な功績原理（人々をその功績に応じて取り扱えというもの）からどれだけ説明でき、また、どれだけかけ離れているかを分析したものである。

＊3　「日本の借地・借家法の根本的検討―アメリカ法との比較―」（季刊日本不動産学会誌Vol.9 No.3、１９９４年）参照。この論文以前にアメリカの不動産賃貸借法を日本に紹介した文献はほとんどない。

＊4　小澤英明・オフィスビル総合研究所の共著で２０００年に『定期借家法ガイダンス―自由な契約の世界へ』（住宅新報社）を出版。契約を自由にすることでさまざまな利益が生まれることを力説したもので、アメリカの不動産賃貸借は「対話篇」で説明している。

＊5　１９９５年に「区画整理における換地計画の自由と制約―原位置換地主義の批判と申出換地の検討」（ジュリスト１９９５年10月1日号、１０７６号）を出した。この論文で申出換地がなぜ許されるのかを論じた。

＊6　この頃は、次々に大深度地下に関する論文を出している。「大深度地下と土地所有権―地下水利用権の分析を手がかりに」（ＮＢＬ１９９５年／５８３号）、「国民共有財産としての大深度地下―将来世代の利益のために」（自治研究１９９８年／74巻3号）、「バイパスとしての大深度地下利用制度―臨時大深度地下利用調査会答申批判」（自治研究１９９８年／74巻9号）

＊7　この経験を題材にして建築協定の問題点を論じた。「建築協定の再生」（土地総合研究２０００年／第８巻第３号）。その頃、私人間の契約で美しい景観をつくれないだろうかと思って、地役権の活用を検討した。その成果として、「景観地役権―美しい町づくりのために」（判例タイムズ１９９９年／１００１号）を発表した。

＊8　『都市の記憶―美しいまちへ』（鈴木博之・増田彰久・小澤英明・オフィスビル総合研究所共著　白揚社２００２年）、『都市の記憶Ⅱ―日本の駅舎とクラシックホテル』（鈴木博之・増田彰久・小澤英明・吉田茂・オフィスビル総合研究所共著、白揚社、２００５年）、『都市の記憶Ⅲ―日本のクラシックホール』（鈴木博之・増田彰久・小澤英明・オフィスビル総合研究所共著、白揚社、２００７年）という三部作である。いずれも写真は歴史的建造物の写真家として著名な増田彰久さん

＊9　「アメリカのマンション法―建替えおよび復旧についてのヒント―」（判例タイムズ１９９９年／９９７号、同１９９９年／９９９号）、また、区分所有関係の解消制度を提言したものとして、「建物区分所有関係の解消―建替え方式を廃止して売却方式を導入することについて―」（マンション学２０００年4月号）

＊10　https://www.toben.or.jp/message/ikensyo/pdf/20090209_02.pdf

＊11　小澤英明・横手聡・山本真彦・大城朝久「林地台帳の法的性格について」（自治研究２０１８年／94巻6号）参照

＊12　小澤英明『温泉法―地下水法特論』（白揚社、２０１３年）

第6章

縮減時代の土地所有と都市計画はどうあるべきか

都市計画の歴史から紐解く

都市が膨張拡大していった時代から、縮減する時代へ。
日本は今、大転換期に直面している。
これまでの都市計画の歴史を辿りながら、
これから本格化する縮減社会の都市と土地所有のあり方を探る。

問題の根底にある「土地所有権絶対神話」

都市計画について述べる前提として、日本の土地問題の特徴について説明しておきたい。それは日本人の土地に対する意識である。

第1は「土地神話」だ。

土地神話と言うと、「地価は必ず上昇するから、土地を持っていることが有利だ」という「値上がり神話」を想起する人が多いだろう。この「値上がり神話」はバブル崩壊後、崩れた。

しかし、もう一つの神話は今も生きている。それは「土地所有権絶対神話」である。

なぜ、こんな神話が生まれ、信じられているのだろうか。

民法の解説本には必ず「所有権の絶対性」という用語が出てくる。これは「債権の相対性」との関係で説明する際に使われる。債権は「ある人（債権者）が他の人（債務者）に対してのみ主張できる権利」であるのに対し、所有権は「誰に対しても主張できる権利」という意味で「絶対性」という用語を用いているにすぎない。

つまり、「所有権は、いかなる状況でも誰からも害されない不可侵の権利である」という意味ではないのである。しかし、多くの日本人は「自分の土地をどうしようと自分の勝手だ。他人にとやかく言われる筋合いはない」と考えている。

行政は土地所有権に対する規制に弱腰

「土地所有権絶対神話」がもたらす第2の問題は、政府が土地所有権に対する規制を控えようとする「規制の謙抑」である。

憲法第29条は、第1項で「財産権は、これを侵してはならない」とすると同時に、第2項で「財産権の内容は、公共の福祉に適合するやうに、法律でこれを定める」と規定している。また、民法第２０６条は「所有者は、法令の制限内において、自由にその所有物の使用、収益及び処分をする権利を有する」としている。憲法も民法も所有権は絶対不可侵ではなく、規制を受ける権利であることを明らかにしているのである。

しかしながら、実際の立法の内容や行政の運用を見ると、政府は土地所有権に対して積極的な対応をしているとは言い難い。日本には「必要最小限の規制原則」があると言われているように、規制はできるだけせず、規制する場合もその範囲と程度は最小限の水準に抑えるのが政府の姿勢である。

その代表例が建築基準法だ。この法律の第1条には「この法律は、建築物の敷地、構造、設備及び用途に関する最低の基準を定めて…」とあり、これが「最小限の規制」であることを明らかにしている。

1　都市計画とは何か

次に都市計画の基礎知識と歴史について概観する。やや専門的な内容になるが、冒頭で指摘した日本の特徴（土地所有権絶対神話と必要最小限の規制原則）を頭に置いた上で、読んでいただきたい。

都市計画では何を計画するのか

一般に、計画とは「目標」と「手段」を要素とする。都市計画の目標をひとことで言えば、健康で文化的な生活と機能的な都市活動を実現することである。

参考：都市計画法第2条「都市計画は、農林漁業との健全な調和を図りつつ、健康で文化的な都市生活及び機能的な都市活動を確保すべきこと並びにこのためには適正な制限のもとに土地の合理的な利用が図られるべきことを基本理念として定める」

都市計画の手段は大きく「規制」と「事業」がある。

「規制」は、定められた地域（用途地域）の中で、立地が認められる用途や立地できない用途を定める土地利用規制（用途地域制。ゾーニングと通称される）や、土地を開発する場合には、あらかじめ都道府県知事等から許可を受けなければならないという都市計画制限が代表的なものである。

「事業」には、道路、公園などの都市施設を自治体が整備する事業や、再開発、土地区画整理など、主に土地所有者が主体となって実施する事業がある。これらの「規制」や「事業」の内容は、それぞれ都市計画法で定める手続きに従って立案、決定される。このようにして決定された内容が都市計画である。

なぜ、都市計画を作らなければならないのか

都市計画の必要性は、大きく言えば、前述の都市計画の目標を実現するためだが、ここでは土地の特性から説明しよう。

第1の特性は、境界で区画された土地は法律上別個のものだが、実際には互いに連続しており、ある土地の使い方が周囲の土地にも大きな影響を及ぼすことである。これを「土地利用の外部性」という。外部性にはマイナスの効果もあれば、プラスもある。

たとえば、戸建て住宅地に高層マンションが建てば、日当たりが悪くなったり、ビル風を発生させたりする。これはマイナスの外部性だが、プラスの外部性もある。

たとえば、デザインの優れた住宅が立ち並び、緑の生け垣が高さを揃えて連なっている通りは美しい景観を創り出し、不動産価格も相対的に高水準になる。

こうした土地の外部性のマイナスを除去・軽減し、プラスを創出・増進するためには、地域の土地利用についてあらかじめルールを定め、誰もがいつでも確認できるようにしておくことが有効である。都市計画はまさにこのために策定される。

第2の特性は、土地利用がその土地単独では成立しないことだ。

たとえば、ある人が自分の土地に住宅を建てて生活する場合、道路、水道、下水道などが不可欠だが、こうした基盤施設をすべて自分で整備することはできない。基盤施設は、公共公益施設として自治体や公益企業が整備するのが合理的で効率的である。こうした基盤施設の位置や規模などをあらかじめ定め、緊急度の高いものから順次整備するという事業の仕組みも都市計画の重要な機能である。

なお、先に「都市計画の手段は大きく規制と事業がある」と述べたが、第1の特性に対応する都市計画が「規制」であり、第2の特性に対応する都市計画が「事業」である。

2　日本の土地問題と都市計画の歴史

次に日本の都市計画の歴史を辿りつつ、日本の土地問題を考えてみよう。

1 近代的土地所有権の成立と都市化の始まり

1859年（安政6年）の開国と1868年の明治維新で日本の近代化が始まった。明治政府は富国強兵を推し進め、その過程で産業化・都市化が進んだ。

土地問題に関しては、地券の発行により土地所有権が確立したが、大部分の都市は、城下町、宿場町、門前町といった江戸時代の街を基盤としていた。これらの街は人馬の通行を前提としていたため、通りが狭く、建物も木造が大半だったため、災害、特に火事に弱い。

したがって防火対策や上水道などの基盤整備が喫緊の課題となった。しかし、すでにできている市街地の構造を抜本的に改造することは困難であり、現実には大火が発生した跡地を中心に部分的な改造が図られていった。

2 最初の都市計画法制：東京市区改正条例と旧都市計画法

東京は、首都として近代的な都市づくりが実施された。

代表例に「銀座煉瓦街計画」がある。1872年（明治5年）の銀座大火をきっかけにつくられた計画で、

表１◆市区改正計画の事業達成率

項　目	当初計画	事業実績	達成率（％）
道　　路（線　　数）	316線	133線	42.1
（延　　長）	117里	44里	37.6
河　　濠（新　　設）	8個	3個	37.5
（改　　修）	22個	1個	4.5
（外堀埋築）	4個	3個	75.0
公　　園（箇 所 数）	49個	30個	61.2
（面　　積）	100万坪	69万坪	69.0
市　　場	8個、12万坪	0万坪	0
火 葬 場	5個、1万坪	0万坪	0
墓　　地	6個、30万坪	0万坪	0

出所：池田宏「都市計画法制要論」都市研究会、1921年

木造家屋が密集する江戸の街並みを、並木が植えられた広い道路に煉瓦造りの建物が立ち並ぶ西洋的な街並みに改造するものだった。

しかし、近代的な都市づくりを計画的に実施するための裏付けとなる法制度については、１８８８年（明治21年）の「東京市区改正条例」の公布まで待たなければならなかった。ただ、これはもっぱら道路の拡張・整備と沿道の建築物の不燃化を規定したもので、ゾーニングなどの土地利用に関するルールは盛り込まれていない。

また、東京市区改正条例はできたものの、財源不足のため、実現しなかった事業も少なくない（表１参照）。こうした歴史は後々も繰り返されることになる。

ちなみに、当時の先進国の動きを見ると、急速な産業革命の結果、産業と人口が都市に集中し、居住環境は劣悪化していた。アンチテーゼとして田園都市構想が提唱され、各国で実現した。注目すべき点は、日本では民間企業により、阪神や東

写真1◆永代橋

出所：深川観光協会HP

京の郊外で田園都市構想が実施されたことである。

1919年（大正8年）、都市計画法（旧法）と市街地建築物法（建築基準法の前身）が制定され、全国の都市を対象として、土地利用規制を含む包括的な都市計画の仕組みが確立した。

3 復興のための都市計画

震災復興都市計画

1923年（大正12年）の関東大震災で、東京は壊滅的な被害を受けた。

政府は内務大臣・後藤新平の原案に基づき、予算規模8億円、事業期間7年の「帝都復興案」を閣議決定。復興院を設置し、後藤が総裁を兼務した。東日本大震災で復興庁が設置され、復興計画が策定されたことと比べると、後藤の先見性には目を見張らされる。

しかし、焦土買い上げにかかる巨費に反対論が続出。幹線道路本数の削減や道路幅員の縮小等により、予算規模は5億円程度に縮小された。ちなみに隅田川の永代橋（写真1）、清洲橋、蔵前橋、駒形橋、言問橋、相生橋はこの時に鉄橋として復興されたものであり、それぞれ独特のデザインの工夫が施されている。

戦災復興都市計画

第２次世界大戦末期、原爆が投下された広島、長崎は言うまでもなく、空襲によって東京はじめ各地の都市が甚大な被害を受けたことから、１９４５年（昭和20年）、戦災復興院が設置された。翌年には特別都市計画法が制定され、１１５都市で戦災復興都市計画が実施された。

さらに戦前の制度に代えて、道路法、下水道法、港湾法など基盤施設に関する法律が整備されるとともに、土地区画整理法、都市公園法に続き、駐車場法、市街地改造法、防災街区造成法などが相次いで制定された。

4 高度経済成長期の土地問題と新都市計画法

高度経済成長時代の土地問題の特徴は次の３つである。

第１は、高い地価水準と、他の経済指標を上回る地価上昇率

第２は、量と質の両面で住宅不足等をもたらす、土地需給のギャップ

第３は、土地利用形態の混在と、土地利用の無秩序

そこで、１９６５年（昭和40年）に地価対策閣僚協議会が設置され、宅地の大量供給、既成市街地の高度利用、公共用地取得制度の改善、土地利用計画のあり方等を盛り込んだ「地価対策について」が決定された。

基本認識は「地価高騰は、土地需要の増大に対して供給が不足していることに起因する」という供給不足論である。政府の土地政策は地価対策であり、具体的メニューは供給促進策だった。この構図はバブル崩壊まで続いた。

「地価対策について」を受けて、１９６８年（昭和43年）に都市計画法も全面改正された。戦前の法を旧都市計画法（以下、旧法と略す）、現在の法を新都市計画法（以下、新法と略す）と呼ぶ。都市計画法の主な改定内容は次のとおりである。

〈都市計画区域〉

旧法では、都市計画区域の単位を市町村の行政区域に重点を置き、２つ以上の市にわたる都市計画区域を認めていなかった。しかし、新法では必ずしも行政区域にとらわれず、都市の実態と将来の計画を勘案して、一体の都市として整備、開発、保全を行なう必要のある区域を定めることができる。

〈都市計画の内容〉

従来の都市計画について規定を整備したほか、新たに市街化区域・市街化調整区域に関する都市計画（線引き）を創設。

「市街化区域」は優先的かつ計画的に市街化を図るべき区域であり、用途地域、市街化に必要な都市施設または市街地開発事業に関する都市計画を定め、公共施設の整備を積極的に行なう。

「市街化調整区域」は市街化を抑制すべき区域であり、原則として用途地域を定めず、都市施設整備のための公共投資を行なわないこととし、都市全体として計画的かつ段階的な整備を行なうという体制を土地利用計画上確立した。

また、市街化区域は建築確認のみで建築行為ができるが、市街化調整区域は都道府県知事の許可が必要である。開発許可についても、市街化区域では技術的基準を満たせば許可されるが、市街化調整区域では原則として許可されない。また市街化区域では農地転用手続きも簡易化された。

〈都市計画の決定主体〉

旧法では、すべての都市計画の決定は建設大臣だが、新法では、広域的見地から決定すべき事項や根幹的な重要な事項等に関する都市計画は都道府県知事、その他の都市計画は市町村が決定する。ただし、都市計画の一体性を確保するため、市町村は都道府県知事の承認を要することとした。

〈開発許可制度〉

新法の特徴は開発許可制度を設けたことである。許可権者は、原則として都道府県知事である。申請者は、あらかじめ開発行為に関係がある公共施設の管理者の同意を得なくてはならない。20ha以上の大規模開発は、義務教育施設の管理者、水道・ガス等の事業者との協議が必要である。

市街化区域内では、開発許可基準に適合していれば開発許可を与えなければならない。なお、小規模なものは開発許可が不要である。

一方、市街化調整区域では、区域内の居住者の日常生活に必要な店舗、事業所などでなければ、開発許可を与えてはならない。また、農業、林業、漁業の用に供する政令で定める建築物、または、これらの業務を営む者の居住用の建物等は開発許可が不要。

〈都市計画制限〉

旧法では、都市計画制限の対象は、街路、広場、公園等の区域に限定されていたが、新法ではすべての都市計画施設に拡大された。さらに、特に知事が指定した都市計画施設または市街地開発事業の区域内では、建築物の建築の全面禁止ができるとした反面、土地所有者の申し出により、土地を買い取る制度を定めた。

〈都市計画事業〉

「建設大臣が都市計画審議会に付議して都市計画事業を決定する」という旧法の仕組みを改め、「市町村が、都道府県知事の認可を受けて施行する」ことを原則とした。一定の場合には、都道府県、国の機関等が施行できるようになり、この場合には土地等の収用または使用を行なえる。つまり、都市計画事業が都市計画決定されれば、土地収用法に基づく事業認定を受けなくても土地等の収用ができるようになった。

5 都市計画とローカルルール

経済社会が発展し、生活水準が向上するにつれ、政府に対するニーズも複雑化・高度化する。かつては問題とならなかったものが、政策課題として浮上するといった現象は古今東西よく見られることだ。

日本でも、都市によって、あるいは同じ都市内でも地域によって、都市計画の課題の現れ方は異なる。こうした場合の課題解決のアプローチは全国一律のルールではなく、ローカルルールによることが望ましい。日本の都市計画では環境や景観、デザインの分野で、ローカルルールによる課題解決の仕組みが採用されるようになった。

代表例は次のとおりである。

〈日影規制〉

日照紛争に対する地方自治体の当初の対応は、建築主への行政指導だった。つまり、「もう少し階高を下げてもらえませんか」といった法的強制力のない要請だったため、裁判にまでもつれ込むケースも少なくなかった。

そこで１９７６年（昭和51年）に建築基準法を改正し、日影による中高層建物の建築物の制限（日影規制）が導入された。日影規制の具体的な内容は、冬至日の午前8時から午後4時まで、一定の高さにおいて、敷地境界線から５ｍを超える範囲内に、地方自治体が定める一定時間、日影を生じさせてはならないというものである。

日影規制を受ける建築物は、第１種住居専用地域では軒高７ｍ超または3階以上の建物であり、それ以外では高さ10ｍ超の建物である。

日影規制の特徴は地方自治体の役割が大きいことだ。規制対象区域と日影規制値には法律の枠があるが、地方自治体は対象区域とそれに適した規制値を選択して条例で定めることができる。

〈総合設計制度〉

総合設計制度は１９７０年（昭和45年）に創設された。敷地内に一般に公開された広場（公開空地）や緑地等を確保した一定規模以上の良好な建築計画に対して、特定行政庁（建築確認を出す役所）が、交通上、安全上、防火上および衛生上の支障がなく、かつ総合的配慮がされていると認めた場合、容積率、高さ、斜線等の制限に特例を認めて優遇する制度である。

その基準となる総合設計許可準則は建設省（現・国土交通省）の通達として定められ、特定行政庁でも要綱を策定している。したがって、同じ設計のビルを建てようとしても、東京ではだめ、大阪ではＯＫという

表2◆総合設計制度の運用上の区分

名　称	容積率割増	要　件
総合設計制度 （昭和45年創設）	基準容積率の1.5倍 かつ200%増以内	
市街地住宅総合設計制度 （昭和58年創設）	基準容積率の1.75倍 かつ300%増以内	住宅の割合が1/4以上の場合
都心居住型総合設計制度 （平成7年創設）	基準容積率の2.0倍 かつ400%増以内	住宅の割合が3/4以上の場合
敷地規模型総合設計制度 （平成9年創設）	上記の区分に応じ、 各々の限度内	敷地規模に応じ容積率を割増し

出所：国土交通省HP

ケースもあり得る。

当初は、大型オフィスビル開発に適用されたが、阪神・淡路大震災では被災した既存不適格マンションの再建にも活用された。

〈建築協定制度〉

建築物の建築や増改築をする際は、建築計画の内容が建築基準法などの関係法令に適合しているか、あらかじめ建築確認を受けなければならない。法令に適合していれば、必ず確認通知をもらえる仕組みになっている。

しかしながら、建築基準法は前述のように「最低基準法規」であって、法令に適合する建築物が優れているとか、街づくりに相応しいといったことまで保障するものではない。

そこで、私人のイニシアティブによって良好な環境や建築物を実現するため、建築協定制度が導入された。建築協定は土地の所有者と借地人の全員の合意に基づき、区域内の建築物の敷地、位置、構造、形態、意匠または建築設備に関する基準について規制するものだ。協定書は、特定行政庁の認可を得ることにより、締結した当事者だけでなく、その後の土

写真２◆建築協定により大谷石と生垣の連続する住宅地
千葉県我孫子市布佐平和台第１～第４住宅地区

出所：国土交通省HP

地等の買い主にまで効力が及ぶ。これを「承継効」と言い、地主が代わっても優れた街並みが維持できる。

〈地区計画〉

都市計画が主に都市の骨格となる幹線街路や基盤公園の整備を目的とし、建築基準法による建築規制が個別の建築行為を規制するのに対し、１９８０年（昭和55年）に導入された地区計画制度は、地区の細街路・小公園等、その地区に暮らす人々のための施設や建築物の建築等について定め、良好な市街地を整備するための制度である。

日本の都市計画システムは伝統的に国が法律で用途地域制度等のメニューを定め、市町村はそのメニューを選択するだけだった。しかし、この地区計画はドイツの「Ｂプラン」（第９章参照）に倣い、市町村自身が都市計画の具体的内容を定め、対象地域で許される建築・開発行為を限定できる仕組みである。

区域内の土地所有者や借地権者の意見を聞いて地区計画案を作成し、市町村が地区計画を決定する。地区計画だけでは行政の方針にすぎないが、地区整備計画も定められると、土

図1◆地区計画のイメージ

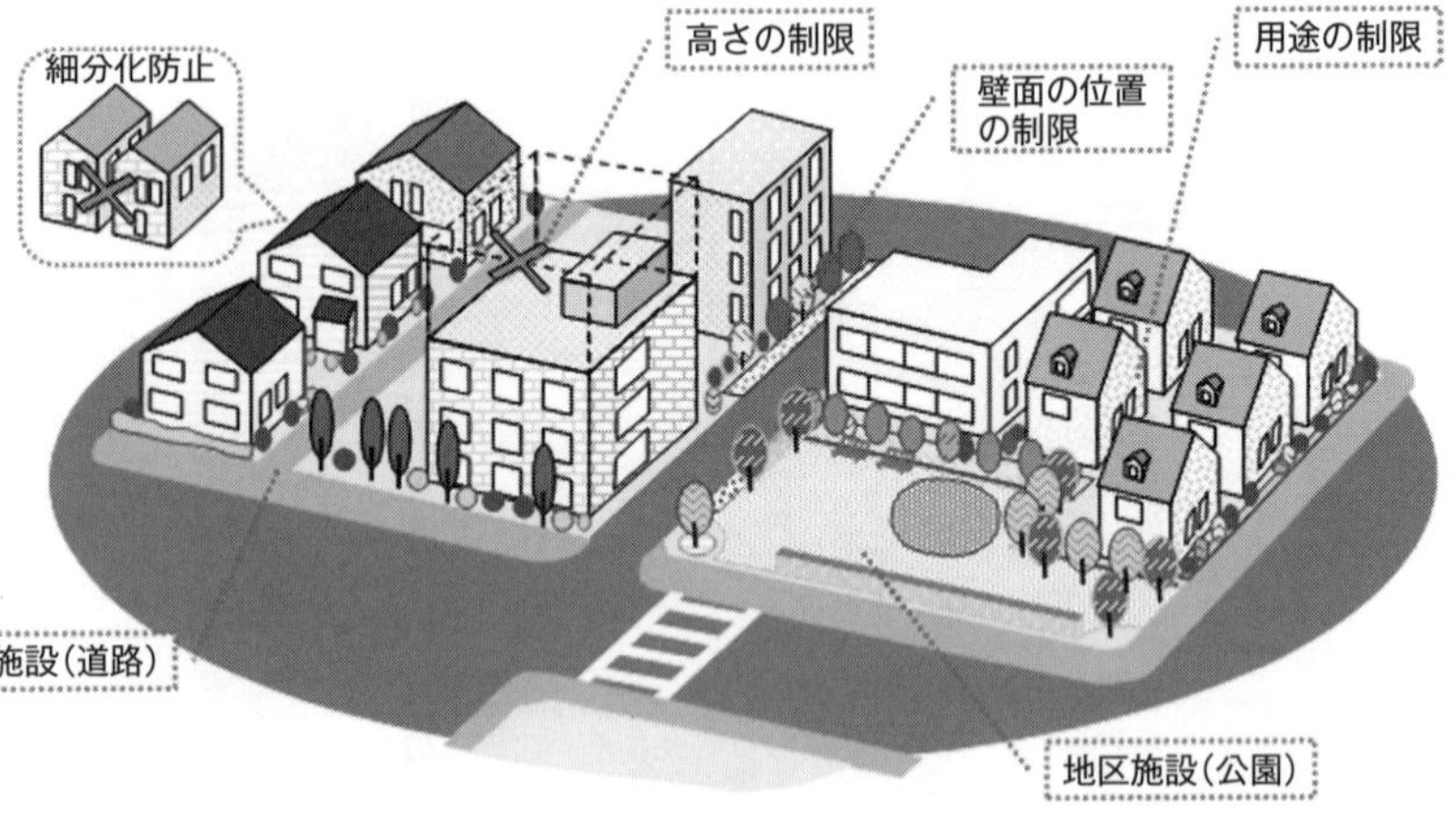

出所：東京都都市整備局HP

地の区画形質の変更には市町村長への届出が必要になり、市町村長はそれに対して勧告ができる。建築物の敷地、構造、用途等については、地区計画に定めるものを必要に応じて条例で定め、建築確認の際に審査することで規制できる。

つまり、地区の住民等の意見を反映しながら、建築物の形等まで個別具体的にきめ細かくコントロールできるのである。

〈景観法〉

国土交通省は、2013年末時点の世界の主要都市の無電柱化率を調査した。それによると、パリ、ロンドン、香港の無電柱化率は100%、台北96%、シンガポール93%、ソウル58%、ジャカルタ35%に対して、東京23区8%、大阪府5%という、まことに残念な状況が明らかになった。日本は美しい自然に恵まれている一方で、この数字に象徴されるような貧しい景観が全国いたるところに溢れている。

そこで良好な景観の形成を図るため、2004年

（平成16年）に景観法が制定された。これは日本初の景観に関する総合的な法律である。基本理念や国等の責務を定め、景観計画の策定、景観計画区域、景観地区等における景観規制、景観整備機構による支援等の措置を定めている。

景観法のポイントは次のとおり。

景観計画制度

景観行政団体（都道府県、指定都市等または都道府県知事と協議して景観行政をつかさどる市町村）が、区域指定、行為制限、景観重要樹木等を示した景観計画を策定する。また、土地所有者、借地権者、ＮＰＯは景観計画を提案できる。

景観計画は、都市計画の対象外の農地や林地でも定めることができる点が重要である。

行為規制

景観計画区域内で建築物・工作物の新築、増改築、移転または外観の変更、開発行為を行なう者は届け出なければならない。その行為が景観計画に定められた制限に適合しないときは、景観行政団体の長は、建築物等の形態または色彩、その他の意匠（形態意匠）に関する変更命令を出すことができる。

建築基準法の対象とならない建築物のデザインや色彩までコントロールできる点が重要である。

景観重要建造物・景観重要樹木制度

景観計画区域内の景観上重要な建造物や樹木を「景観重要建造物・景観重要樹木」に指定し、変更には景観行政団体の長の許可を必要とする。また、景観整備機構が管理協定を締結し、これらの管理をすることができる。

景観地区制度

市町村は、都市計画に建築物の形態意匠の制限等を定める景観地区を定めることができる。景観地区内で建築物の建築等をする者は、景観地区の都市計画で定める建築物の形態意匠の制限に適合しているか、市町村長の認定を受けなければならない。市町村の条例には工作物の建設、開発行為等について必要な制限を定めることができる。

景観法の最大のポイントは、建築基準法に適合していてもデザインや色彩等が適合しなければ建築確認を受けられない点である。

景観整備機構制度

景観行政団体は、景観重要建築物の管理等を行なう公益法人やＮＰＯ法人を景観整備機構として指定できる。

6 バブル崩壊と土地政策の大転換

１９９７年（平成９年）、「新総合土地政策推進要綱」が閣議決定された。これは土地政策の目標を「地価抑制」から「土地の有効利用」へ大転換し、以下の施策の展開を図るものである。

第１は、適正な土地利用促進のための土地利用計画の整備・充実。市町村レベルにおける総合的な土地利用計画により、目指すべき土地利用の姿を明らかにする等を掲げた。

第２は、土地の有効利用の促進。土地の有効利用に不可欠な「都市基盤施設の整備」、「低・未利用地の利用促進や密集市街地の再整備」、「良質な住宅・宅地の供給促進」、「用地取得の促進」等を掲げた。

第３は、土地の有効利用に向けた土地取引の活性化の促進。そのための施策として、「不動産取引市場の整備」、「資金調達手法の整備」、「土地情報の整備・提供」を掲げた。

現在までに具体化された各種の政策は、おおむねこの路線に沿ったものと言える。

7 都市再生へ

21世紀に入り、都市の否定的側面を捉えて「20世紀の負の遺産である」とする見方が急速に広まった。背景には、バブル経済崩壊後の経済低迷や不動産投資の不振、都市が抱える共通の課題があった。

後者は具体的には、

- 防災上危険な密集市街地に代表される安全性、ゆとり、うるおいの欠如
- 旧耐震建築物が半数を占めるなど、既存経済ストックの陳腐化
- 国際会議開催件数の低下等に象徴される、首都・東京の国際競争力の低下
- バリアフリーなど、少子高齢化への対応の遅れ
- 中心市街地の空洞化等

そこで構造改革の一環として都市再生を推進するため、2002年（平成14年）、都市再生特別措置法が制定された。起爆剤となる地域に、集中的・戦略的に民間の資金やノウハウなどを振り向けて都市再生を促進するための法的スキームが定められた。

この法律のポイントは次のとおりである。

- 民間都市開発事業を認定し、支援する制度

政令で指定される都市再生緊急整備地域内で、一定の要件を満たす都市開発事業（都市再生事業）を施行する民間事業者は、国土交通大臣から民間都市再生事業計画の認定を受けることができる。計画の認定に関する処理期間は3カ月と定め、時間を重視する民間事業の性格を踏まえた制度設計がなされた。認定を受けた民間事業者は、民間都市開発推進機構の無利子貸付等の支援が受けられる。

・既存の規制を外し、自由度の高い計画を可能にする

都市計画に都市再生特別地区を定めることができる。同地区では既存の用途地域等に基づく規制をすべて適用除外した上で、自由度の高い計画を定める特別の都市計画である。

・民間提案と手続期間の短縮

民間事業者は、都市再生事業に必要な都市計画の決定または変更を提案できる。提案を受けた都市計画決定権者は、6カ月以内に都市計画の決定、変更またはこれらを行なわない旨を通知する。また、都市再生事業を行なうために必要な認可、認定、承認の申請に対して、行政庁は3カ月以内に処理しなければならない。

8 コンパクトシティ＋ネットワーク

「コンパクトシティ」という考え方はヨーロッパで生まれたが、背景には地球環境問題があるとされる。これに対し、日本ではもっぱら地方都市の人口減少への対応策として注目されている。

1970年から2010年の40年間に県庁所在地（三大都市圏及び政令指定都市を除く）の人口は約2割増加したが、DID（人口集中地区）面積は倍増した。そして、2040年には1970年の人口規模に戻ると予測されている。

こうした現象が公共投資や行政サービスの非効率化、省資源・省エネルギーの阻害、利便性の低下、災害

図2◆コンパクトシティのイメージ

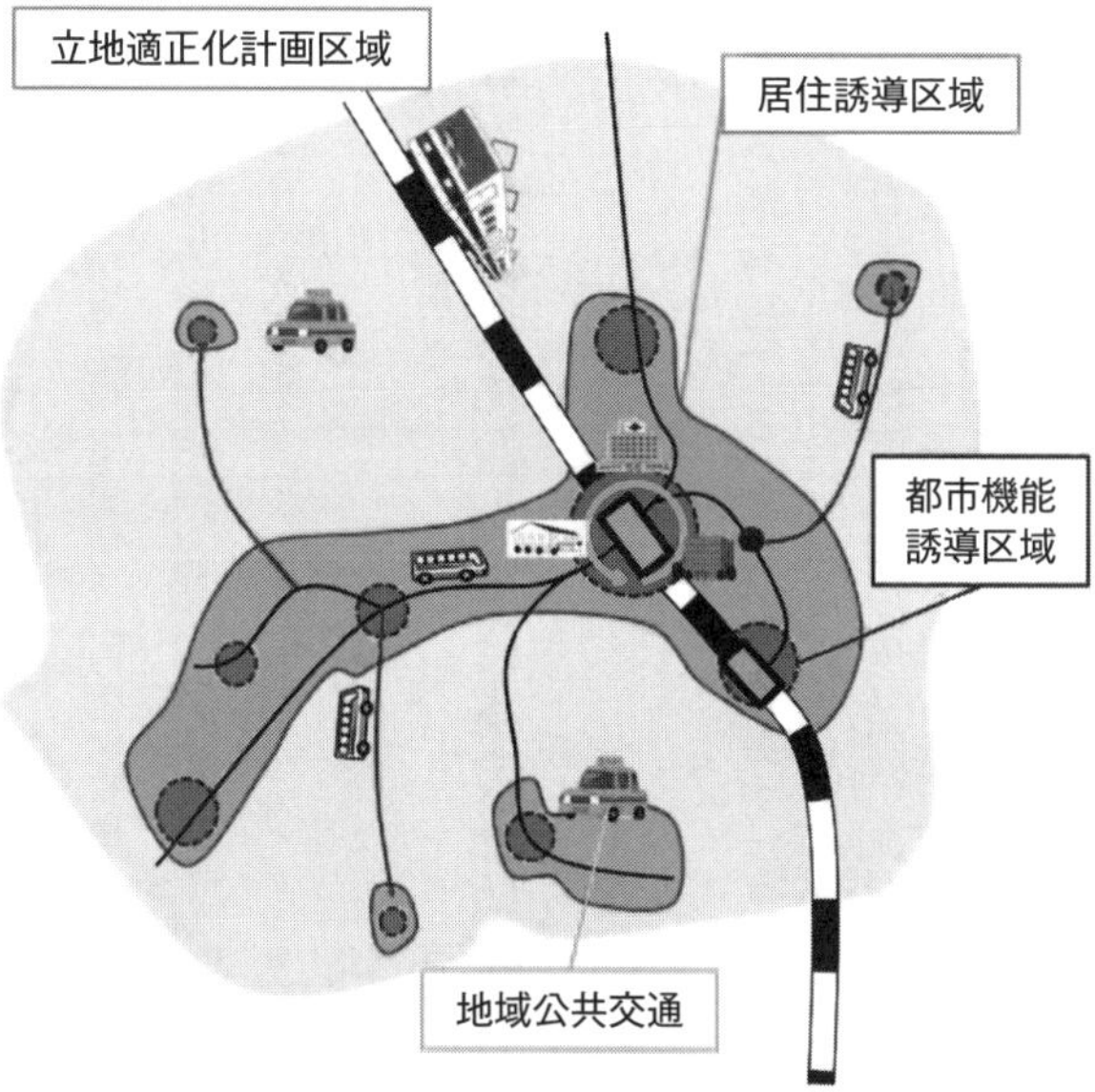

出所：国土交通省HP

脆弱性の増大をもたらしているという認識が深まった。そこで、資源を集中的・効率的に利用して持続可能な都市・社会を実現するため、２０１４年（平成26年）の都市再生特別措置法の改正により、「コンパクトシティ＋ネットワークの形成」を目指す次のような政策が打ち出された。

・立地適正化計画の導入

市町村は、都市再生基本方針に基づき、住宅をはじめ、病院・福祉施設・商業施設などの都市機能増進施設の立地の適正化を図るため、立地適正化計画を作成できる。計画には区域のほか、立地の適正化に関する基本的な方針、居住誘導区域に居住を誘導する施策、都市機能誘導区域に誘導すべき施設や誘導する施策等を定める。

・都市機能誘導区域における措置

都市機能誘導区域内に誘導すべき施設を整

備する民間事業者に対して、民間都市開発推進機構が出資等の支援を行なうことができる。また、その施設の容積率や用途の制限を緩和する特定用途誘導地区を都市計画に定めることができる。一方、都市機能誘導区域外における誘導すべき施設の建築は事前届出・勧告の対象とした。

・居住誘導区域における措置

居住誘導区域で一定規模以上の住宅整備事業を行なう者は、都市計画の提案ができる。また、居住誘導区域外での一定規模以上の住宅等の建築を事前届出・勧告の対象とするとともに、必要に応じてこれらを開発許可の対象とする居住調整地域を都市計画に定めることができる。

3　外国と比較した日本の土地所有と都市計画の特徴

「強い土地所有権」と「弱い計画拘束力」

ここまで日本の土地所有と都市計画の流れを見てきたが、海外と比べて、どんな違いがあるのだろうか。日本の特徴をひとことで言えば、「強い土地所有権と弱い計画拘束力」である。明治の近代化以降、日本は経済社会のさまざまな仕組みを欧米から導入し、和魂洋才で日本流にアレンジして構築し運用してきた。

都市計画もまた然り。用途地域制は米国のゾーニング、開発許可は英国の計画許可、地区計画はドイツの地区詳細計画（Bプラン）といった具合である。しかし、その内容を見ると、冒頭で指摘したように「地主側の強い姿勢と役所側の弱い姿勢」が顕著に現れている。

たとえば、日本の用途地域制が13区分であるのに対し、ニューヨーク市のゾーニングは21区分ときめ細かく、それぞれどんな目的の建築物が許容されるかについても詳細に明示されている。

開発許可についても、日本は市街化区域内では法令で定める開発基準に適合していれば、必ず開発許可を受けられるのに対し、英国の計画許可は行政の裁量が大きく、開発者は行政との協議・交渉に力を注がなければならない。許可する代わりに条件が付けられることも多い。たとえば、緑地を開発して住宅地にする場合、代替措置として開発地域外にビオトープの設置を命じられることもある。

また、ドイツの地区詳細計画は、原則として市街地の全体にわたって定められる。つまり、都市の全体にわたって建築物の位置や高さなどがあらかじめ決まっているのである。これに対し、日本の地区計画は土地所有者や借地権者が納得しなければ都市計画決定できない仕組みになっている。具体的な割合は地方自治体によって異なるが、土地所有者や借地権者の3分の2以上の同意を必要とするところが多い。

日本の土地政策と都市計画は「強すぎる所有権」との戦いの歴史

このような状況を称して、欧米は「開発不自由の原則」、日本は「開発自由の原則」であるとも言われる。こうした実態と、前述の「建築基準法は最低基準法規」であることが相まって、日本の土地利用秩序は、欧米と比較して乱れていると言わざるを得ない。

別の表現をすれば、日本の土地政策と都市計画の歴史は「強すぎる所有権との戦いの歴史」であり、現在の日本の都市の状況はその結果にほかならない。

しかし今日、このような歴史的状況は一変している。

第2章の所有者不明土地問題でも明らかなように、土地に対する需要が減退し、土地所有者個人のレベル、地域のレベル、自治体のレベル、国家のレベルで解決しなければならない難題を抱え込んでいる。

ただ、逆転の発想で言えば、土地神話が崩壊しつつある現時点だからこそ、過去を振り返りつつ、新たな土地所有のあり方、新たな都市計画のあり方を皆で議論する環境が整ってきたと言えるのではないか。その一端を紹介したい。

4　縮減時代の都市計画の課題と解決の方向性

発想の転換／膨張時代から縮減時代に向けて

〈膨張時代の都市計画〉

人口が増加し、経済が高成長している時期は都市が膨張し、その状況が将来も続くことが見込まれるため、産業活動や生活のための都市空間とこれらを支える基盤施設に対する需要は増大し続ける。

このような膨張時代の都市計画の最大のテーマは、
第1に、都市計画区域という限定された都市空間に、住居、商業、工業といった用途を、将来の増加分も含めていかに適切に調整、配分するか。

第2に、これらの用途を支えるために必要なインフラをどこに、いつ、どれだけ整備、供給するか、である。

このテーマに対処する手法としては、目標年次における都市の姿「マスタープラン」を策定し、これに基づいて個別具体の都市計画を定めていく。すなわち、住居、商業、工業等の用途に使用されるべき地域を定める土地利用計画（ゾーニング）を決定したり、道路等のインフラを整備するため、施設ごとの整備計画を決定して実施していく。

こうした背景には「土地（都市空間）は常に不足している」という発想があった。開発圧力も強く、ゾーニングを定めて最小限必要なインフラさえ整備しておけば、民間（土地所有者や企業）が自力で建物や施設を建設し、街が形成されていくというシナリオが成立したのである。さらに民間開発者（ディベロッパー）にインフラ整備の一部を負担させることもできた。

既存の都市で人口を収容できなければ、郊外にニュータウンを建設した。文字通り白紙に描いた計画内容を実現できるため、理想的な都市計画、街づくりが可能だった。

〈モデルがない縮減時代の都市計画〉

しかし、現在、我々が直面しつつある縮減時代は、膨張時代の発想と手法ではまったく対応できない。縮減時代にふさわしい新たな発想と手法が必要になる。

現在、全国各地で展開されているコンパクトシティや歩いて暮らせる街づくりは、縮減時代にふさわしいテーマの一つだが、大きな問題は、実現するための効果的な手法がいまだ充分に整備されていないことである。

膨張時代の都市計画の思想や手法は、欧米先進国に学んで日本流にアレンジして構築できたが、縮減時代の都市計画の成功モデルは世界のどこにもない。我々が創り上げていくほかはないのだ。

居住誘導地域、都市機能誘導地域のように、既存の都市の内部で都市機能や住居をコンパクトに集約したり、それ以外の地域を都市田園居住地域に指定して、都市で農業を継続できるようにする、といった新たな制度が近年次々と導入されている。こうした取り組みを続けつつ、試行錯誤しながら新たな手法を構築していかなければならない。

縮減時代は、「不作為」に対する政策も不可欠

これまでの都市計画の仕組みは、土地を開発したり、住宅やビルを建築する際に必要最小限の規制を加えることが中心だった。つまり、「土地を利用する」という作為に関与して都市計画の目標を実現する仕組みである。

ところが、この仕組みは「土地を利用しない」という不作為に対しては無力だ。

日本の都市計画で未利用地に対応する制度は一つしかない。都市計画法第10条の3で規定する遊休土地転換利用促進地区である。バブル期に地上げで空き地になったまま放置されている都心部の土地を対象として導入されたものであり、これまでの実績はゼロである。

このように、土地利用を放棄する不作為に対して政策も不作為だったことが、空き地や空き家の発生、さらには所有者不明不動産が増加した一因と言える。

こうした現象が都市の状況を一層悪化させ、コンパクトシティや歩いて暮らせる街づくりの実現にも大きな阻害要因となっている。縮減時代の都市計画では「作為」だけでなく「不作為」も対象として、優れた都

市機能と良好な環境を備えた都市空間を持続的に維持管理していく発想と手法が必要である。

５　提言／「全国版ランドバンク構想」

最後に、縮減時代の都市計画にとって有益な仕組みとして「全国版ランドバンク構想」を提案したい。構想の主旨は、空き地・空き家の増加、所有者不明不動産の増加に対処しつつ、優れた都市機能と良好な環境を備えた都市空間を持続的に管理していくことである。全国を対象とし、コンパクトシティや歩いて暮らせる街づくりの実現にも大きな役割を果たすことができるものと思う。

全国版ランドバンク構想の全体像は、図３の概念図（１６６ページ）のとおりである。

全国版ランドバンクが対象とする土地は次の３種類である。

- 所有権の放棄が認められた土地
- 所有者不明の土地
- 個人・企業・地方自治体等が所有する未利用地

ランドバンクはこれらの土地を受け入れて最適な利用を行なう者に譲渡したり、貸し付けることを業務とする組織である。土地を一時的に保管し、最終的な利用者につなぐことが目的であって、土地利用計画の策定や開発、建築は行なわない。ただし、有効利用に役立つ場合は一定期間の貸付けもできるものとする。ま

図3◆全国版ランドバンク構想の概念図

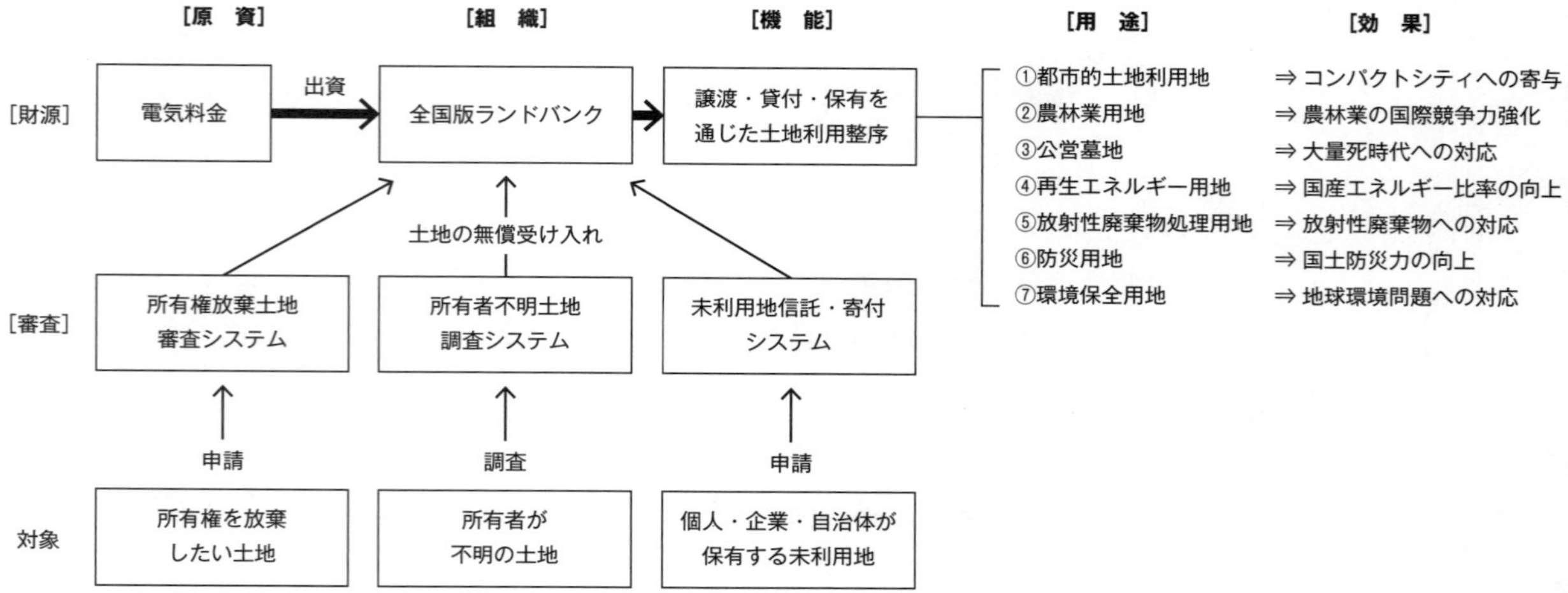

た、たとえば自治体から信託を受けて管理することも例外的に行なう。

ランドバンクはNPO（非営利団体）とする。自ら土地利用をするわけではないので、スリムな組織で業務が遂行できる。全国の土地を対象とするが、ITを活用したり、専門家などに外部委託すれば、全国各地に支部を設ける必要はない。

ランドバンクの土地の受け入れシステム

ランドバンクが土地を受け入れるには2つの条件がある。

第1の条件は、無償で受け入れること（土地所有者に対価は支払わない）。

第2の条件は、スクリーニング（審査）を経たものに限ること。

たとえば、有害物質が含まれていて、再利用に多額の費用を要するような土地は審査で排除する。これは自ら廃棄物を不法投棄しておきながら、ランドバンクに受け入れを申請するようなモラルハザードを防ぐためでもある。

スクリーニングを実施する仕組みとして、受け入れ対象土地の種類に応じて、「所有権放棄土地審査システム」、「所有者不明土地調査システム」、「未利用地信託・寄付システム」を設ける。これらのシステムは、申請された土地を受け入れることが妥当であるかを調査して判断する仕組みである。

なお、このシステムはランドバンクが運営するが、実際の調査その他の審査業務は専門家など外部の第三者に委託する。ランドバンク組織のスリム化を図ると同時に、審査業務の客観性と公平性を確保するためである。

受け入れた土地の用途と活用効果

ランドバンクが受け入れた土地の用途と効果としては、次のものが想定される。

第1は、都市的な土地利用。住宅、ビルなどの建築物や施設、道路などの公共事業用地として活用する。コンパクトシティや歩いて暮らせる街づくりに寄与できる。

第2は、農林業用地としての活用。食糧自給率の向上や、農林業の国際競争力強化に寄与できる。

第3は、公営墓地としての活用。現在でも墓地が不足しているが、これから到来する大量死時代に備え、公営墓地の用地確保に寄与できる。

第4は、再生エネルギー用地である。全国各地で太陽光発電や風力発電の導入が進められているが、環境問題などから立地が限定されており、必ずしも順調に進んでいるわけではない。土地の立地条件が適合する場合は、再生エネルギー用地として活用すれば、国産エネルギー比率の向上に寄与できる。

第5は、放射性廃棄物処理用地としての活用。全国の原子力発電所で発生する放射性廃棄物の処理用地の確保が問題となっている。土地の立地条件が適合する場合は、放射性廃棄物処理用地として活用すれば、問題解決の一助になる。

第6は、防災用地としての活用。地震や火山噴火、ゲリラ豪雨、土砂災害など、災害列島・日本は世界のどの国より防災の必要性が高い。防災用地として活用すれば、国土防災力の向上に寄与できる。

第7は、環境保全用地としての活用。樹林地、緑地、湿地など、自然を維持・再生しながら管理することで地域の自然景観の形成に寄与するとともに、地球環境問題にも資する。

なお、以上のような活用は、ランドバンクが受け入れた土地をそのまま活用する方法だけではない。ランドバンクが受け入れた土地とこれらの用途に使用されている土地を交換する方法もあるので、ケース・バイ・ケースで柔軟に対応できるようにする。

ランドバンクの財源

全国版ランドバンクを設立、運営する財源確保策の一つとして、電気料金システムを活用する方法を提案したい。

その理由は、土地問題は全国共通の問題であり、今後も長期的に対処しなければならない問題であること。そして、ランドバンクによる土地問題の解決効果は幅広く多方面に及ぶことから、国民の互助の精神に基づく公平な負担が望ましい。

しかし、未利用地、所有者不明土地、ましてや所有権放棄土地は、土地所有者側の事情によるところが大きいため、税金等の公費投入は納税者の理解を得にくいし、国・自治体の財政事情からも厳しい。

そこで、全国の土地所有者や利用者が共通に負担している電気料金システムに着目した。土地を利用するにはエネルギーが必要であり、エネルギー源として電力が通常であることから、土地問題の解決システムの財源を電気料金に求めるのは合理的ではないだろうか。

参考文献

池田宏『都市計画法制要論』都市研究会、1921年
財団法人都市計画協会「近代日本都市計画年表」1991年
越澤明『東京都市計画物語』日本経済評論社、1996年
藤田宙靖「土地基本法第2条の意義に関する覚え書き―「土地についての公共の福祉の優先」とは何か―」金子宏先生古稀記念『公法学の法と政策』有斐閣、2000年
鈴木博之・増田彰久・小澤英明・オフィスビル総合研究所『都市の記憶I―都市の記憶美しいまちへ』白揚社、2002年
藤田宙靖・磯部力・小林重敬編集代表『土地利用規制立法に見られる公共性』財団法人土地総合研究所、2002年
日本建築学会編『都市縮小時代の土地利用計画』学芸出版社、2017年
藤森照信『明治の東京計画』岩波現代文庫、2018年

第7章

近代的土地所有権をつくり上げた明治時代

その功績と実態

近代的土地所有権がいつどのような意図を持って、
どのような法律によって形作られたのか、明治初期に遡ってみていこう。
「明治憲法」から「日本国憲法」に続く流れの中で、
近代的土地所有権は徐々に確立されていった。
ただし、明治憲法の起草者は、
一定の場合の土地所有権の制限を当然のものと考えていたし、
日本国憲法には土地所有権の制限も規定している。
しかしながら、その実態は…。

本章では、次の3点を明らかにしていく。

第1に、明治初年の土地所有権関連政策は、それ以前の身分的・団体的・地域的に多様であった土地「所持」の権利を基にしながら、国家法を通じて単一の、そして制約の乏しい土地所有権をつくりだした。

第2に、明治憲法の起草者は所有権制限を当然としつつ、具体の法令の展開が十分でなかった。

第3に、日本国憲法においては所有権制限に関する最高裁判所の判例のみならず、内閣法制局の法令審査などを通じて、従来の所有権制限の「相場」を超える制限は容易ではない。[*1]

まず、明治憲法の半公式説明である『憲法義解』を手掛かりに、近代的土地所有権の創設とその特徴を明らかにした後、土地所有権制限法理の展開と限界について、日本国憲法下の秩序との関連で説明する。

1　近代的土地所有権の創設

「憲法義解」による明治土地改革論

明治時代における土地所有権の意義については、明治憲法の起草者・伊藤博文の半公式理由書『憲法義解』が参考になる。

同書には、所有権保障規定に関して次のように記されている。

――「徳川氏の時代においては、農民はおおむね領主の小作農（「佃戸（でんこ）」）に過ぎなかった。これに対して、――

明治維新の後、明治元年12月に重要な法令を発出して、「村々の地面は総て百姓の持地」であることを定めた。明治4年には、各藩が版籍奉還を行い、それまであった大名の「私領」という遺物（領地、領民は大名のものであるという古い考え方）を根絶した。明治5年2月には、地所永代売買の禁止を解除した。また、地券を発行した。明治6年3月には、地所名称に関する法令を発して、公有地・私有地の区別を明らかにし、明治7年には私有地を改めて民有地とし、8年には地券証書に所有という言葉を使った（地券雛形に「日本帝国の土地を所有する者は必此券状を有すべし」と記載したことを念頭に置いている：著者注）。

ヨーロッパにおいては、武力を用いて領主の支配権を廃止したり、または巨額の金額により小作農のために領主から権利を買い上げることなどをしたのに対して、我国では、各藩の自発的意思により、領主の支配権は統治権一般の中に吸収された。そして、土地所有権を国民に恵み与えること（「恵賜」）ができた。これは、歴史上において世界に例を見ないことであり、日本の明治維新の重要な功績である。[*2]」

これは、1889年（明治22年）に制定された明治憲法27条の「日本臣民ハ其ノ所有権ヲ侵サルヽコトナシ　公益ノ為必要ナル処分ハ法律ノ定ムル所ニ依ル」（「日本国民は、その所有権を侵されない。公益のために必要な処分（土地収用等のこと：筆者注）は、法律の定めるところによる」）についての解説である。明治憲法27条は、土地所有権を含む所有権を国法体系上明確に位置づけ、所有権保障を与えた。これに関連して、伊藤博文は、明治政府の一連の改革によって土地所有権が広く国民に認められたとして、世界史でも例外的なほど意義のあることとしている。

以上から、次のことが読み取れる。

第1に、明治政府の指導層にとって、所有権とりわけ土地所有権は重要問題だった。

第2に、近代的土地所有権の樹立は国民に対する大恩典であり、明治維新の一大功績と考えられていた。反面、江戸時代の土地秩序にはマイナスの評価を与えている。

第3に、近代的土地所有権は一挙に創設されたというよりも、複数の法令発出を通じて次第に確立していった。

江戸時代の土地秩序に対する消極的な評価は、前の時代をおとしめることで、相対的に明治時代の意義を高く見ようとした明治政府の意図が感じられる。とはいえ、近代的土地所有秩序の確立は明治政府の重要な功績であり、社会経済発展の基礎となった。

土地所有権の確立に寄与した諸法令

第3の明治維新後の諸法令に関連して、『憲法義解』は、土地に関する重要な法令の冒頭に1868年(明治元年)12月18日行政官布告(『法令全書』明治元年)を挙げている。

「拝領地及び社寺地のような公租除外地を別にすると、村々の土地はもとより、すべて百姓の土地であるべきであり、身分違いの者が土地を買い取っている場合には必ず代人を差し出し、村々の諸負担について差支えないように努めさせるべきである」

なお、この布告は、「町分之地面」についても、「身分違」が買い取った場合には「名代」を差し出して

「町内之諸役」を差支えなく務めるべきことを定めた。この布告は伝統的な面だけでなく革新的な面があり、近代的土地所有権法制の嚆矢（始まり）と位置づけられる。

伝統的な面は、「身分違」の表現が示すように身分制を前提にして、村の土地は（町人身分等ではなく）百姓身分が所持すべきとしたことと、「村内之諸役」、「町内之諸役」として、江戸時代以来の慣習的な土地所有に対する「村」や「町」の役割を前提としたことである。

一方、革新的な面は、土地について明治政府が全国にわたる法令を発したこと、「身分違」による所持であっても「名代」を設置することで所持自体は認め、土地秩序における身分制を緩和したことである。

その後の明治政府の土地に関する法令で重要なのは、１８７２年（明治５年）２月15日太政官布告50号（『法令全書』明治5年）である。

「地所永代売買ノ儀従来禁制ノ処自今四民共売買致所持候儀被差許候事」
（土地を永代売買することはこれまで禁止されていたが、これからは永代売買ができ、また、どの身分でも土地を売買所持できる）

裁判所はこの太政官布告に大きな意義を認めた。例えば、大判大正7年5月24日民録24輯に次のように記されている。

「明治五年二月十四日太政官第五十号布告ヲ以テ地所ノ永代売買ノ禁ヲ解キ其売買所持ヲ許シタルハ是ヨリ以前土地ハ国ノ所有ニシテ人民ハ土地ノ所有権ヲ有セス唯其使用収益権ヲ有スルニ過キサリシ」

（明治5年2月14日太政官布告50号を以て地所の永代売買の禁止が解除され、売買所持を自由としたのであるが、それ以前においては、土地は国有であり、人民は土地所有権を有しなかったのである、ただその使用収益権を有するのみであった）。

これに対して法制史学者の中田薫は「全然誤謬」とし、次のように批判している。

「此時代（江戸時代）には或種の土地は、其譲渡に関して種々の制限を受けたけれども、なお私人の所有地たるに妨げなかりし」。「徳川時代には所持は動産不動産に通じて、所有の意義を示す普通語として用ゐられる」[*3]

本書では「この布告で初めて土地私有が認められるようになったのではない」とする中田薫説をとる。第8章でも触れるが、多くの研究によれば、制限はあったものの、江戸時代の農民に土地処分権が認められていたことが明らかになっている。

この布告は「身分制排除」および「売買の自由公認」という点で大きな意義があった。

地券を発行し、自由な所有権を認める

近代的土地所有権の確立にとって、法令と関連して重要なのは「地券制度」である。

すでに、1871年（明治4年）12月27日太政官布告682号（『法令全書』明治4年）で、次のように地券の発行を予告している。

「東京府下従来武家地町地ノ称有之候処自今相廃シ一般地券発行地租上納被 仰付候条此旨可相心得事」

（東京府の土地においては、従来は武家地・町人地の名称区別が存在したが、今後は廃止する。そして、広く地券を発行して地租の納入を命ずる）

この法令は、武家地町地という身分的土地秩序の解体を目指し、近代的土地所有権の基礎をつくったが、その際、地券発行が重要な意義をもった。１８７２年（明治5年）２月24日大蔵省第25号「地所永代売買許可ニ付地券渡方規則」（『法令全書』明治5年）が定められ、その後、「人民地所所持ノ者へ」の地券発行が定められた（明治5年7月4日大蔵省達83号『法令全書』）。

１８７２年（明治5年）に発行された壬申地券の裏面には、次の文言を記すものとされた（明治5年6月27日大蔵省達「地券書式」『地租改正例規沿革撮要』６項１１７条）。

「永代の所持の証拠として、この地券を交付するが、以下の規定を順守すべきである。

第一　この地券を所持している場合には、この土地を役所が必要とする場合でも、持ち主の承諾なく取り上げることはしない。ただし、世の中一般の利益のために、役所が必要とする場合には、地券代価の代金を交付するし、また、建物についても相当の価格を交付して、役所が所有権を取得する。

第二　この土地を外国人へ売り渡すこと、及び金銭取引のための地券担保を行うことは決して許されない。

第三　地券により納税される地税を確かに納税する限り、その土地を空地のままにおいてもよいし、家を建てて他人に貸すのも所有者の自由である」

以上のように、地券が土地所有を示す証券であること、公益のために必要な土地収用の場合には相当の補償がなされること、外国人に売却等の処分をしてはならないこと、土地利用の仕方は自由であることなどが記載された。ここには明治初期の近代的土地所有権の理念が表されている。

また、1873年（明治6年）7月28日太政官布告272号地租改正条例（『法令全書』明治6年）は、次のような天皇の言葉つきの法令であり、その意義は大きい。

「天皇の言葉（上諭）　天皇としての私が考えるに、租税は、国家の重要事であるだけでなく、人民の喜びと悲しみのもとになっている。これまでの租税法制は、統一されていなかった。また、寛大だったり、過酷だったり、軽重があり、平等ではなかった。

そこで、天皇としての私はこれを改正しようと考え、有力な役人の議論をもとにし、地方官の多くの意見を尽くし、さらに天皇側近の重臣と意見交換・決議を経て、租税を公平画一にするため、地租改正法を公布する。税金をかけるに際して、不平等がないようにしなければならないし、民間の方でも税に苦しむものや免れるものがないようにしなければならないのであるから、関係者はこれを行うべきである。

明治6年7月28日　今回の地租改正により、これまでの田畑についての税法は、すべて廃止された。そして、地券調査を行ったのちに、土地の代価に従い、その百分の三を地租と定めることが天皇により命じられた。改正の内容は、別紙のとおりであるが、よく心得なければならない。これまで官庁や町村がその必要費を土地に課税していたが、これからは、地租改正による本税の3分の1を超過してはならない」

以上のように、地租改正条例の特徴は、「公平画一」な土地税の理念の強調である。

これは従来の法令より一歩進んだものと言える。身分制廃止では、武士と町人という身分の違いの画一化が主眼だったが、地租改正条例は、農民同士の不平等・不均衡についても公平画一が必要であることを明示した。

1875年（明治8年）11月20日地租改正局達8号は地券の「雛型」を定め、地券の裏面は「日本帝国の人民土地を所有するものは必す此の地券を有すへし」と記載すべきものとした（『地租改正例規沿革撮要・地租改正報告附録』）。ここで、「所持」ではなく、「所有」の言葉が使われた。

地租改正条例では次の2点が問題になる。

第1は、「租税ハ国ノ大事人民休戚（きゅうせき／喜びと憂い）ノ係ル所ナリ従前其法一ナラス」と一般論を展開した後に、具体の措置として登場するのが「旧来田畑貢納ノ法」という土地課税であったことである。

これには理由がある。明治初年には、国家の歳入の多くの部分が地租だった。1877年（明治10年）の内国税合計4556万円に対して、地租は3945万円（86・6％）、1887年（明治20年）の内国税合計6212万円に対しても、地租が4215万円（67・9％）を占めていた。[*4] しかも地租の中心は郡村地の地租だった。

第2は、地租改正条例でも、村の「入費」について規定したことだ。先述の1868年（明治元年）12月18日行政官布告が村の「諸役」について規定していたこととも共通する。ただし、地租改正条例は、「入費」が本税の3分の1を超えることができないと制限している。

官有地と民有地の区別も明確化

地券発行に関連して、明治政府は1873年（明治6年）3月25日太政官布告114号「地券発行ニ付地所ノ名称区別」（『法令全書』明治6年）に続けて、1874年（明治7年）11月7日太政官布告120号「地所名称区別改定」（『法令全書』明治7年）を発した。

これは、土地を官有地（第一種ないし第四種）と民有地（第一種ないし第三種）に区分したものである。土地所持者に申し出を義務づけ、改租担当者が所有者と認定した土地（民有地）には地番を付し、地券を交付した。一方、民有地以外の土地はすべて官有地として処理された（官民有区分）。このように地券発行の過程で民有地に地券が発行され、官有地と民有地の区別も明確化された。

また、江戸時代は農地年貢には村請の制度があったが、地券交付による土地所有権は、税負担において村と切り離された。

地租改正研究で著名な福島正夫は「貢租の連帯制が各個人の地租義務となったことは、さきにみた地券発行上の〝一地一主〟の原則とも関連をもち、両者は表裏一体をなす」と指摘した。[*5]

さらに明治期には土地所有者に対する直接の滞納処分が行なわれ、所有権移転の原因になった。

2 土地所有権の制限

明治憲法下での土地所有権制限

明治憲法27条は、日本国憲法29条に対応する所有権保障規定である。もっとも、日本国憲法29条は１項で「財産権は、これを侵してはならない」と規定するだけでなく、２項で「財産権の内容は、公共の福祉に適合するやうに、法律でこれを定める」と規定している。この憲法29条２項は、財産権とりわけ土地所有権制限の根拠ともなっている。

明治憲法27条には日本国憲法29条２項に対応する規定はないが、起草者は、一定の場合の土地所有権制限を当然のものと考えていた。伊藤博文『憲法義解』は、この点について次のように論じている。

「本条は、所有権の安全を明らかにする。所有権は、国家の公権の下に存立するものである。それ故、所有権は国権に服属し、法律による制限を受けなければならない。所有権は、もとより、不可侵の権利ではあるが、無限の権利ではない（「所有権は固より不可侵の権にして無限の権に非ざるなり」）。それ故、城壁の周囲一定の距離において建築を禁ずる措置が取られても、損失補償は不要である。…各個人の所有は各個の身体と同じく国権に対し服属の義務を負ふ」

１８９６年（明治29年）公布の民法も、「所有者ハ法令ノ制限内ニ於テ自由ニ其所有物ノ使用、収益及ヒ処分ヲ為ス権利ヲ有ス」と規定し（２０６条）、所有権が法令の制限下にあることを規定した。もっとも、土地利用についての法令による制限は、実際のところは十分なものではなかった。明治初年の諸法令により、従来の慣習的・団体的規制は有効でなくなったが、これに代わる新しい秩序は形成過程にあり、都市計画法が制定されたのはようやく1919年（大正8年）だった。

「森林法」に見る所有権の制限

所有権規制のあり方で注目すべき法令の第1は、森林法である（明治30年法律46号）。明治に入ると、所有権自由の原則から民有林の伐木が自由になったため、森林荒廃による災害が多発した。明治政府は、民有林に対して伐木停止林制度等を創設していたが、1896年（明治29年）の未曾有の大水害を受けて森林法を制定した。

森林法は、従来の禁伐林（官林）、伐木停止林（民有林）等を統一し、保安林制度を創設した。土砂の崩壊、流出、飛散、水源涵養、風水害等を防止するため、主務大臣は地方森林会の答申を経て必要な箇所を保安林に編入することができる。保安林では皆伐や開墾を禁止し、知事の許可がなくては土石採取、樹根採掘、牛馬放牧等もできない。主務大臣が必要と認めるときは、保安林の伐採を禁止または制限することもできる。保安林に編入されたために損害を被った森林所有者は、それによる直接の損害に限り、補償を求めることができる。

「耕地整理法」に見る所有権の制限

特徴ある土地所有権規制の第2は、1899年（明治32年）の耕地整理法（明治32年法律82号）である。耕地整理法は農業目的の面的な基盤整備であり、個々の区画が整然と整備されるだけでなく、道路、溝渠なども整備される。耕地整理法は土地区画整理法（昭和29年法律119号）が制定されるまで、都市整備のための土地区画整理にも使われた。

耕地整理法では、耕地整理に同意していない者にも「従前の土地の地目、面積、等位を標準とし、換地を交付」する。耕地整理の費用は参加土地所有者が負担するが、費用を完納しないときには、整理委員の請求により、市町村長が市町村税徴収の方法に準じて耕地整理の費用を徴収することができた。

このように耕地整理法は強制的な性格が特徴であり、土地所有権の絶対性を修正した。耕地整理のための組合は（特別）多数決原理に基づいて運営され、その仕組みも法律によって規律されている。これは、従来からあった「村」による土地所有権への規制とは異なり、自主的かつ公的性格を伴った団体による規制である。

日本国憲法下での土地所有権制限

日本国憲法では、先に引用した憲法29条2項が所有権制限の可能性を明言している。しかしながら、実際には所有権制限を法律で行なうことは容易ではない。土地所有権制限に一定の限界があることを明言したのは、いわゆる「森林法違憲判決」（最判昭和62年4月22日民集41巻3号）である。これに関して、仲野武志は次のように指摘している。[*6]

「憲法学界では、私権形成的な措置法律に限らず民法特別法も含めた、財産権を制約する立法全般の違憲審査基準につき、豊富な研究の蓄積が見られる。そこでは、森林法186条（共有林の分割制限）を違憲とした昭和62年の最高裁判決等の基準を一応受け容れた上、その内包・外延を吟味するのが大勢のようである」

森林法違憲判決は、森林法における共有森林分割禁止規定を違憲と判断したが、仲野は次のように述べる。

「裁判所としては、立法府がした右比較考量に基づく判断を尊重すべきものであるから、立法の規制目的が前示のような社会的理由ないし目的に出たとはいえないものとして公共の福祉に合致しないことが明らかであるか、又は規制目的が公共の福祉に合致するものであつても規制手段が右目的を達成するための手段として必要性若しくは合理性に欠けていることが明らかであつて、そのため立法府の判断が合理的裁量の範囲を超えるものとなる場合に限り、当該規制立法が憲法二九条二項に違背するものとして、その効力を否定することができる」

しかも、財産権制限立法について政府提出法案を出す場合、内閣法制局のチェックを受けなければならない。これについて、内閣法制局長官を経験した山本庸幸（後に最高裁判事）は次のように述べている（『実務立法演習』商事法務、２００７年）。

「よく検討をすべきことは、その法律案が、憲法を頂点とする既存の法体系に適合したものになっているかどうかである。特に憲法については、……万が一にも最高裁判所によって違憲の判断が示されたとしたら、……国民には大きな迷惑をかけたことになるからである。もっとも、その一方では、憲法や他の法律の条文との形式的整合性に気を取られるあまりに、過剰に防衛的になりすぎて、新しい時代の変化に即応した条文の解釈の余地を自ら狭めてしまう結果を招くことも、好ましくないと思われる」

内閣法制局勤務経験者は次のように語る。

「条文に規定された作用・組織等が、同種・類似の作用・組織等を規定した他の法律と比べて〝相場〟を外れたものとなっていないか、先例がないものには相応の理屈が用意されているか等が（総じて穏やかな口調ながら）徹底的に問い質される」

「〝相場〟とは個々の立法例（テクスト）に通底するコンテクストであり、そこに憲法規範が体現されていると考えられる。いかなる法案でも森林法違憲判決等の定式に当てはめて合憲と称することは容易であるから、それ以前に〝相場〟内に収まっている（〝相場〟を半歩踏み出す新例だが、相応の理屈がある）から合憲であるという判断が介在しなければならないのである」

さらに現役官僚は次のように述べている（藤川眞行『公共用地取得・補償の実務─基本から実践まで』ぎょうせい、2018年）。

「霞ヶ関で政府提出法案を検討するに当たっては、内閣法制局において法案の憲法適合性は非常に厳格に審査されるが、国土交通省の法案に比較的多くかかわる重い規定として、憲法の財産権条項がある。私は、以前、水防法・下水道法・日本下水道事業団法改正（平成27年改正）を担当したが、改正事項の一つとして、下水道法の中に、一定要件を満たす場合には、条例により、土地所有者等に雨水留・浸透施設の義務づけを行なうことができる規定を創設するものがあった（下水道法第25条の2）。

これは、財産権にかかわる法制局審査を受けた者なら誰でも知っている話であるが、かの有名な奈良県ため池条例の最高裁判決（災害の未然防止について比較的広く合憲性を認容している）を示すくらいでは全く相手にされず、ありとあらゆる法理を見回して、このような規制を行なうことが現行法体系（憲法価値を基本的に体現）の「相場観」に合っていることを立証しなければならない。

私有財産制度は、欧米の憲法形成史を見ても分かるとおり、憲法の根幹の一つとなっているのであり、財産権を侵害する法令については、特に慎重な取扱いが求められているのである」

以上のように、憲法秩序を維持するための仕組みとしての内閣法制局による内閣提出法案の審査も、土地所有権制限立法にドラスティックな変革を許さないものとなっている。もっとも、それが日本の全体の法秩序の安定性に貢献していることも理解しなければならない。

3　近代的土地所有権の意義と今後

以上、明治維新以降の土地所有権について概観したが、明治時代に種々の制度の積み重ねで生まれた自由な個人的土地所有権は、社会の基盤として重要な役割を果たしてきたものであり、明治の土地変革には重要な意義があった。

こうした功績を認めるのと同時に、社会の要請に応じた土地所有権制限法理の展開も重要であろう。とりわけ、最近は土地を巡る新たな問題が起こっている。

たとえば、土地所有権者が高齢化して法的判断能力を失うケースや、当事者が死亡した後、相続人が登記せず、国や自治体が土地所有者を把握できないケースも増加している（第2章）。さらに、人口減少などに対応するため、コンパクトシティを実現する法的枠組みが必要との指摘もある。

明治以来の自由な土地所有権のあり方を維持しつつ、現代的な諸問題を解決できるような土地所有権制限法理の展開に取り組む必要があろう。

＊１　福島正夫は、明治の土地法制史研究を確立した。福島正夫『地租改正の研究』(有斐閣、１９６２年)、『体系日本史叢書７　土地制度史２』(山川出版社、１９７５年)〔近代は福島正夫執筆〕。更に、毛塚五郎編『近代土地所有権－法令・論説・判例』(日本加除出版、１９８４年)、『体系日本史　土地所有史』(山川出版社、２００２年)〔「近代的土地所有の成立」奥田晴樹〕。滝島功『都市と地租改正』(吉川弘文館、２００３年)、新井克美『公図と境界』(テイハン、２００５年)、稲本洋之助＝小柳春一郎＝周藤利一『日本の土地法〔第三版〕』(２０１６年、成文堂)。佐々木寛司『地租改正と明治維新』(有志舎、２０１６年)

＊２　伊藤博文(著)宮沢俊義(解説)『憲法義解』(岩波文庫版、１９８９年)

＊３　中田薫「徳川時代に於ける土地所有権」同『法制史論集第２巻物権』(岩波書店、１９３８年)。最判昭和61年12月16日民集40巻7号(田原湾干潟訴訟上告審判決)は、「地券は、土地の所持(排他的総括支配権)関係を証明する証明文書であって…」として、「所持」を「総括的排他的支配権」と性格づけた。なお、寶金敏明『改訂　里道・水路・海浜　長狭物の所有と管理』(ぎょうせい、１９９２年)は、「要するに、近世においては、領主的所持であれ、寄生地主的所持であれ、農民的所持であれ、今日の所有権に匹敵する包括的かつ絶対的な自由な権利を享受する者は、だれ一人として存在しなかったといえる」と述べた。

＊４　『国税庁統計年報書第１００回記念号』(国税庁、１９７６年)

＊５　福島・前掲土地法制史。村請制廃止について、更に、中田薫「明治初年に於ける村の人格」前掲『法制史論集第２巻』

＊６　仲野武志『国家作用の本質と体系１─総則・物権編』(有斐閣、２０１４年)

第8章

異次元社会・江戸時代に見るユニークな土地所有

持ち主は多元、持ち方は重層

土地神話が崩壊し、人口減少社会を迎える中で、
明治以来、築き上げてきた社会システムが有効に働かない。
特に都市＆土地問題では「強すぎる土地所有権」がネックだ。
そこで第８章では、
現在とはまったく異なる土地所有の仕組みで村や町を管理運営し、
独特の相互扶助的な社会を実現した江戸時代を覗く。
そこには、一つの土地に「百姓」、「村」、「領主」という複数の持ち主を認め、
「自分の土地」でありながら「自分たちの土地」でもあるという、
多元的で重層的な土地所有スタイルがあった。

３００年続いた異次元の社会システム

明治維新以前の日本には、織田信長の天下統一に始まり、幕末に至る約３００年間、ほぼ同じ仕組みを継承してきた社会があった。以下、その期間の大半を占める「江戸時代」の呼称で代表させる。

この社会は、身分によって人間を区分けする社会であったこと、稲作農業を中心とした第一次産業の社会であったことなど、近代・現代とは全く異なる、いわば「異次元・異文化の社会」だ。明治以降の近代化のなかで否定され、克服されたこの社会の仕組みのなかに、八方塞がりの現状を打開するヒントが隠されていそうである。

なお、ここでは「所有」の意味をあまり厳密に定義せず、広く「自分のものとして持っている」といったレベルで扱い、また「土地所有者」についても「土地の持ち主」といった程度の素朴な括りで用いている。異質な社会の仕組みや、その根底を流れる考え方をすくい上げる方法として、緩やかな定義からのアプローチの方が有効だからである。

1　百姓の所有

所有者名、土地面積などを「土地台帳(検地帳)」に登録

まず、当時の人口の8割を占めた百姓と土地の関係から概観してみよう。百姓は土地の持ち主として、所

有地（持ち地）が土地台帳（検地帳）に登録されていた。

江戸時代の土地登録制度の始まりは、豊臣秀吉の太閤検地（１５８０～90年代）までさかのぼる。秀吉は、「山の奥、海は櫓櫂《ろかい》の続くまで、もれなく検地を行なえ」と命じて列島規模での土地調査を行ない、土地面積を米の丈量単位の石高《こくだか》（石・斗・升・合）に換算する石高制度を創り出した。

土地台帳には、地字、面積、位付け（土地の善し悪しのランク）、石高（米穀量）、百姓名が記載されている。秀吉を継承した徳川政権も、江戸時代を通じてこの政策を継承している。一例として、１６７９年実施の江戸幕府検地で作成された近江国甲賀郡宇田《うった》村（滋賀県甲賀市）の検地帳の冒頭部分を示す（「宇田区有文書」）。

字西念
古検上田一反十九歩
一、上田　十七間・二十間二尺五寸　一反一畝十七歩　長右衛門尉
この分米一石九斗六升六合　但し一石七斗代

※1町＝10反、1反＝10畝＝３００歩≒９９１・７㎡。1間≒１・８m、1尺≒30・３㎝。
1石＝10斗＝１００升＝１０００合≒米１５０㎏。

「古検」とは秀吉の太閤検地時の面積を示す。この田のランク付けは上田なので、面積に上田の換算率（1反当たり1石7斗）をかけて石高を算出している。長右衛門尉がこの田の名請《なう》け人（持ち主）である。検地帳には田畑一枚ごとに百姓名が記された。なお、持ち主は百姓個人ではなく、家の代表者である。

表1◆近江国甲賀郡宇田村（甲賀市）の土地分類

	面　積	面積比	総面積比
田	45町5反7畝02歩	89.1	
畑	2町5反6畝4歩	7.0	
屋　敷	2町08歩	3.9	
計	51町1反4畝14歩	100%	59.2
草　山　①	15町2反5畝		17.7
草　山　②	20町		23.1
	86町3反9畝14歩		100%

＊草山①は6ヵ村、②は2ヵ村立会い。
それぞれ6分1、2分1の面積にして計算。

農地である田畑のみならず、作物を栽培しない屋敷（屋敷地）も中畑（中位の畑の位付け）の換算率で石高が算出された。この石高は領主の徴税や人夫徴発する際の母数として、また、領主の領地の大小を表す指数としても使われた。

百姓の持ち地はほとんどが農地であり、その多くが水田に造成されていた。平野部に立地した宇田村の場合、表1のような割合だった。

村の概要を記した「村明細帳（村政要覧）」も整備

村の概要を記した村明細帳（村政要覧）もあり、主として農地や農業に関して詳しく記載された。宇田村の近隣村の明細帳にどんなことが記載されていたか、一、二拾ってみよう（東内貴《ひがしないき》村、1712年、『水口町志』資料編）。

- 土地は石地。少々黒砂土。
- 稲作　早稲は「京早稲」を植える。稲刈り後は小麦を蒔く。中稲の品種は「こじこ」「こいど」。晩稲は「小美濃」。

- 畑は少ない。萵苣《ちしゃ》（レタス）、茄子《なす》を作り食べる。菜・大根は田で作る。
- 田の肥やしは1反に干鰯《ほしか》を4本程度入れる。1本の値段は銀13匁8、9分から16匁まで。畑の肥やしは干鰯を入れ、その後掛け肥やし（人糞尿）や厩肥《うまやごえ》を入れる。

持ち地を農地として維持・管理し、生業に勤しむ様子がうかがわれる。

表1にもあるように、村の田畑屋敷の外側には里山が広がっており、肥料（草肥）や牛馬の飼料、燃料を採取する草山・柴山に改造されていた（水本2003）。宇田村では、近隣5ヵ村と共同で利用する草山と、隣村と共同利用する草山があった（立会山《たちあいやま》、入会山《いりあいやま》という）。東内貴村では村内に8町に及ぶ村山を持っていた。百姓にとっては、農地の外延部に広がる山地も農業生産活動や生活に不可欠な持ち地だったのである。

田畑は売買や質入れも可能だった

百姓は持ち地を相続し、売却したり、質入れしたりすることができた。村明細帳には田地売買や質入れに関する項目も記されている。

- 田畑売買のこと。御年貢やその他の諸入用を引き、手元に残る作徳米を考えて売買する。土地の良し悪しにより高い安いがあるが、だいたい一反につき銀100匁から150〜250匁まで。（東内貴村、1712年）
- 田の質入れは1反につき10年間で2石から2石7・8斗まで。（甲賀郡氏河原村、1721年）

田畑の売却や質入れはよく行なわれていた。田畑売買証文の典型として、1658年の近江国蒲生郡三津屋村（滋賀県東近江市）の事例を示す（『八日市市の近世史料』）。

売り渡し申す田地の事

一、上田五畝二十三歩　高八斗八合　字名宮ノ前に在り

一、上田六畝二十四歩　高九斗五升二合　字名ささわらに在り

一、二ヵ所林　字名宮の森、どうの森

当年の御年貢米に詰まり、右の田地（と林）を京枡《きょうます》八斗七升で永代に売り渡します。我らの先祖からの相伝《そうでん》の田地ですが、その方へ売り渡すことについて、少しも間違いありません。もし違反した場合は、連判の者が責任を持ちます。後日のために証文を作成しました。

万治元年戌閏《うるう》十二月十三日　売主　長佐（略押）（証人三名　略）

吉蔵殿へ

ここでは田地2枚と林2カ所が売却されている。土地の売買が行なわれると、検地帳の名義欄は村役人（庄屋、名主）によって書き改められた。

従来、百姓の土地売買は幕府制定の「田畑永代売買禁止令」（1643年）で禁じられたとされていた。しかし、近年の研究では、この禁令は寛永飢饉に際して関東幕府領のみを対象にした時限的法令であり、1687年には全国通達されたものの、訴えがなければ、土地の売買は問題にならなかったことが明らかになっている（藤井2015）。法令で土地の売買を公認した大名もたくさんあった。

先の証文でもそうだが、百姓は「自分の持ち地であること」の根拠として、先祖から代々継承してきた「先祖相伝の土地」とすることが多かった。時に「我ら買得の田地」などと購入の事実を挙げることもある。いずれにしても、それらの土地は、農地として維持・管理され、そこで農業活動を営む百姓のものだった。

2　領主の所有

土地と百姓は、領主のものでもあった

土地はまた、領主（大名、旗本など。天皇や公家、大寺社も含む）のものでもあった。領主の所有する土地は「将軍から与えられる」という形をとった。次の例は、上野国館林藩（群馬県館林市）の榊原康政が、将軍家康から近江国に５０００石をもらった時の領地あてがい状である（『近江日野の歴史』８）。

知行方目録

一、千三十七石二斗三升　　江州野洲郡杉江村

（ほか九ヵ村　略）

合わせて五千石

右を与えるので、領地として支配せよ。

慶長八年（１６０３年）十一月二十五日　㊞（朱印）（徳川家康の朱印）

榊原式部太輔殿

1030石余りの村高を持つ杉江村（滋賀県守山市）ほか、9ヵ村が領地として榊原式部太輔に与えられている。村高は、個々の百姓の持ち高を村単位で集計した数値である。

領地として与えられると、領地村の土地だけでなく、そこに暮らす百姓も領主のものとなる。領主は土地の持ち主として、米を中心とした農作物の一部を年貢として百姓から徴収し、領主階級の生活費や各種の勧農事業、水利土木工事などの領内行政や災害復興事業などに充てた。また、領地に住む百姓を武家奉公人や人夫として徴発し、中間や小者として、また、土木事業の労働力として使役した。

領地所有の正当性の根拠は？

領主は、その領地の正当な持ち主であることを武力による獲得や、天や将軍からの下付物であるなどの理由をつけて説明していた。たとえば、福岡藩主の黒田長政（1568〜1623年）は次のように言う。

> 「将軍から拝領した筑前一国は、二代（自分と父の如水）の武功によって得たものである。それゆえ、子孫たちは我らが獲得した領国を預かっていると心得、家来や民百姓を損なわぬようにすることが肝要である」（黒田長政「掟書の事」）

黒田長政は、武功・武力による獲得を正当性の根拠としている。彼らの子孫になると、先祖からの相伝が根拠に加わることになる。

同じ大名でも岡山藩主の池田光政（１６０９〜１６８２年）は、領地（人民）は本来「天」の持ち物であり、それを将軍経由で預かり、所有していると説明している。


「上様（将軍）は日本国中の人民を天より御預かりになった。国主（大名）は一国の人民を上様より御預かりしたものである。家老と侍は国主を助けて民の安寧を仕事にする者である…国民を困窮させることは上様の御恩を減らすことであり、これ以上の不忠はない」（池田光政「申し出し覚」１６５４年頃）

このように、領地領民所有の正当性にもいろいろな理屈付けがあった。

「江戸時代の土地所有」についての２つの学説

江戸時代の土地所有については大きく2つの学説がある。

１つは領主を土地所有者とする見解であり、他は百姓を土地所有者と認める流れである（後藤1995、神谷智2000）。

1 領主を土地所有者と見なす「封建的土地所有」説

歴史学の分野で主流を占める学説で、ヨーロッパの封建社会をモデルにして、江戸時代を「領主層の土地所有に基づく封建社会」と規定している。この根拠は次の通り。

- 江戸時代の領主（幕藩領主）は、土地と百姓を支配する土地所有者である。領主は「田畑永代売買禁止令」「分地制限令」「（いわゆる）慶安の触書」などの法令や武力をもって百姓の生産活動や生活を統制し、地代を徴収する。
- 百姓は農奴であり、名請け地（検地帳登録地）で生産活動を営む。領主に納める米穀年貢は生産物地代に相当し、各種の労役負担は労働地代に該当する。

なお、この論の中には、領主と百姓の権利関係を重層的に捉え、百姓の土地に対する権利を認めて「用益権」「耕作権」「占有権」などとする説や、土地所有を領主の領有と百姓の所持に二分する説、あるいは百姓に事実上の土地所有権まで認める説もあるが、いずれも領主の権利を第一義とし、体系の頂点に置く点で「領主＝所有者」の枠組みを共有する。

2 百姓の土地所持は近代的土地所有権に近いとする「私法的土地所有」説

法制史・法社会学の分野では、日欧のさまざまな所有に関する法・法観念と照らし合わせながら、江戸時代の百姓の土地所持を近代的土地所有、またはそれに近似した所有権とする見解が主流を占めている。

代表的には、百姓の土地所持を「近代的土地所有権に近い私法的土地支配」、領主の知行を「租税賦課を中心とした政治的・公法的支配」とする捉え方である（稲本ほか 2004）。この学説の中には、領主の支配を「領有権」「領知《りょうち》権」の概念で説明する説や、土地所有に基づかない政治権力と評する論もある。

❸「百姓も領主も同じく土地の持ち主」とする考え方

以上の２つの学説は、それぞれが異なる土地所有モデルを比較参照の下敷にしており、それが所有者像の違いにも表れているように思われる。

しかし、本章で試みたように、土地所有者を広く緩やかに「土地の持ち主」と定義して眺めると、これらとは異なる評価もできる。

すなわち、「この社会は、百姓も領主も同じく土地の持ち主であった。同じ土地に対して、百姓は農地として、領主は領地として、それぞれに持ち主であったところにこの社会の所有の特色がある」とする見方である。

そして、こうした定義によれば、実は百姓を構成員とする「村」という社会組織もまた、土地の持ち主であったことが見えてくる。

3　村の所有

村の土地／「自分の土地は、自分たちの土地でもある」

江戸時代の「村」とは、室町～戦国時代に百姓たちの生産・生活維持・防衛組織として形づくられ、太閤検地以降、江戸時代には領主の所有単位ともされたまとまりである（水本2015）。標準的には次のような姿かたちをしていた。

- 40〜50軒程度からなる集落と農地および周辺の山野をテリトリーとし、その数は全国で6万ヵ村にのぼる。
- エリア内の百姓たちを構成員とする社会組織である。
- 百姓の代表者である庄屋（名主《なぬし》）などの村役人が運営する。村掟を定め、村民の土地利用、生産活動や生活を保護・統制する。村ごとに独自の制裁の体系も持つ。
- 領主の年貢徴収や労役徴発も村を単位に行なわれる（村請け制度）。

なお、村のエリア内の土地は「村領」とか「領内」「村中」などと呼ばれ、村のもの、村の領地と認識されていた。近江国東内貴村の隣村北内貴村（甲賀市）では次のように言っている。

> 昔から矢田野山は峰を境として北側は「北内貴領」と決まっていた。太閤様の検地やその後の検地の時にも、峰に境界杭をさし「北内貴領」と確認された。この山の八分目までは田畑であり、石高も付けられている。現在もわが村の「領内」に間違いない（近江国北内貴村訴状　１６０９年）。

当該地の8割はこの村の百姓が持つ田畑であるとしている。残りは入会山として利用されていたものと思われる。これら全体が村領、つまり村のものだった。

「村の土地」という場合、このように対象は二系統に及んだ。一つは村自身が所有する村有地であり、もう一つは個々の百姓が所有する田畑・屋敷そのものである。

前者の代表としては立会山や立会野が挙げられる。表１（１９２ページ）で示した宇田村の場合は近隣村との共同所有だった。複数村の共有（村々立会い）もあれば、一村限りの村山もある。これら立会山については、どこの村でも利用日限や草柴の採取量など厳しい掟を定めていた。過剰利用を防ぐために、個々の百姓に分割して管理・使用させることもある（山割）。

それぞれの百姓の持ち地もまた村のものでもあった。このことは、土地売買や処分に際して村民全体の了解が必要だったことからもわかる。たとえば、１６７１年陸奥国会津郡界《さかい》村（福島県南会津町）では、破産百姓の田畑処分についてこんなルールを決めていた（白川部2012）。

> 当村の潰《つぶ》れ百姓の田地は、親類縁者であっても惣百姓に断りなく貸し借りしてはいけない。この取り決めは、十数年以前の飢饉時に肝煎《きもいり》（村役人）の計らいで始めてからのものである。今後とも惣百姓が相談し、田地不足の者へ預けることにする。

また、武蔵国荏原《えばら》郡太子堂村（東京都世田谷区）では１８４０年、村内の百姓が他村へ土地を売ることを厳しく禁じた（渡辺1994）。

> 近年みだりに他所へ地面を売却する者がおり、よろしからざることである。今後決して他村へ売却しないようにと、（村民）一同が立合いの上で取り決めた。よんどころない場合は一同が評議の上で取り計らう。

このように、個々の百姓の土地は個々の持ち地であると同時に、村のものでもあった。そして、この村が「惣百姓」「村民一同」から構成される組織だったことに鑑みれば、個別の百姓（自分）の持ち地は、隣人

（他人）を含む村の構成員、つまり「自分たち」の土地でもあったということになる。

かつて法制史家の中田薫は、村の性格を論じて「村民から遊離しない実在的総合人としての法人格」と規定したが（中田1938）、実在的総合人の属性として、こうした土地所有形態を含めてもよいだろう。「自分」の土地は「自分たち」の土地でもある、という所有のあり方は、百姓・領主の所有とともに、この社会の大きな特色である。

「村の土地」を守るための掟

「自分たちのもの」を守るための取り組みは各種あった。一例として、村の溜池を確保し守るために作られた掟を示す。１６３３年、近江国蒲生郡蛇溝《へびみぞ》村（滋賀県東近江市）が隣村の今堀村と用水溜池を巡り、争った際の掟である（仲村1981）。

- 今堀村と平子溜池を巡って出入り（実力行使）になった時には、年寄（村の代表者）の指示に従って行動すること。
- もし出入りで死去することがあった場合は、子孫末代まで村仕事を免除する。怪我をした場合は村中の皆で介抱する。
- 年寄の指示に従わず、勝手な行動をする者は処分する。
- どこにいても、太鼓を合図に帰村し、現場へ駆けつけること。

指揮者の指示に従うこと、遺族や怪我人への補償、統一行動への義務付けなどを決めている。

災害復興に際して、村が土地の再配分をすることもあった。１７０７年の富士山宝永噴火では、駿河国、相模国を中心に多くの降灰・積砂被害があったが、砂が４尺５寸（約１３６㎝）も積もった駿河国駿東郡用《よう》沢《さわ》村（静岡県小山町）では、再開発田畑に関してこんな取り決めをしていた（『小山町史』７）。

砂で埋まった井関を村民が共同で掘り開け、田畑に水を流して再開発する。再開発した田畑は、掘り開け作業の作業分に応じて配分する。五年間はその百姓のものとし、その後、元の持ち主に返却する。

同様の取り決めは近隣の大御神《おおみか》村でもなされたが、こちらは永年にわたっての配分としている。村によって取り決めの中身はいろいろだった。

１７８３年、浅間山が大噴火を起こした。火砕流に飲み込まれた上野国吾妻《あがつま》郡鎌原《かんばら》村（群馬県嬬恋村）は、村民５９７人のうち死者４６６人、家屋93軒残らず倒壊、田畑92町歩余のうち87町余が荒廃するという壊滅的な被害を受けた。村役人も死去したため、近隣村の名主の援助を得ながら復興に当たった。再開発された田畑は、生存者１人に対して２反７畝ずつ再配分された。なお、隣村名主の取り持ちで、生存者同士の再婚や養子縁組も進められたという（渡辺2003）。

以上のように、村（百姓共同体）という単位は、この社会における土地の持ち主の一角を構成する特色ある存在だった。

4　町人・職人の土地所有

では、江戸時代の町（都市）に目を向けてみよう。ここでもやはり持ち主が重層した土地所有スタイルが見られる。

領主と町人の土地所有

城下町や宿場町などの江戸時代の都市では、町人が商工業を営む場所としての町屋敷地は、領主のものであり、町人のものであり、町人を構成員とする町（町人共同体）のものでもあった。

江戸時代の都市は、京都や堺のように、それ以前から長い歴史を持つ都市が秀吉〜徳川の領主によって改めて認定されたものと、江戸を始めとする多くの城下町のように新しく創出された都市の2系統がある。

いずれの場合も検地が実施され、各屋敷（屋敷地）の間口・奥行・面積の丈量、地子高《ちしだか》の確定、持ち主の確認が行なわれた。そのうえで、領主は自分の領地の一部として各屋敷地から地子（地代のこと）を徴収し、屋敷地に居住する町人に無償の労働力提供（人足役）を命じた。

ただし、地子は都市の振興策として免除されることが多く、職人に対しては人足役の代わりに軍事用品や奢侈品を提供させる職人役が課せられた。

土地台帳（水帳《みずちょう》）を図化した「沽券《こけん》絵図」（「水帳絵図」などとも）から江戸の町の様子を垣間見てみよう。

図１◆新乗物町沽券絵図

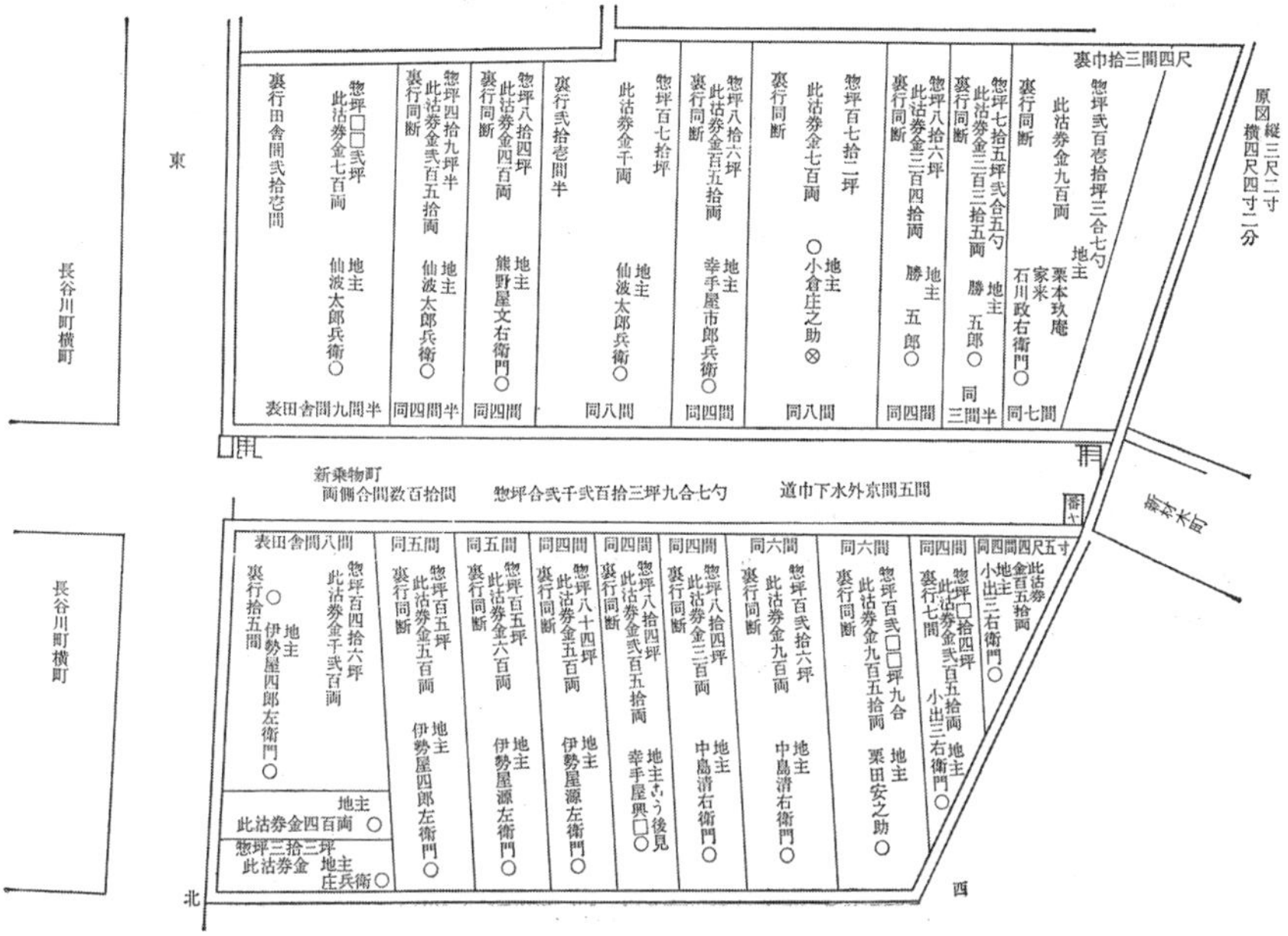

出典：双川喜文著『近世の土地私有制』新地書房

図1は、１８４２年当時の江戸日本橋新乗物町（中央区日本橋堀留町1丁目）の様子を記した沽券絵図である（双川1980）。

21区画からなる屋敷地には、一区画ごとに間口（田舎《いなか》間による）・裏行き・惣坪数や地主名が書き上げられている。地子負担が免除されたため、ここには地子高はなく、代わりに当該屋敷地の沽券金（地価相場）が記入されている。この屋敷地で町人による各種の商工業活動が展開されていた。

表２（２０６ページ）は、江戸南伝馬町2丁目（中央区京橋2丁目）の名主高野新右衛門が、１７００年〜１７１２年に書き記した業務日記に登場する町人たちの職種である（吉田2015）。彼が管轄する6町住人の職種の一端がうかがえる。南伝馬町や通り3丁目代

表2◆江戸南伝馬町付近の住人職種

諸職人	人数	町ごと内訳（人）
大工	102	南塗54、南鞘35、松一7、松二3、南伝二2、通三代1
屋根屋	17	南塗8、松二6、南鞘2、松一1
木挽	17	南鞘13、松二4
指物屋	5	南伝二2、通三代2、南塗1
左官	4	南塗3、南鞘1
桶屋	3	南伝二2、南塗1
研屋	2	南伝二2
紺屋	2	通三代1、松二1
仏師	2	南伝二2

他に、畳屋、鍛冶、銅細工、釘屋、切付屋、扇屋、具足屋、絵師、障子屋、蠟燭屋、筆屋が各1

諸商人	人数	町ごと内訳（人）
油売	8	南鞘6、南塗2
小間物売	4	南伝二3、南鞘1
飴売	4	南伝二1、通三代1、南鞘1、松二1
豆腐屋	4	南伝二1、通三代1、南塗1、松二1
仕廻物屋	4	南鞘3、松一1
菓子屋	3	南伝二2、通三代1
煙草売	3	南伝二2、南鞘1
酒屋	3	南塗2、松一1
きれ売	2	南伝二1、南塗1
質屋	2	南鞘1、南塗1
両替屋	2	南伝二1、松一1
雪駄売	2	南鞘2
古木屋	2	南鞘1、南塗1
商人	2	南塗1、松二1

他に、樒の花売、茶売、餅屋、鬢付屋、酢醤油、付木屋、葛籠屋、瀬戸物売、材木屋、古金屋、膏薬屋、味噌売、棒手振が各1

問屋と市場	人数	町ごと内訳（人）
水菓子屋	7	南伝二4、通三代3
肴売	3	南伝二2、南塗1
青物屋	2	南鞘1、松一1
蜜柑問屋	1	南伝二1
瓜問屋	1	南伝二1
八百屋	1	南塗1

「日用」層	人数	町ごと内訳（人）
鳶	14	南塗7、南鞘5、松一2
日用	7	通三代2、南鞘2、松一1、南塗1
駕籠舁	5	通三代4、南伝二1
人宿	4	松一3、南鞘1
籠屋	2	南伝二2
車力・車引	2	南伝二1、松一1

その他	人数	町ごと内訳（人）
髪結	10	南鞘4、南伝二3、通三代1、南塗1、松一1
湯屋	6	南鞘3、南伝二1、南塗1、松二1
医師	2	松一2

他に、馬宿、馬持、祈禱者、座頭、町代、辻番人、御役者が各1

注：南伝二＝南伝馬町二丁目、通三代＝通三丁目代地、南鞘＝南鞘町、南塗＝南塗師町、松一＝松川町一丁目、松二＝松川町二丁目

出典：吉田伸之『都市─江戸に生きる』岩波新書

地では各種の商売人や街道運輸業務に関わる者が多いのに対して、南鞘《さや》町や南塗師町には大工、木挽《こびき》、屋根屋、左官などの職人の集住がみられる。町によって職種にも個性があった。

百姓にとっての土地が農業を営む上で不可欠な農地だったのに対して、町人にとっての土地は、商工業活動を営む売り場・仕事場として、また、貸し家経営のための屋敷地として不可欠なものだった。

屋敷地が町人のものでもあったことは売買証文に端的に表されている。代表的な証文を1通挙げてみよう（双川 1980）。屋敷地の所在地、表間口・奥行、売買代金、およびこの地が売買禁止の領主の武家地ではないこと、トラブルが生じた場合は連名の名主（町の代表）・五人組（近隣五軒組の代表）が対処すること、などが記されている。

永代売り渡し申す家屋敷沽券証文の事

私が所持している室町三丁目東側南角より四軒目で新道南角の、間口京間五間半、裏行き二十間の家屋敷を、この度三千両で貴方に永代売り渡すことに相違ありません。名主・五人組立会いの下に代金を確かに受け取りました。親類はもちろん、どこからも異議を申す者はおりません。今後この家屋敷について問題が生じた場合は、加判の名主・五人組がどこへでも出向いて解決します。後日のため、かくのごとくです。

作成日時は1762年5月26日、買い主の「お縫い」に宛てて、売主半兵衛、五人組2名（善左衛門、佐兵衛）、名主助右衛門が連名でしたため、押印している。

町の所有

領主のものであり、町人のものであった屋敷地はまた、「町」のものでもあった。「町」とは、標準的には前出の図1（205ページ）の新乗物町のように、道路を挟んだ両側の家々十数軒～数十軒で構成される組織（町人共同体）である。江戸では江戸時代中期に1680町ほど、京都では1715年に1800余町、大坂では18世紀後半に620町を数えた。

この時代の町の性格を象徴的に示すものとして、番人（木戸番）の雇用があった。番人は町ごとに雇用され、町内の警備や防災・衛生管理などの業務を担った。図1の新乗物町でも、西側の町木戸の横に「番ヤ」が建てられていた。

江戸後期、京都上京の宝鏡院東町（寺之内小川東入ル）で定めた番人の業務規定から主な項目を抜粋する（秋山1980）。

- 木戸は初夜（午後8時ごろ）に閉める。潜り戸は9つ時（午前0時前後）に閉める。
- 暮6つ時（午後6時前後）、町内に火の用心を触れる。
- 毎日、（町内の道路の）掃き掃除をする。
- 酷暑の折は夕方（道路に）水打ちをする。
- 昼夜とも必ず番所に詰めていること。
- 町内へ強請《ゆす》り者が来た場合にはすぐに出向いて対応する。
- 捨て子や怪しい者については、すぐに年寄（町内会長）に届ける。

・毎年番人に股引代《ももひき》として、家持ち町人は25文、表借家は15文、裏借家５文を拠出する。
・家屋敷購入者は、番人に対して祝儀を遣わす。

ここには、「町」という単位が空間的にも強いまとまりの共同体であったことがよく表れている。村が村領の持ち主であったように、町は町内の家屋敷を自分たちのものとして、各町人の相続や売買、貸借に対してルールを決め、町内の秩序維持と振興を図っていた。家屋敷（家と屋敷地）の相続譲り状を京都の町から一点挙げる（「足袋屋《たびや》町文書」）。

譲り状の事
綾小路通り寺町西入る足袋屋町に私が所持している家屋敷一ヵ所は、私が死去した場合は妻きよと倅善次郎へ譲ります。親類縁者や他所から異論を申し妨害するものはおりません。後日のために記し置きます。
寛延元（１７４８）戊辰年八月十四日　譲り主　針屋庄左衛門印
足袋屋町　年寄権兵衛殿　町中参る

このように自分の持ち家・持ち地の妻子への相続も、生前に町年寄や町中宛てに譲り状を提出しておく必要があった。この手続きなしには相続は認められない。
湊町・宿場町として賑わいを見せた近江国大津（滋賀県大津市）でも、各町内はそれぞれに町内掟を定めていた。中心的町内である中京町《なかきょう》は、１８１０年、家屋敷売買に関して次のような取り決めを確認し合っている（樋爪 1995）。

- 町内の売り家については町中が寄り合い、相談の上で購入希望者の気質や行状を調べ、差し支えない場合のみ買い主と認める。
- ただし、浪人者や商売内容がわからない者はもちろん、以下の稼業の者には売らない。借家貸しの場合も同様である。
  絞り油屋、鍛冶屋、竹屋、材木屋、琴三味線指南、料理屋、浄瑠璃指南、風呂屋、馬持ち、藍染屋、雪踏屋など。
- 家を購入した者は以下の銀子を町内に納めること。
  家屋敷購入代銀1貫目について銀100目（十分一税）。曳山《ひきやま》入用銀100目。町中への祝儀43匁。顔見世料として酒2升。年寄への祝儀金100疋（金1分）、番人への祝儀銭500文、など。
  ※曳山入用銀＝大津100余町全体の大津祭の祭礼費用

厳しい職種規制や家屋敷購入者からの税銀の徴収など、個々の町人の所有を覆う町（町人共同体）の所有の姿が見てとれる。ちなみに、町内20軒からなる蔵橋町では、購入者が町内の住人と同名の場合は改名させることまで取り決めていた（「町内条目」）。同じ大津の内でも町によりルールに違いがあった。

町内の家や屋敷地は個々の町人（自分）のものであり、また町（自分たち）のものでもあった。

職人・宗教者・賤民の所有

町人の土地は、商工業を営む上で必要な売り場や仕事場、あるいは貸し家の敷地であったが、そうした「土地＝場所」の延長線上に、職人や宗教者、賤民身分のえた（かわた）・非人なども一定区画の土地を各集団の権益の「場」として所有していた。大工職人の「作事場」「得意場」、御師《おし》や山伏の「霞《かすみ》場」「勧進場」、死牛馬取得の権利を持つかわたの「旦那場」「草場」、非人の「持ち場」「勧進場」などである（渡辺ほか2002）。

たとえば、江戸の非人（乞食）は4ヵ所の非人頭に編成されており、それぞれの集団の持ち場（物乞いなどができる場）が決まっていた（喜田川守貞「守貞謾稿」）。

非人頭（本拠）	持ち場（勧進場）
車善七（浅草）	新橋以北、千住大橋以南
松右衛門（品川）	新橋以南、六郷川以北
善三郎（深川）	本所深川
久兵衛（代々木）	城西

江戸の草創期には日本橋・京橋・神田付近が主要市街地であり、車善七の集団が全域を勧進場として所有していた。しかし、明暦の大火（１６５７年）後の市街地拡大に対応して、品川、本所深川や山の手が新たに加わり、右のような持ち場割りとなった。

関西についてみると、大坂には四ヵ所長吏《ちょうり》と呼ばれる非人組織があり、領域内の非人の活動を統制するとともに、各町村に非人番（番非人）を派遣するなどの権限を行使していた。その支配領域は摂津国、河内国全域と播磨国の一部にまたがっていた。

一方、京都には悲田院と呼ばれる非人組織があった。こちらは、山城国全域、丹波国全域、近江国（彦根・水口・膳所藩領を除く）、美濃国のうち34ヵ村、摂津国152ヵ村、河内国70ヵ村などの非人を支配下に置いていた（摂津、河内は大坂長吏と共同支配）（『部落史用語辞典』1985年）。

かわた集団（かわた村）の所有した「旦那場」「草場」も土地区画ごとの権利だった。この区画は、村や町の境界線とは必ずしも重ならず、古くからの慣習に則り、川筋や山の尾根筋などの自然景観や、寺社や橋・塚などの目印を結んだ直線で区切った分割が多かった。広がりの範囲は、数ヵ村程度の区画から数十ヵ村を含む広域なものまでさまざまあった。それぞれの土地区画内で死去した牛馬は、その区画を「旦那場」として所有するかわた村のものとされた（水本2009）。

国や村、あるいは一定の土地区画を「場」として所有する形態は、町人の営業地・仕事場所有の延長でもあり、領主の領地所有にも類似する。

こうした持ち地、持ち主のあり方も、この時代、この社会の特色の一つである。

5　江戸時代の「土地はだれのものか？」

「持ち主の多元性」と「持ち方の重層性」

図2-1◆持ち主論

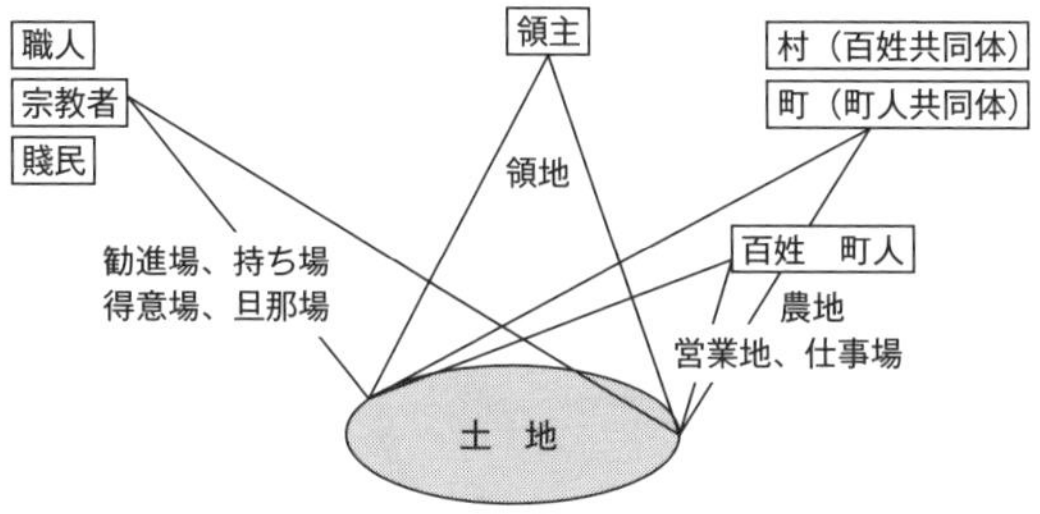

図2-2◆従来の所有論

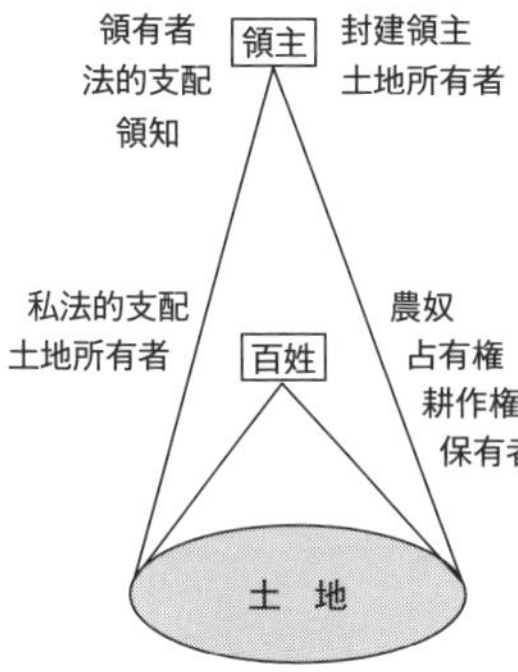

以上のように「所有」を「自分のもの」、「所有者」を「持ち主」と広く言い換えながら、江戸時代、土地はだれのものであったか、見てきた。こうした視点に立つと、従来の土地所有論（図２－２）とは、少し形を異にした土地所有の構図（図２－１）が浮かび上がってくる。

つまり、「持ち主の多元性」と「持ち方の重層性」を特色とした所有スタイルである。

持ち主の多元性とは

江戸時代の土地には、用途・目的に対応して持ち主がたくさんいた。百姓は農地として、領主は領地として、町人は営業地・仕事場として土地を自分のものとしていた。それに加えて、宗教者や賤民などが「勧進場」「持ち場」などと呼んで所有する形態もあった。

持ち方の重層性とは

土地の所有には、「自分の土地」という持ち方のほかに「自分たちの土地」という持ち方があった。百姓に対する村（百姓共同体）、町人に対する町（町人共同体）による所有である。自分の土地が、自分を含む集団「自分たち」の土地でもあるという重層的な持ち方は、この時代の土地所有の２つ目の特色である。

温故知新／新たな土地所有スタイルを模索する一助に

これらの特色を確認したうえで歴史の流れに目をやると、明治に始まる日本の近代は、前述の土地所有を否定し、私的土地所有権の原理を中核に新しい政治経済社会を作り出したといえる。その功績と発展には目覚ましいものがあった。

しかし、社会が停滞期、縮退期に入りつつある現在、近代を主導した所有権論、所有形態の再検討が焦眉の急となりつつある。こうした時、過去の歴史を振り返り、役立ちそうな仕組みや理念を探る作業はあながち無駄ではない。

本章で言うならば、現状を打開する新しい所有論を模索するに当たり、江戸時代の多元的な土地所有のスタイルは何らかの参考になるのではないだろうか。また、当時の百姓共同体（村）や町人共同体（町）のあり方は、現代の我々に対して、改めて「私たち」という捉え方の重要性を示唆しているように感じる。

近代に否定された古い社会ではあるが、我々の先祖が工夫して組み立てた一つの社会モデルとして改めて見直したとき、そこに蓄積された経験や知恵から得られるヒントは少なくない。

参考・参照文献
秋山國三『近世京都町組発達史』法政大学出版局、１９８０年

稲本洋之助・小柳春一郎・周藤利一『日本の土地法―歴史と現状』成文堂、２００４年
神谷智『近世における百姓の土地所有―中世から近代への展開』校倉書房、２０００年
後藤正人『土地所有と身分―近世の法と裁判』法律文化社、１９９５年
白川部達夫『近世質地請戻し慣行の研究』塙書房、２０１２年
中田薫「徳川時代に於ける村の人格」『国家学会雑誌』34－8、１９３８年
樋爪修「近世後期大津の町定」『大津市歴史博物館　研究紀要3』１９９５年
藤井譲治『戦国乱世から太平の世へ』岩波新書、２０１５年
双川喜文『近世の土地私有制』新地書房、１９８０年
小林茂ほか『部落史用語辞典』柏書房、１９８５年
仲村研編『今堀日吉神社文書集成』雄山閣出版、１９８１年
水本邦彦『草山の語る近世』山川出版社、２００３年
水本邦彦『徳川の国家デザイン』小学館、２００９年
水本邦彦『村―百姓たちの近世』岩波新書、２０１５年
吉田伸之『21世紀の江戸』山川出版社、２００４年
吉田伸之『都市―江戸に生きる』岩波新書、２０１５年
渡辺尚志『近世の豪農と村落共同体』東京大学出版会、１９９４年
渡辺尚志『浅間山大噴火』吉川弘文館、２００３年
渡辺尚志・五味文彦編『土地所有史』山川出版社、２００２年

第9章

ドイツはどうやって秩序ある都市をつくったのか

その都市計画と建築・開発活動

ドイツを訪れた人は、建物の高さや壁、屋根の色彩、形状等、それぞれの都市や街ごとに統一がとれていることに驚く。中心市街地から電車や車で郊外に向かうと緑豊かな田園景観が広がり、市街地と非市街地との境界もくっきりしている。

これに対し、日本の都市は建物の高さ、デザイン、色彩がバラバラで、都市と田園の境界も不明なまま、切れ目なくスプロール状に市街地が広がっている。日本は縮減社会を迎えており、今後、大都市や地方都市、郊外部をどう誘導すべきかが大きな課題となっている。

それを考える一助としてドイツの都市計画を見てみよう。

1　ドイツは本当に「建築不自由が原則」か？

ドイツと日本の都市景観の違いを見ると、日本に比べてドイツの都市計画は厳格な土地・建築利用が働いていると思う人が多い。「ドイツの都市計画は、建築不自由が基本原則」と、いささか誇張気味に言われることもある。

ドイツの地区計画制度Bプランを参考に、1980年に日本で地区レベルのきめ細かな土地・建物利用規制を図る地区計画制度が導入されたとき、「日本にも国際標準である建築不自由の原則を確立すべき」と主張する識者が数多くいた。

ところがドイツの計画法の研究者や都市計画の専門家、実務家に聞くと、「否、ドイツにも建築自由の原則が存在する」、「計画なきところ開発なし、という原則が存在するわけではない」といった答えが返ってくる。

どうやら日本人が考える建築自由、開発自由の観念と、ドイツ人のそれとは微妙に異なるようだ。以下、ドイツ的な意味での「建築自由の原則」の成立の過程や現状についてみていくことにしたい。

本論に入る前に、「建築不自由の原則」「計画なきところ開発なし」について両国の理解の違いを整理しておこう。

ドイツと日本の違い

1．日本でも「どこでも何でも建てられる」わけではない。用途地域が設定されている地域には、用途規制、建ペイ率、容積率等の規制がある。その意味では「制限付き建築自由」である。

ただし、ドイツに比べると建築に対する制約条件が緩い。建築できる用途を列挙している用途地域は限られており（一種・二種低層住居専用地域、第一種中高層階住居専用地域、田園住居地域、工業専用地域）、その他の用途地域では禁止用途が限定的に示されているだけで、許容用途の幅が広い。たとえば、工業地域は「主として工業の利益を増進するため定める地域」だが、住宅用途の建設も認められている。

また、都市計画区域外のいわゆる「白地地域」では建築用途、建ペイ率、容積率の規制が極めて緩やかで制約が少ない。80年代後半、リゾート地で高層リゾートマンションが乱立したのも、こうした日本的建築自由の現れと言えよう。日本の場合、「都市的建築活動が想定されていない地域の建築自由度が高い」という特徴がある。

2．ドイツでは、「建築自由」が満たされるための社会的拘束や計画条件が日本と比べて格段に厳しい。どの場所で建築活動を行なうにしても、基盤整備条件が整っていることが前提条件である。さらに、次の3つの地域類型毎に建築自由を満たす条件が明確に規定されている。

(a) Bプランが策定されている区域

(b) Bプランが策定されていない連担市街地（既成市街地）

(c)その他地域（いわゆる外部地域）

(a)のBプラン策定地域内では、地区レベルの詳細な用途、建物の利用の程度、建築可能な敷地内の位置などが指定されており、この条件を満たさなければ建築行為はできない。Bプラン地区内では用途地区が指定されるが、日本と違い、すべての用途地区で、許容される建築用途が限定列挙されている。たとえば、産業地域は「極端な環境負荷を与えないような産業事業所の立地に供する地域」という地域規定を設けた後、「産業施設、流通施設、事務所、ガソリンスタンド、スポーツ施設の立地が許容される」と建てられる施設を具体的に限定列挙しており、一般の住宅の建築は認められない。

(b)の連担建築地域では基本的に建築の自由が認められるが、「周辺の地域環境に適合する限りにおいて」という制約条件が課せられている。つまり、敷地周辺の環境がどのような用途か、建物の高さ、建築の形式、形態などを一つの判断条件として、これらと適合する建築物に限って認められる。

(c)の外部地域の多くは都市の外側に広がる農地、草原、森林などの自然土地利用が主体の地域であり、原則として建築がもっとも厳しく制限されている。ただし、一定の条件を満たせば建築が認められる。

以上のように、ドイツでも「建築自由」が存在するが、それを満たすための計画的条件は厳しい。こうした土地利用制度は歴史を重ねて徐々に充実し、体系化されて現在に至っている。

3. ドイツの都市計画に対して「計画なきところに開発なし」と言われるが、すべての建築、開発活動がBプランを前提として成り立っているわけではない。Bプランは、既存の土地利用秩序に大きな改変や変更を伴う建築活動、開発行為を計画的に誘導するために策定される。たとえば、農地、森林、草原などが広がる外部地域で新規に住宅地開発を行なう場合や、既成市街地内の工場跡地を複合的市街地に再開発する場合はBプランが策定される。

一方、既成市街地で既存の土地利用秩序に大きな変更を加えない場合は、Bプランは必要とされない。この点では「計画なきところ開発なし」の原則は当てはまらない。

それには歴史的背景がある。

ドイツではいったん市街地ができあがると大きくは変わらない。Bプランが策定されていない既成市街地であっても、街路線や建築線が指定され、それに合わせて作られた市街地や、道路幅員と一定の関係を持った高さの建築物で構成される街並みなど、秩序ある市街地が数多く存在する。こうした市街地では、自生的にできあがってきた土地利用秩序が個別の建築・開発行為に対する判断基準となる。

言い換えれば、個々の都市に潜在的計画秩序があり、それに基づいて計画的判断がなされ、個別の許可が行なわれているといえよう。

2　〈歴史〉ドイツの土地利用規制や建築規制はどのように展開してきたか

プロイセン一般ラント法

ドイツにおける土地の建築的利用に関する重要な法制は、1794年のプロイセン一般ラント法（preußisches allgemeines Landesrecht）である。

同法第65条では「原則として、すべての土地所有者は自分の土地に建物を設置したり、建物の改築をすることについて、完全な権限を与えられている」と規定している。

しかし、必ずしも無制限の建築自由を認めていたわけではない。同法第66条で「共同的事項に対する被害や危害、あるいは都市や公共広場の美観を損なうような場合には、建築あるいは改築は認められない」としている。さらに「都市において建築を行なおうとするものは、行政当局（建築警察の意）に事前に、その判定のために届けなければならない」として、建築警察に建築許可を申請することを義務づけている。

中世ドイツ都市の建築規制

歴史を遡れば、中世ドイツの諸都市でも建築に対する規制制度が都市法に設けられていた。建築法・計画法の淵源は中世まで辿れるものもある。

建築法、計画法は次の4分野に分かれて発展したと整理されている。

• 建築（秩序）法（Bauordnungsrecht）
• 私的・公的相隣関係法（das private und öffentliche Nachbarrecht）
• 都市・地域の計画法（das örtliche Planungsrecht）
• 広域的、上位の計画法（das überörtliche Planungsrecht）

それぞれの内容は次の通り。

建築（秩序）法

ドイツ中世都市の建築規制は、建築行為や建築物に関わる危険の回避が主目的だった。都市内の限られた空間に集住していたため、火災危険度が極めて高い。このため、カマドの位置、建築材料、屋根材などを規定した。建築物の倒壊や建築作業中の事故を防ぐための建築工事の規定や、都市防衛を目的に都市壁周辺での建築行為を禁止する規定もあった。

これらの建築規制と並んで注目されるのが「建築義務」の規定である。都市壁内の土地は希少であり、空閑地のまま放置することは大きな問題だったのだろう。

以上のように、中世のドイツの都市では「土地所有の自由」を制限するさまざまな規定が設けられていた。今日のドイツの都市と農村部が形体的にも視覚的にも異なるのは、中世の都市建築規制の考え方が慣習として残っているからかもしれない。

私的・公的相隣関係法

近隣間の紛争を処理するためのルールには長い歴史がある。前述のプロイセン一般ラント法では、建物を建てる際、隣地との境界線からの位置や高さ、窓の向きなどについての規定を設けている。

今日では、土地所有者間の私的相隣関係について民法典や各州の相隣関係法に規定されている。特に重要なのは各州の相隣関係法（Rabe ua.,1997, S.330-）である。たとえば、隣の壁、隣地境界の壁、盛土、生垣、敷地境界からの樹木・果樹の距離、ハンマー打ち、導管敷設の権利などについての規定が設けられている。

公法的相隣関係規定も発達してきている。これらは各州の建築（秩序）法や計画法に反映されている。建築（秩序）法は一般の公益を守るための危険回避、居住性の確保などの公益規定を数多く設けているが、一方で私人間の利害の調整的役割を果たす機能も併せ持っている。建設法典や建築利用令にも相隣環境保護の機能を併せ持つ規定がある。

都市・地域の計画法

都市計画法制が独自の法分野として発展したのは、産業革命が進み、都市部へ人口が集中した19世紀以降である。

増大する産業用地需要や住宅需要に対応するために、いかに計画的に都市拡張を進めていくかという課題に直面する中で、近代都市計画制度のマイルストーンとなったのが、１８７５年のプロイセンの建築線法（das preußische Fluchtliniengesetz）である。同法によって、将来の市街地の拡張計画（主として道路網計画）の計画権限は、基礎自治体である市町村に属することになり、これ以降、市町村がそれぞれの行政区域内の土地利用、建築活動のあり方に責任と権限を持つようになった。

広域的、上位の計画法

第２次世界大戦後、ドイツ全体に対する統一的な都市計画法制が制定された。

１９６０年に連邦統一の都市計画の基本法として「連邦建設法」、１９７１年に都市再開発とニュータウン開発のための特別法として「都市建設促進法」が制定され、１９８７年に両法が合体整理されて「建設法典」となった。

都市レベルの計画法に比べ、国土整備や州計画の計画法は比較的歴史が浅い。広域的計画が求められたのは、市町村の枠を超えて都市化、工業化の波が押し寄せたルール地域と、大都市問題がもっとも強く現れたベルリンだった。これらの地域では、無秩序な住宅地開発を抑え、緑地を保全・整備し、広域的な交通システムを整備する必要があったからだ。

ドイツではナチス期の中央集権的な国土計画、広域計画への反発もあってか、戦後、広域的な計画制度の整備は遅れた。ようやく1965年に国土整備法が制定され、各州の州計画法も次々と制定された。広域計画は、広域化する産業活動や人々の動きに対応するものだが、一方で、市町村の計画権限に一定の制約を課すものともいえよう。

なお、(連邦)国土整備法は、東西ドイツ統合後の変化や最近の地球環境問題を反映して1997年に大きく改訂された。

土地所有者の自由は「計画的な規定の枠組みの中においてのみ」

以上、ドイツの建築法・計画法の流れをざっくりと見てきたが、今日では、土地所有者に無制約な権利を認めるという考えはない。憲法(基本法)14条から建築の自由(土地利用の自由)の観念が導かれるとしても、これは私的権益だけが認められるものでなく、公益との調整の下で実現される自由である。また、市町村や国の行政機関が土地の(建築的)利用に対して大きな影響を与えることも(影響の程度は議論の余地があるとしても)広く認められている。

つまり、ドイツでの土地所有者の自由は「計画的な規定の枠組みの中においてのみ」存在する。

ただし、土地所有者の自由の幅や土地所有権の絶対性の程度は、それぞれの時代の社会経済的発展状況や価値観に大きく影響されてきた。

たとえば、19世紀初頭は、フランス革命による自由の観念や、ローマ法の個人所有権を尊重する影響を受けて経済自由主義の価値観が強まった。シュタイン、ハルデンベルクの改革はこの考えに沿ったもので、一連の改革によって農民は封建的拘束から解き放たれると同時に、土地の分割や宅地の開発が土地所有者の自由に委ねられるようになった。しかし、その後の産業化の進展、人口の増加と都市への集中は「土地所有権の絶対性や建築自由」の考えと「計画的規制」の相克を生み出し、その解決には長い時間を要した。

3 「計画なければ開発なしの原則」を担保する土地利用規制

基本的な土地利用計画制度

ドイツでは、地区計画、都市計画、広域上位の計画、部門計画などを含む包括的な概念として「国土空間計画Raumplanung」という言葉が使われることが多い。さらにこれを「国土整備Raumordnung」と「部門別計画raumrelevante Fachplanung」の2つの計画分野に区分している。

国土整備

国土整備Raumordnungを直訳すれば「国土空間の秩序化」である。背景には「国土全体から地域、都市、地区、個別の建築まで、一定の秩序が整って整然としているべき」というドイツ人の価値観がある。

国土整備に関わる計画は、次の４段階に区分される。

第１段階が連邦国土整備Bundesraumordnung、第２段階が州計画Landesplanung（各州によって呼び方は異なる）、第３段階が広域地方計画Regionalplan（州によって呼び方は異なる）、第４段階が、市町村を対象とした市街地計画Ortsplanung、あるいは（都市）建設管理計画Bauleitplanungである。

さらに市町村の都市計画は、準備的都市建設管理計画としての土地利用計画「Ｆプラン」と拘束的都市建設管理計画としての「Ｂプラン」の２層からなっている。

部門別計画

部門別計画は、広域的な影響を持つ道路、鉄道、水路、エネルギー系ネットワークなどのネットワーク的施設の計画、空港、発電所、廃棄物処理場などの広域的な影響を持つ施設の計画、自然保護区域などの広域的な土地利用に関わる計画などがあり、それぞれの個別法に基づいて計画策定がなされている。

以上の中で、市民の日常生活にもっとも大きな関わりを持ち、各種の開発、建築活動を規制・誘導して適正な土地利用秩序を保つ上で大きな役割を果たすのが、市町村レベルの都市計画（Ｆプラン、Ｂプラン）である。

以下、簡単にＦプラン、Ｂプランについて整理しておく。

〈Fプラン〉市町村が策定する都市計画の第一段階

ドイツの都市計画の特色は、市町村が大きな計画権限を持っている点である。市町村は適正な都市的発展を誘導するために計画を策定する権限を持っており、その計画内容に対して大きな権限と責務を負っている。

Fプランは、市町村が策定する都市計画の第一段階に当たる。市町村の全域を対象とした総合的土地利用計画で、土地利用の基本的あり方を示し、将来に向けた開発や建築活動の基本となるものだ。目標年次はおよそ10〜15年の中期計画である。

後に述べるBプランに対して、Fプランは準備的な都市計画という性格を持つ。すなわち、州計画や広域地方計画などの上位計画を受け継ぎ、その計画内容を市町村の立場から翻案、付加、具体化し、次の段階のBプランに対する枠組みを与えるものだ。

直接一般の人を拘束したり、制限する計画ではないが、行政内部の各機関や他の公的機関に対する計画条件、プログラムの枠組みを示すものであり、公的機関に対する拘束条件を持つ。また、Bプランに対しても拘束的効果を持つものと言える。

Bunzel/Meyer（1996年）によれば、旧西独の約8500の市町村の大半がFプランを策定しており、旧東独市町村の多くはFプランの策定途上にある。

Fプランの形式は市町村の裁量に任されており、基本的には図面と策定根拠の説明文から構成されている。建設法典第5条に計画内容のメニューが示されているが、各自治体が工夫して新たな要素を付け加えることもある。

たとえば、ミュンヘン市のFプランでは、住居地域を菜園住宅地区、専用住宅地区、一般住宅地区、特別住宅地区と、比較的細かく区分している。さらに特別の整備目標や利用制限も重ねて表示している。特に風致景観の保全、エコロジカルな都市計画の関連施策について表示されている点に特色がある。また、他の法令による利用制限、特別な地域指定も合わせて示されている。

ミュンヘン市のFプランの規制密度が細かいのは、比較的早い段階から建築・開発活動を誘導することと、Fプランを基に（Bプランがない）連担市街地の建築許可申請を的確に誘導するため、とのことである。

プランの策定プロセス

策定プロセスはFプランもBプランもほぼ同様である。

自治体の代表である議会がFプランの策定手続きに入ることを決定した後、正規な策定手続きに入るが、それ以前に非公式なプランがつくられ、早い段階で住民が計画案に意見を表明する機会が与えられる。並行して公的利害関係機関および周辺市町村にも、草案の段階で意見表明や異議申し立てなどの機会が与えられる。

自治体はこれらの意見を踏まえて、公的、私的利害を比較考量し、最終計画案を確定する。この最終計画案を公衆に縦覧して集まった意見や異議を検討し、各種利害について最終的に比較考量する。検討の結果は、検討の方法や判断理由を含めて市民や公的機関等へ通知される。不採択の意見や異議についても、上級庁に計画案の許可を得る際、不採択とした理由について資料を添えて提出する。

縦覧手続き後、Fプランの決議が行なわれ（Bプランは条例としての決議）、自治体レベルで決定されると上級官庁に許可を求める手続きに入る。Fプランの許可を受けた公告（Bプランの場合は条例決議の公告）をもってプランは効力を発効する。

以上が計画案策定手続きだが、市民や関連公的機関が参加し、意見表明ができる規定が明確に位置づけられていること、各種利害が比較考量され、Ｆプランと他の部門計画等との調整が透明性を持った形で担保されていることが大きな特色といえよう。

〈Ｂプラン〉住民にとって、もっとも身近で影響力のある都市計画

Ｂプランは、Ｆプランで示された土地利用の大綱を受けて策定される。狭い区域の詳細な土地建物利用のあり方を計画内容とし、拘束性のある規定を土地所有者、開発者等に示すもので、計画図と理由書によって構成されている。

計画図の縮尺は１：５００や１：１０００が多く、計画区域内の個々の敷地単位の土地建物利用のあり方が示されているため、土地利用者は自分の土地をどう使えるかが一目でわかる。

Ｂプランの制度は、１９６０年の連邦建設法によって連邦統一の規定として導入された。Ｂプランが導入される前も、道路空間と建物の関係を含めた建築線の指定、建築用途、建築物の高さ、空地の確保の規定などが計画として策定されており、秩序ある市街地が形成されていた。したがって、市町村は市街地全域をＢプランで覆い尽くす必要はない。実際にＢプランが策定されたのは新たに市街地として開発するところや、多くの問題点を抱えている地区や土地利用の転換が予定される既成市街地の一部である。

Ｂプランの主な計画内容は次のとおり。

・建築的利用の種類とその程度
・建築形式、敷地内で建築可能な範囲、建築的施設の配置
・公共施設、インフラ施設
・緑地、オープンスペース、公害防止や環境保全のための用地
・特別の利用目的の土地
・交通用地

用途地区毎に許容される建築用途を明示

建築的利用の種類などは建築利用令が連邦統一の規定を設けおり、地域カテゴリーとして10種の建築用途地区を指定している。大きな特色は、用途地区に認められる建築用途が限定列挙されていることだ。その上で、例外的に許容される用途は「ある条件を満たす限り」認められる。

たとえば、一般住居地区は次のように構成されている。

第1項で「一般住居地区は主として住居の用に供するためにある」と目的を示し、第2項で「許容されるのは、1．住宅棟、2．地区の住民にサービスするための小売店舗、飲食店および非公害型の手工業所、教会、文化、社会、保健、スポーツなどの目的を持った施設」と具体的な建物用途を限定列挙し、第3項で「例外的に許容されるものとして、1．宿泊営業のための施設、2．その他の非公害型事業所、3．管理施設、4．造園業、5．ガソリンスタンド」と具体的に挙げ、状況に応じて検討・判断するとしている。

用途地区には日本の建ペイ率、容積率に当たる指標が規定されているが、日本に比べてその値は低く、中心地区でも容積率ＧＦＺの最高限度は３・０である。フランクフルト市のように中心地区のＢプランで10・

0を超える容積率指定をしている場合もあるが、例外的である。

「適格Bプラン」と「簡易Bプラン」

Bプランが最低限備えるべき要素は次のとおり（建設法典30条による）。

- 建築的利用の種類とその程度についての規定（建築用途地区の指定とそれぞれの敷地毎での建ペイ率、容積率などによって表される土地の利用強度）、
- 敷地内で建築可能な範囲についての規定（建築線、建築限界線などによる）
- その地区での交通用地についての規定（地区道路、駐車場についての規定）

以上の要素を備えたBプランを「適格Bプラン（qualifizierter Bebauungsplan）」と呼んでいる。建設法典は、すべてのBプランにこの3要素を含むことは規定していない。既成市街地などで一定の基盤が備わっているところでは、3つの規定要素を盛り込まない「簡易Bプラン（einfacher Bebauungsplan）」が策定される。連担市街地や外部地域で簡易Bプランが策定され、建築・開発行為の許容制の判断根拠の一つとなっている。

この他にプロジェクト関連型Bプラン（vorhabenbezogene B-pläne）」がある。これは民間開発者のイニシアティブを活用し、一定期間内に計画通りに基盤整備と上物整備を含めたプロジェクトを実施する際の根拠となるBプランである。

以上、多様なタイプのBプランは次のように整理できる。

一つの区分の軸は「新市街地の形成に向けて策定されるのか、既成市街地で策定されるのか」である。前

者は、Bプランがそれ以降の建築・開発行為について唯一の判断根拠になるため、「適格Bプラン」が策定される。

後者の既成市街地では一定の基盤ができているため、限定した規制要素を設定することが通例であり、「簡易型Bプラン」が適用されることが多い。ただ、既成市街地でも、工場跡地のような大規模な敷地を土地利用転換する場合は、全面的な見直しが必要なため、簡易Bプランでは対応できない。

Bプランを策定地区の用途等に応じて区分すると次のような類型がある。

- 内部市街地計画型
- 土地利用類型に応じた地区別計画タイプ（住居、産業、工業）
- 特定地区計画型（大規模商業センター、行政施設地区、病院地区、大学、港湾等）
- 都市再開発地区計画型
- 新規市街地開発計画型
- 村落計画型
- プロジェクト型Bプラン

なお、この他にも緑地整備やエコ用地整備のためといった、特定目的に限定したBプランも想定されている。

Bプランの策定手続き

Bプランの策定手続きはFプランと同様、市民や公的関連機関が2段階で策定に参加する。Fプランは市民にとって直接の利害関係が薄いが、Bプランは市民にとって直接的な利害関係を持つため、関心が高い。行政側もわかりやすい図面や模型を用意して地区の将来像を示し、説明会などのさまざまな形で市民との対話する機会を設けている。また、事前に非公式な計画を策定し、関係権利者の利害を調整しながら合意形成を図るケースも多い。

Bプランは、Fプランを基に策定されるが、Fプランの策定には多大な時間と労力を要するため、全面的な改定は容易ではない。そのため、Fプランは社会経済状況の変化に対応できないものになりがちである。こうした場合、市町村の都市計画実務では、Bプランの策定とFプランの変更を並行して行なうことが多いという。

たとえば、ベルリンのポツダム広場では、独自のBプランが策定された。1984年には西ベルリンにFプランが策定されていた。東西ドイツの統一後、通常ならば、Fプランを全面的に改訂した後、Bプランを策定する。しかし、統一ドイツの新たな首都にベルリンが位置付けられ、その中心的役割を担うポツダム広場の整備が優先課題となったため、将来策定されるFプランの計画内容と適合させることを条件に、事前にBプランを策定したのである。

具体的にはポツダム広場の都市計画コンペを実施し、中欧の雰囲気を残すように高さを抑えた街区形式の街並みの案が採択された。この案をベースに2段階でBプランが策定された。第1段階では各街区にどのような用途、機能を貼りつけるのか、道路インフラの整備をどのように行なうかなどについての調整計画を策定。これを受けて各街区単位のプロジェクトBプランが策定された。策定プロセスは、通常のBプランと同様、住民や公的機関が早期から参加する手続きをとっている。

4　無秩序な建築や市街化をコントロールする開発・建築許可制度

個別の建築・開発行為は、建設法典で規定する計画法のチェックを受け、条件を満たせば各州の建築法の許可が検討される。計画法のチェックは市町村の計画部局が行ない、建築法の建築許可の検討は市町村の建築許可部局が行なう。

「建築の自由、土地利用の自由」との関わりでは、計画法からの開発・許可制度が重要である。建設法典29条では、計画規制の対象を建築行為だけでなく、利用形態の変更や土地の表面、地下に手を入れる行為まで含めている。

具体的な内容は各州の建築法に規定されているが、1993年頃から各州で一定の規制緩和措置が行なわれた。

たとえば、一定の規模、高さ、階数の住宅は、適格Bプランの地域内で規定に即して建てられることが確実で、建築主か建築家が住宅の構造的安全性等を保証する場合、住宅計画案の届け出あるいは告知で済むようになった。

ただし、計画法における建築・開発行為の許容性については、建設法典29条の規定により検討され、州の建築法の規定とは独立に判断される。建築法典29条の規定する建築物の概念は相当に広く、一定期間留まって生活が営まれているキャンピングカーやテント、広告物や垣根なども建築物の概念に該当する。

地域別の計画法的判定

建築・開発行為についての計画法的許容性の判定に当たって、建設法典では3つの地域類型に大別して示している。

1 Bプラン策定地域内

次に挙げる3つの要素を備えたBプランが策定されている地域で、計画規定を満たし、地区基盤整備が確保されている場合は、計画法的観点での建築許可が交付される。3つの要素とは「建築的利用の種類とその程度」、「敷地内での建築可能な範囲」、「地区内の交通施設」である。

建設法典31条には特例（例外と免除）の規定が設けられている。

「特例」については、事前に特例の用途や範囲をBプランに明確に規定しておき、それに対応する建築・開発行為が申請されたときは許可する、というものだ。たとえば、住居地区内でのガソリンスタンドの許可などがこれに当たる。

「免除」については、想定していなかったことに対処するもので、個別に判断される。Bプランの規制事項からの免除を認める条件は次の4つである。

- 公共の福祉を根拠とするもの
- 規定からの逸脱が都市計画的に是認できるもの

- Bプランの実施が明白に意図せざる困難を引き起こすと想定されるとき
- 計画規定からの乖離が、近隣の利益を考慮した上で公益と合致するとき

なお、いかなる場合も相隣的利益、公益に合致しなければならない。また、これは計画法的規定からの免除であって、州法の建築法的規定からの免除を意味するものではない。特例や免除の決定は、市町村が了解した上で建築監督庁の裁量的決定として行なわれる。

2 連担市街地

Bプランが策定されていない連担市街地での建築・開発行為の許容性については、建設法典34条で規定している。申請案が計画法的に許可される条件は、利用の種類や建築的利用の程度において、また、建築形式や敷地面積の観点から見て、周辺環境に適合しており、なおかつ地区の基盤施設条件が確保されていることである。

判断において重要な概念は「周辺環境への適合」である。この判断は次のようなステップで行なわれる。まず、周辺環境を観察し、既存の建物を条件付けている枠組みを見出す。この枠組みは、いわば、その地域の秩序であり、Bプランに代替するものである。申請案がこの枠組みに収まるのなら、通常、申請案は許可される。ただし、周辺環境への配慮に欠ける場合（周辺への騒音、環境負荷の恐れ等）は許可されない。

こうした判断は、許可官庁の担当者の経験や知識による部分が大きく、ある種の裁量は避けられない。そこで34条2項の規定で申請案を判断する際の条件を示している。つまり、周辺地域の環境について建築用途地区のどれに当てはまるかを判断し、その建築用途で適用される規定を適用して判断する、というものであ

る。

なお、連担市街地の境界を正確に識別することは容易でないため、市町村は条例で連たん、次の3つの事項を決めることができる。

- 連担市街地の境界
- 外部地域の既建築地域で、その地区がFプランで建築（用途）地域として表示されている場合、この地区を連担市街地として指定すること
- 外部地域の用地を連担市街地に組み込むことで、一体的な地域として特色づけられる場合、この用地を連担市街地に組み込むこと

3 外部地域

外部地域はBプランも策定されておらず、連担市街地にも属さない地域である。都市周辺の農林業的な風景や森林、草原などが想起されるが、それ以外にも「内部地域における外部地域」がある。たとえば、前述のポツダム広場のように、既成市街地に残る大規模な未利用地の土地利用転換を図り、開発するにはBプランの策定と新たな基盤整備が必要になる。

外部地域では無秩序な市街化を防止する観点から、次の3つに区分して建築・開発行為を細かく規定している。

類型1／優先的建築・開発行為

・農林業関連の建築・開発行為及び造園関連施設
・通信、電力、ガス、暖房、上水、下水などの供給処理施設、およびその土地に密接に結びついた産業施設
・周辺環境との関連で特別な条件を必要としたり、影響を与える建築・開発行為
・原子力関連の建築・開発行為
・風力、水力エネルギーの研究開発、利用のための建築・開発行為

類型２／準優先的行為

基本的に既存建築物に関わる建築・開発行為で、一定の条件を満たせば建築・開発行為が許容される。

・建物の外観について基本的変更を伴わない上での、従前、農林業用途に使われていた建物の利用変更
・修復・改善が不可能な住宅棟について、同じ場所に新たに建設する行為で、地権者の自己利用のための若干の増築を含む
・異常な事態（火災等）で破壊された建物について、若干の増築を含む再建行為
・保全価値があり、文化景観を特色づける建物の改築、利用変更
・許容条件を満たす形で建てられた住宅棟の増築
・許容条件を満たす形で建てられた営業施設について、適切な範囲内での増築

類型3／その他の行為

類型1、2に属さず、原則的には建築禁止だが、公共的利益を侵害しない場合に限って個別に許容されるもの。次の8点を重要な公益として挙げている。

•Fプランの計画表示で示されているもの
•風致景観計画、あるいは水保全、廃棄物関係、公害防止の計画で表示されているもの
•環境への重大な影響
•道路、その他の交通施設、供給処理施設、安全、保健施設等の非効率な利用による追加的費用の発生
•自然保全、風致景観保全、土壌保全、記念物保全についての公益や、風致景観の自然的特質やその保養価値を損なうこと、あるいは地区の景観や風景を損なうこと
•農業構造改善および水管理の利益
•スプロールの発生、定着、拡大の恐れ
•国土整備の目標

以上の中でも、外部地域での建築拒否の根拠となるのが、スプロール抑制に関わる公益であるといわれている。

実際の建築・開発行為がどの地域で起こっているか、シュミット・アイヒシュテット氏らが行なった調査がある。1979年から82年の旧西ドイツ全域（バイエルン州を除く）の建築申請によれば、次のように

なっている。

- Bプラン策定地区内の許可が約60％
- 連担市街地内の許可が約30％
- 外部地域の許可が約6％
- Bプラン策定期間中の、策定予定地区内の建築許可が約4％

大枠としてはBプラン地区内で建築誘導が行なわれているものの、連担市街地の個別審査に近い計画許可が3割近いことが注目される。これは既成市街地でのBプランに代替する判断が重要なことを示している。

5　日本の土地制度への示唆

本章ではドイツの都市計画を紹介したが、日本が直面している問題を解決するには、高度成長期とは異なる枠組みの下で新たな計画規制の原則を確立しなければならない。今後、状況の変化に応じて、土地利用転換や市街地更新を行なうべき場面が増えてくるだろう。これをチャンスとして活かすには、どのように転換していくべきか、計画を立案し、建築活動を誘導する原則を確立することが重要である。

現実に即した地区計画制度の拡充、強化が課題

ドイツのような地区単位のきめ細かい計画の策定を進めることも、一つの手法として有効であろう。日本でもすでに地区計画制度が導入されているが、現行制度の拡充、強化が課題である。現行の用途地域制の建ペイ率や容積率の規制、各種斜線制限などは、各地区の現状と適合しないまま画一的に適用されており、必ずしも有効に働いているとはいえないからだ。

密集市街地などで地区単位の一体的な土地利用計画を一気に策定するのは容易ではないが、緩やかな形であれ、統一した市街地整備の方針を策定し、個々の建築活動を誘導していくという計画原則を確立すべきだろう。さらに、個別の土地利用転換や建築活動について、目指すべき将来像の阻害要素とならないかをチェックし、規制、誘導する体制を構築することが必要である。

一般市街地においても、合法だが、住民が違和感を感じる開発や建築計画が持ち上がり、紛争になることがある。紛争を防ぐためにも、目指すべき市街地像を描き、実現するための計画を策定することが望ましい。ドイツの建設法典に倣って、現況の土地利用秩序を目安に個別開発を審査、誘導する仕組みを検討してはどうか。もちろん、この場合、現況の土地利用秩序を維持するために守るべき要素や水準について、地区住民間に一定の合意が成立していることが前提になる。

成熟社会にふさわしい質的量的なコントロールを

今後、日本では長期的に見ると開発圧力や建築活動の減少が見込まれているが、短期的には異なる動きも

ある。景気浮揚対策を含め、建設需要や開発需要を喚起する規制緩和策が打ち出されているし、生活空間の拡大や充実を望む需要も実際にあるからだ。

しかし、一方で、規制緩和に乗って質的に問題のある開発物件が続発する可能性もある。たとえば、流通系産業などでは短期的に利益を回収できるように廉価な施設を建設し、収益が落ちれば直ちに撤退するケースも散見される。経済的には合理的な行動だが、撤退された地域には荒廃した空間が残り、土地利用秩序は混乱して地域の衰退を招く恐れもある。

人体にたとえれば、熟年世代に成長期のような食欲を想定し、食欲を刺激する方策をとり続ければ健康を害してしまうのと同じである。日本の土地利用も成熟時代にふさわしい質的量的なコントロールのあり方が求められるだろう。

たとえば、大都市を中心に、同心円的に開発規制を引き下げていく従来の方式を再検討する必要があるのではないか。環境保全の観点からすれば、今後は都市計画区域の外側の白地地域ほど、慎重で厳しい土地利用計画が必要となるはずだ。

今まで日本は、計画のないところは基本的に開発自由で、計画規制の網の目も粗かった。「計画のないところでは、原則として開発は禁止される」というドイツ流を一挙に日本に持ち込むことは難しいだろうが、美しい国土の保全、都市と農村・田園環境とのバランスのとれた土地利用秩序を構築し、維持するために、従来の計画規制観を大幅に組み替えていく時代が到来しているのではないか。

最後に、次の4点を検討課題として提起したい。

4つの検討課題〜日本が今、取り組むべきこと

1．地価が下落、安定傾向にある現在こそ、計画を前提とした形で統一的継続的に公共的ストックを蓄積し、基盤施設整備を進めるべきである。景気対策として公共事業に大量な財政資金が投下されているが、真の意味で国土環境ストックの向上に寄与しているのか、厳しく問われる時代になっている。費用対効果も含め、十分な検討を踏まえた計画策定を行ない、計画に則って事業を進めていかなければならない。

2．計画の実現には一定の基盤整備が必要不可欠である。ドイツでも開発・建築行為の許可には、各種の計画的な検討と併せて基盤整備の確保が常に求められる。その際、基盤整備の内容や水準をどのように設定するかが大きな問題だ。基本的には地域の特性に応じて設定することが大切であろう。都市と地方はもとより、気候風土によっても求められる内容や水準は異なる。基盤整備の水準を設定する際は、地域住民の参加と合意を得ながら、市町村が主体的な役割を担うべきである。

3．全国各地で、きめ細かな土地利用規制と誘導の仕組みが不可欠である。市町村が「土地利用マスタープラン」を描き、個々の開発活動、建築活動を規制、誘導していく体制が求められる。同プランは、1992年（平成4年）の都市計画法改正で導入された「市町村都市計画マスタープラン」を発展的に整備していくことが妥当と思われるが、名称や計画内容は今後検討を深めるべきだろう。地区単位の計画の充実も併せて考えたい。

4．市町村の土地利用計画権限を強化・充実すると同時に、市町村の恣意的な土地利用規制運用を防ぐため、多元的なチェックの仕組みが必要である。また、市町村内の土地利用計画といっても、必ずしも行政区域内で完結するものではない。それぞれの市町村の計画内容、開発規制、土地利用規制が広域的にみて適切か、隣接市町村との協議、県、国との協議の仕組みを構築することが必要である。こうした水平的、垂直的調整の仕組みと並んで、地域住民やＮＰＯ組織などが意見や異議を申し立てることができる仕組みを構築し、広い意味で、計画とその運用に対する説明能力を高めなければならない。

参考文献

原田純孝他編（1993）『現代の都市法』東大出版会
藤田宙靖（1988）『西ドイツの土地法と日本の土地法』創文社
Bielenberg/Krautzberg/Söfker（1998）: Baugesetzbuch, 7.Aufl. Rehm
Bunzel/Meyer（1996）: Die Flächennutzungsplanung-Bestandsaufnahme und Perspektiven für die kommunale Praxis, Difu
Hauth, Michael（1998）: vom Bauleitplan zur Baugenehmigung, 5.Aufl., dtv
Holtzan, Jürgen（1994）: dtv-Atlas zur Stadt, dtv
Rabe/Steinfort/Heinz（1997）: Bau- und Planungsrecht, 4.Aufl., Kohlhamammer
Schmidt-Eichstaedt, Gerd（1998）: Städtebaurecht, 3.Aufl., Kohlhamammer
Werner/ Pastor/Müller（1995）: Baurecht von A-Z, Rudolf Müller

第10章

アメリカの縮減3都市の苦悩と戦略

デトロイト、ヤングスタウン、フリントの取り組み

主要産業の衰退から急激な人口減少に陥った米国3都市に焦点を当て、それぞれがとった政策や戦略、そして、それらが有効であったかどうかを追う。

東京とは異なる都市規模や歴史風土、法制度下の事例ではあるが、3都市が苦悩しながら試行錯誤した軌跡と、その中で生み出した政策や対策には、我々が直面する「縮減する都市をどうソフトランディングさせるか」という命題に対する多くのヒントがある。

問題解決の方法はそれぞれの都市で異なるが、あえて共通点を挙げるならば、都市計画マスタープラン[*1]の策定(改定)、それを実行する主体(非営利団体や市民)、地区レベルのきめ細やかな戦略、そして具体的な事業と取り組みが欠かせない。

10章の図1～18のカラー版は(株)オフィスビルディング研究所のホームページでご覧になれます。
http://www.officebldg.jp

1　アメリカ縮減都市の苦悩

デトロイト、有名な、あまりにも有名な

今では歴史上の出来事になってしまったが、1982年に「日本車をハンマーで破壊するアメリカ人たち」というニュースが報じられた。発信地は縮減都市（Shrinking Cities）の世界的な代表格であり、写真のような廃墟ツアーのメッカとも言われるデトロイトである。

デトロイトの衰退は、自動車産業先進国であった米国の燃費の悪い車が、同産業では後進だが、燃費の良い日本車に敗退したことが一因とされる。

欧米先進国の製造業の優位性後退というグローバルな傾向を示す典型例だが、事態はそれほど単純ではない。米国の中産階級の郊外移住と基幹産業衰退の複合現象である。この点は、図2（250ページ）のデトロイト市、デトロイト大都市統計地域（MSA）の人口指数の推移からも明瞭に読み取れる。日本車が破壊されたのは、広域都市圏の停滞が顕著になった時期である。

こうした人口減少は、必然的に不動産価格の下落をもたらす。図3（250ページ）は、リーマン・ショックを挟む1991年から2015年にかけての米国主要都市の住宅価格の推移である（2000年＝100）。今世紀に入ってからのデトロイト市の住宅価格の凋落は明らかであり、リーマン・ショック後は特に顕著だ。

図1◆廃墟と化したミシガン中央駅（筆者撮影）

税金滞納などで競売に付された物件の50％は買い手がなく、公共所有となった。競売での最低価格は何と500ドルという事態も出現し、投機家などによる介入と転売を防ぐことも重要な課題となった。[*2]

米国ラスト・ベルトの縮減都市

縮減都市問題の研究が活発化したのは今世紀に入ってからだが、米国のラスト・ベルトではこれよりかなり早くから脱工業化が進んだ。ラスト・ベルトとは、米国の中西部地域と大西洋岸中部地域の一部に渡る地帯である。

この地域に立地するデトロイト市の人口のピークは1950年、広域都市圏で見ても1970年だった。また、デトロイトと並んでラスト・ベルトの典型都市と言われるヤングスタウンでも人口のピークは1950年（16万8830人）で、2010年には6万69

図2◆デトロイト都市圏の人口推移

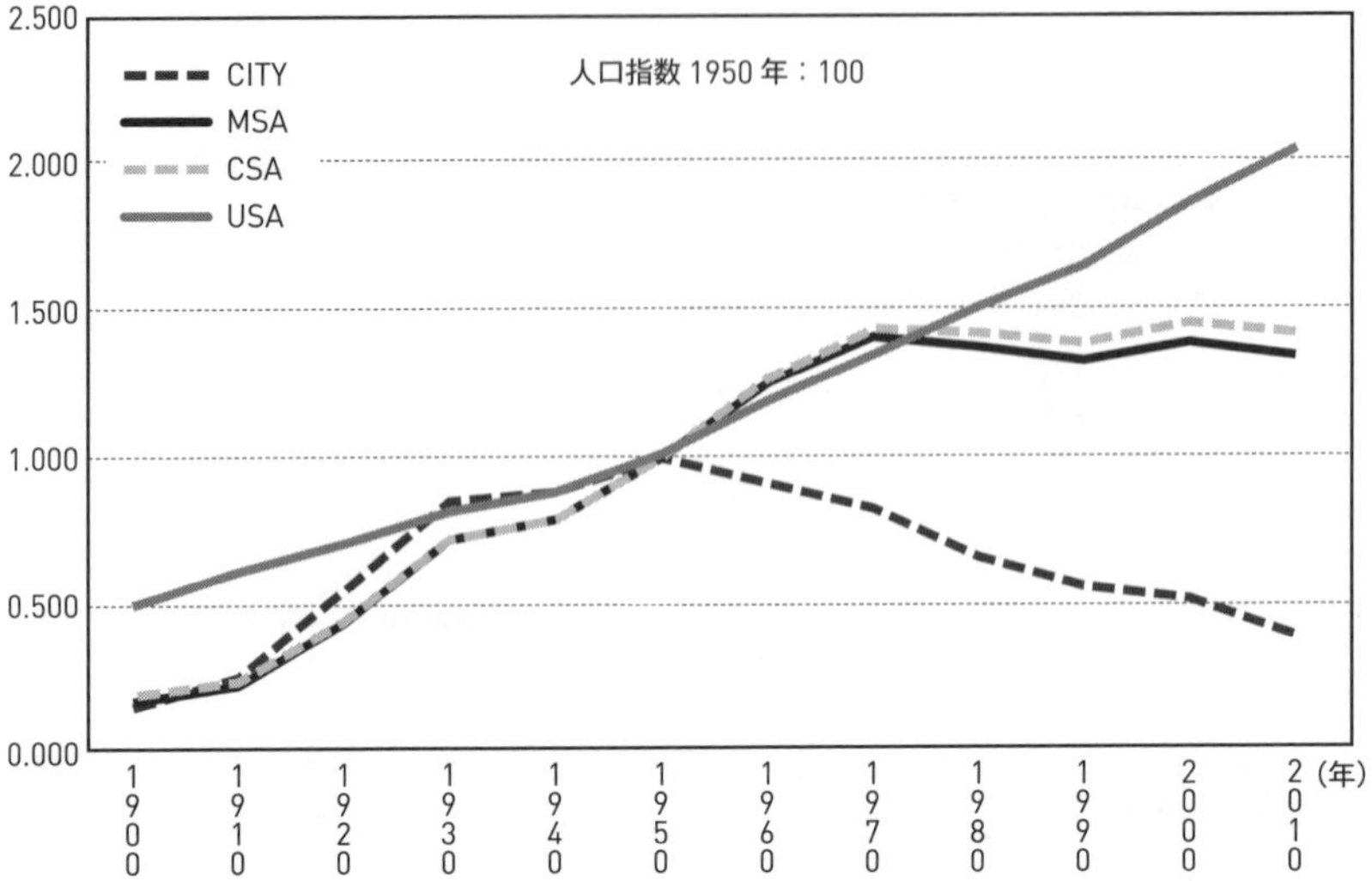

CENSUS OF POPULATION AND HOUSING等から筆者作成

図3◆米国主要都市の住宅価格の比較

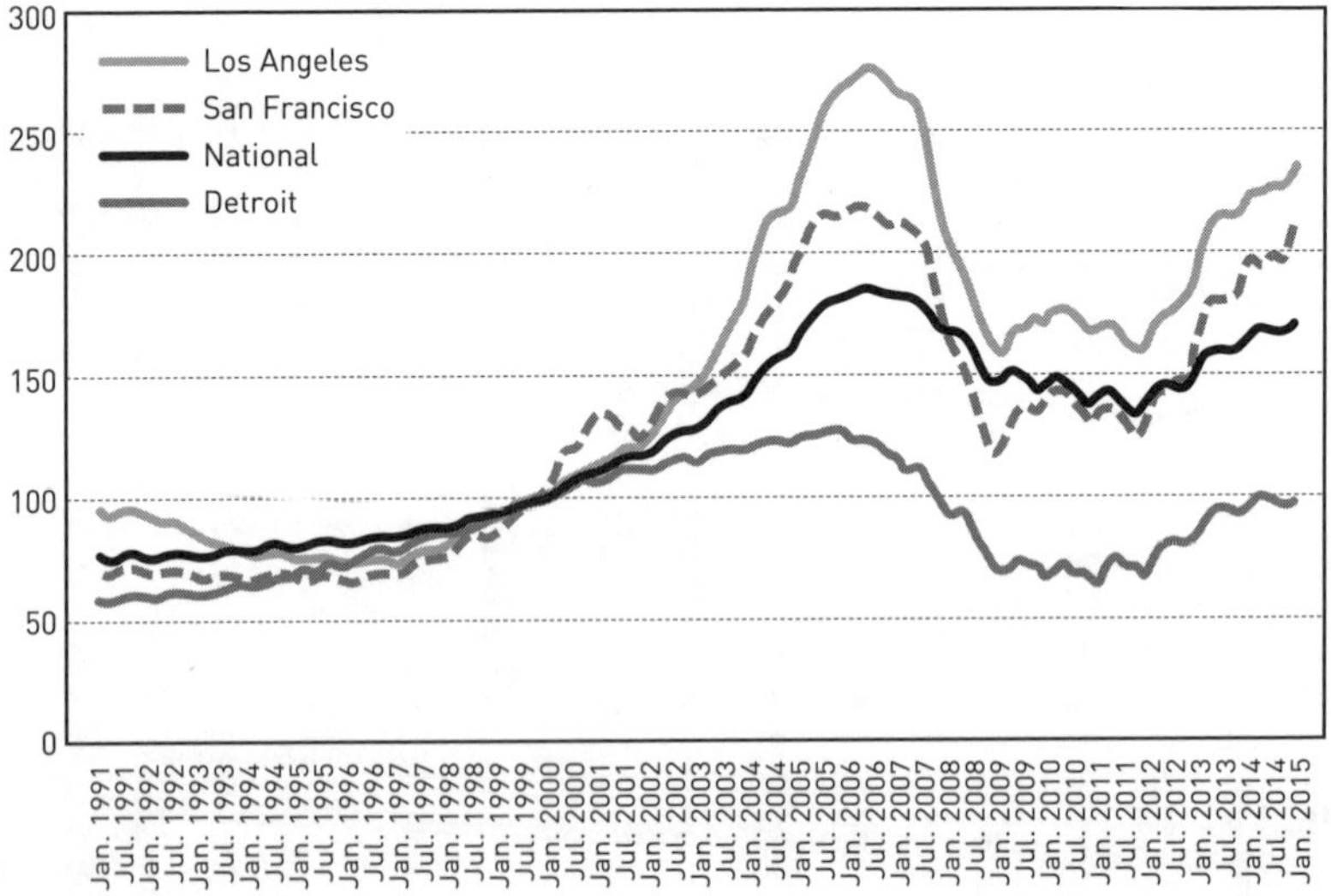

S&P Home Price Indexより筆者作成

図4◆ラスト・ベルトに集中する米国の縮減都市（国勢調査局データを元に筆者作成。ピーク時人口10万人以上の都市の減少率上位20都市）

	都市名	州名	ピーク時人口	2010人口	減少率
1	セントルイス	ミズーリ	856,796（1950）	319,294	62.7%
2	デトロイト	ミシガン	1,849,568（1950）	713,777	61.4%
3	ヤングスタウン	オハイオ	170,002（1930）	66,982	60.6%
4	クリーブランド	オハイオ	914,808（1950）	396,815	56.6%
5	ゲーリー	インディアナ	178,320（1960）	80,294	55.0%
6	ピッツバーグ	ペンシルヴァニア	676,806（1950）	305,704	54.8%
7	バッファロー	ニューヨーク	580,132（1950）	270,240	53.4%
8	ナイアガラ・フォールス	ニューヨーク	102,394（1960）	50,194	51.0%
9	フリント	ミシガン	196,940（1960）	102,434	48.0%
10	スクラントン	ペンシルヴァニア	143,333（1930）	76,089	46.9%
11	デイトン	オハイオ	262,332（1960）	141,527	46.1%
12	シンシナティ	オハイオ	503,998（1950）	296,943	41.1%
13	ニューオリンズ	ルイジアナ	627,525（1960）	384,320	38.8%
13	ユティカ	ニューヨーク	101,740（1930）	62,235	38.8%
15	カムデン	ニュージャージー	124,555（1950）	77,344	37.9%
16	バーミングハム	アラバマ	340,887（1950）	212,237	37.7%
17	カントン	オハイオ	116,912（1950）	73,007	37.6%
18	ニューアーク	ニュージャージー	442,337（1930）	277,140	37.3%
19	ウィルミントン	デラウェア	112,504（1940）	70,851	37.0%
20	ローチェスター	ニューヨーク	332,488（1950）	210,565	36.7%

82人まで激減している。また、ゼネラル・モーターズ（以下、GM）の街として知られたフリントは、人口のピークが1960年の19万6940人、2010年は10万2434人に減少している。

これらの都市は縮減都市となってから年季が入っており、政策的にもさまざまな試行錯誤がなされてきた。日本の縮減都市対策を考える上で貴重な教訓があるものと思う。そこで、文献調査に加えて、筆者ら（矢吹、黒瀬）が実施した3度にわたる現地調査の知見を含め、3都市の政策を比較して見ていこう。なお、取り上げた事例は規模適正化計画（Right-sizing）と総称され、都市計画の理論家からの批判があるが、この論争が本稿の主題ではないのでここでは触れない。[*3]

2　縮減3都市、デトロイト・ヤングスタウン・フリントの政策

1　デトロイト市の対策

相次ぐ大企業の経営破綻で人口激減

ミシガン州最大の都市であるデトロイト市は、ゼネラル・モーターズ（GM）の本社が立地し、フォードやクライスラーも近郊に本社を構える自動車産業都市だが、GMとクライスラーは2009年に財政破綻した。

1950年代以降の都市拡大（スプロール化）と白人富裕層の郊外流出、自動車産業の斜陽化を受けて人口も激減した。ピーク時の1950年の人口は約185万人（1950年）だったが、2018年時点では

図5◆デトロイト市の荒廃した住宅地（筆者撮影）

図6◆デトロイト市の空洞化した街区分布

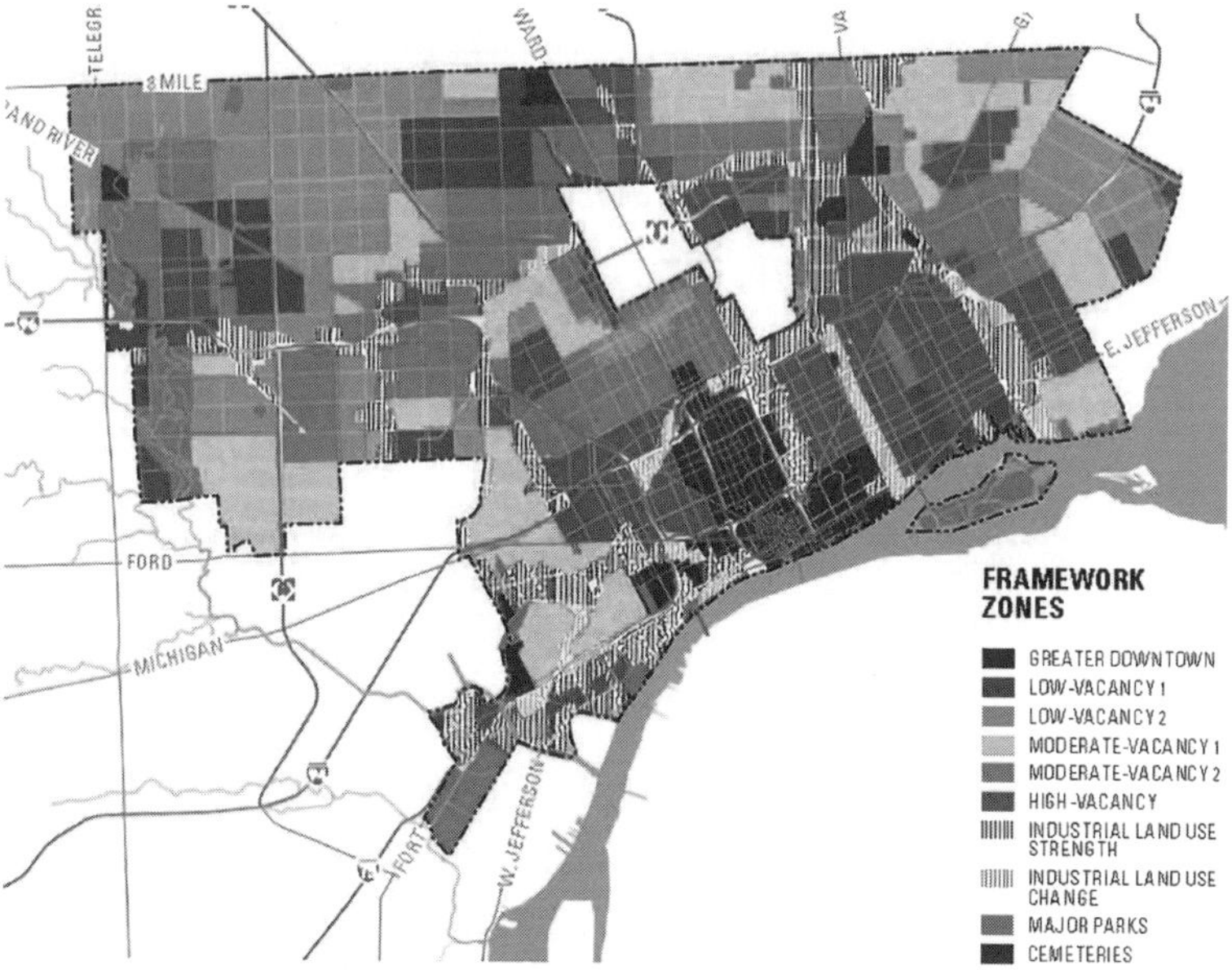

出典：Detroit Future City(2013), Detroit Future City 2012 Detroit Strategic Framework Plan, Inland Press

約67万人にまで落ち込んでいる。

空き家や空き地の増加、行政サービスの縮小、治安の悪化等の負の連鎖により、家計所得は2万6249ドル／年（州平均は5万8803ドル／2018年）、貧困率39・4％（州平均は14・2％／2018年）となっている。デトロイト市も2013年、財政破綻した。

DWP計画における集中投資戦略の失敗

深刻な人口減少に対して自治体が何もしなかったわけではない。2010年、デトロイト市で活動するクレスギー（Kresge）財団は、当時の市長であるDave Bing氏と市の再興を目指し、都市戦略を策定した。戦略は長期計画と短期計画からなり、市が主導して策定した短期計画は〝Detroit Works Project（以下DWP）〟と名付けられた。

DWPは「投資を効果的に行なうところに新規性がある」とされている。[*4]

2011年2月、大手都市計画コンサルタントが調査・分析結果をまとめた政策監査（policy audit）が公表された。この政策監査は、客観的なデータ分析を盛り込んだレポートを作成したものの、住宅市場の状況に応じて各地区の状況を4段階で評価した地図に基づき決定された戦略地区は、いささか客観性を欠いていた。この地図は住宅市場の状況を「安定」「過渡期」「不安定」「その他」の4段階で塗り分けた図7（256ページ）で、投資対効果の高い地区として「デモンストレーション地区」を設定。この地区に投資や行政サービスを集中させる方法が取られている。

このDWPのアプローチには批判が噴出した。まず、地区を住宅市場等で評価し、公共サービスを供給するか否かという「二元論」を提示したこと、そして、デモンストレーション地区の選定が市長の意向を踏まえて決定されたことに対する批判である。選ばれない地区から見ると「切り捨て」とも見て取れ、ＤＷＰは実行されなかった。

失敗を糧に、長期計画は市民参加を重視

ＤＷＰの失敗を受け、長期計画は異なるアプローチが取られた。２０１２年に発表された長期計画「Detroit Future City Strategic Framework Plan（以下ＳＦＰ）」は、都市計画家であるToni Griffin氏（現ハーバード大学ＧＳＤ実務教授）をディレクターに招聘し、市民参加の機会を充実させて計画策定プロセスを透明化した。住民参加の専門チームやコミュニティリーダーによるボランティアチームも組織され、住民参加の方法についての助言などが行なわれた。

計画の中心は、「経済成長」、「土地利用」、「都市システム」、「近隣地区」、「土地と建物資産」の５つの要素からなる。

「経済成長」に関しては、経済開発の潜在力のある地区を民間投資（市場原理）に委ねる計画とした。

「土地利用」に関しては、失敗したＤＷＰとは対照的に、空洞化した市街地の空き地等への対応、特に空き地の利用に多くの記述が割かれている（後述①）。

「都市システム」は主にインフラに関するもの。住民の移住（引っ越し）を強制することはないが、長期的にインフラを移設・再利用・撤退すべき地区を明示した点が特徴的だ。

「近隣地区」では、草の根（グラスルーツ）活動を「資源」と位置付けている点が特徴である（後述②）。

「土地と建物資産」は、空き家・空き地への対処法をマトリックスで整理している。

ＳＦＰで特筆すべき点は次の２点である。

図7◆DWPの地区の評価図

出典：
https://www.datadrivendetroit.org/web_ftp/Project_Docs/DWP/DWP_TRF_MVA_082911.pdf(2019/5/29最終閲覧)

図8◆SFPの土地利用計画図（今後50年）

出典：Detroit Future City(2013), Detroit Future City 2012 Detroit Strategic Framework Plan, Inland Press

①空洞化が深刻な地区に対する土地利用（空間像）を立案したこと

この計画（SFP）では、実験的な利用などで積極的に空き地を利用する土地利用「Innovation Productive（IP）地区」と、維持管理コストをかけない土地利用「Innovation Ecological（IE）地区」の2種類の土地利用を策定している（図8）。

IP地区は、温室や林業を含む都市農業や実験農業等を伴う地区、IE地区は森林や牧草地など、建設を伴わない土地利用が推奨される地区である。空き地利用に濃淡（メリハリ）をつけながら、低密度化や土地の管理コストの低減を図るのが狙いだ。

最終的にはインフラ撤退等も想定しているが、居住者の強制移住は実施しないことを明記している。また、IP地区とIE地区は、雨水の流出抑制などを目的としたグリーンインフラ[*5]に使用することも意図されている。

②草の根活動を資源として捉え、計画に位置づけたこと

この計画では、非営利セクターの活動を重要な資源と捉え、固有名詞を用いて記載している。それにより多様な組織に積極的に関与してもらうことを意図している。

SFP策定後の取り組み

SFPの策定後、大きく市主導の活動と非営利セクターの活動の2つの動きが見られる。

市主導の活動

一つは、政権交代による市役所主導の中心市街地の再生だ。2014年に市長となったMike Duggan氏は、荒廃した空き家等を除去しながら、民間投資の誘致による中心市街地の再生に注力している。その象徴は、市の目抜き通りに敷かれたLRT（次世代型路面電車）〝QLINE〟である。新たな民間投資の〝軸〟として市中心部からニューセンター地区まで敷かれており、デトロイト復活の象徴となった。沿線ではアリーナの新設や商業開発等が進むなど、沿線風景は一変している。

また、市は、北部のFitzgerald地区の大学近傍の空洞化した居住地区で、空き地を利用した公園と緑道を整備している。

このように中心市街地や周辺に地域資源（学校等）がある居住地区など、投資対効果がある地区を優先して活性化や再生を進めている。

なお、SFPの策定を契機に実施される予定だった都市計画マスタープランの改定は頓挫している。これは政権交代に加え、IP地区とIE地区の指定が実質的なダウンゾーニングに該当することへの懸念など計画内容に起因している。

非営利セクターの活動

一方で、非営利セクターによる、空洞した宅地の土地利用転換は着実に進行している。SFPの策定に際し、実行機関として設立されたDCF Implementation office（以下実行オフィス）は、「A Field Guide Working with Lots（以下フィールドガイド）」と呼ばれる、市民主体で実践できるランドスケープデザインのカタログを作成した。

これは市内の膨大な空き地の管理を、住民主体で進めてもらうことを狙いとしたものだ。初期投資額や区画の状況に適した利用の方法を記載している。冊子とウェブサイト（図9）で展開しており、現在市内の24カ所に展開されている。

慈善財団主導による草の根活動の支援も着実に実施されている。DWPやSFPの策定を支援したKresge

図9◆フィールドガイドのウェブサイト（https://dfc-lots.com/）

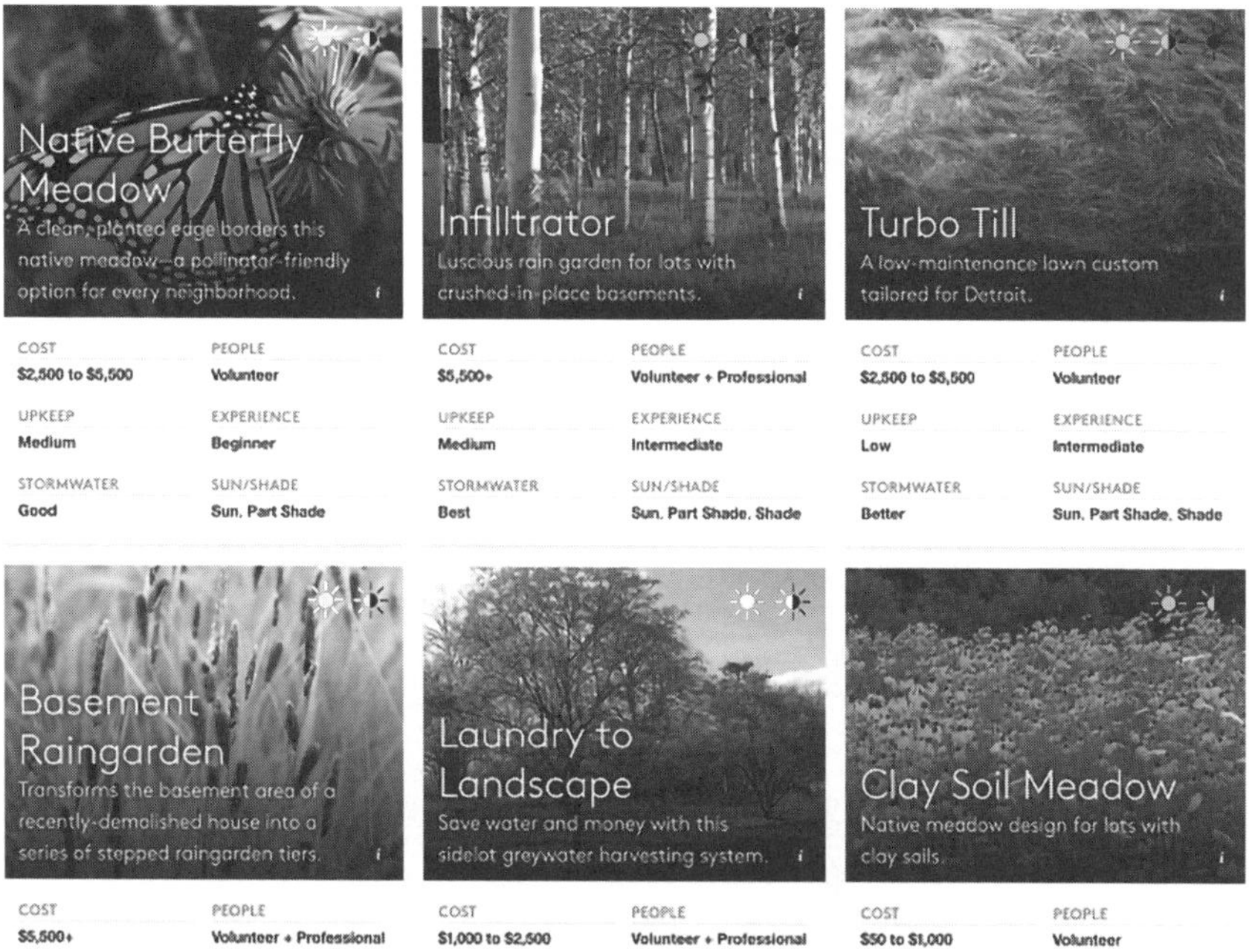

図10◆フィールドガイドを実践した区画（筆者撮影）

財団は、Kresge Innovation Project Detroit（KIP:D）と呼ばれるプログラムを展開しており、デトロイト市内で活動する非営利組織に対する公募方式の助成金を設け、計画づくりや実践活動を支援している。また、環境保全を活動方針の一つに掲げるErb Family財団はグリーンインフラ（GI）の整備を支援している。デトロイト市は下水道が合流式のため、水量が一定量を超えると浄化されていない下水が五大湖に放流されてしまう（越流）。これを解決するため、空き地をレインガーデン（雨水浸透地帯）等に転換している。これによって越流を防ぎ、五大湖の水質を保全し、同時に行政による下水道の処理コストの低減も図っている。

このGI整備について、Erb財団はLower Eastside地区においてはSFP等の元となったLEAP計画、Rouge川流域地区については上下水道局の計画など、近隣レベルの空間的な計画を参考にして、空間改変を実施している。また、ミシガン大学とも連携し、複数の空き地を連担させたレインガーデンを市内2カ所に整備している。

以上のように非営利セクターはSFPの策定以降、地道な活動を着々と実施している。ただし、SFPが決して「完全な青写真」ということではなく、各主体の活動の際に適宜参照されている、と表現する方が適切であろう。この点について、非営利団体からも「実際に活動する際は、よりきめ細やかな地区レベルの空間戦略が必要だ」という声が聞かれた。[*6]

デトロイト市の戦略ポイント

以上のように、デトロイト市では財政悪化と市街地の深刻な空洞化に対応するための戦略が立案された。投資を集中させる地区を選択したDWP（短期計画）は失敗に終わったが、その教訓を活かし、SFP（長期計画）は空洞化地区に新たな空間像を示し、多様な主体が関与しやすいようにした。なお、この空間像は、後述するフリント市の計画等にも影響を与えていくこととなる。

デトロイト市は特異な事例と言えよう。市が財政破綻したため、非営利セクターが立ち上がり、慈善財団が都市プランナーと連携して居住地区の安定に大きな役割を果たしている。ただし、同市では非常に多くの非営利セクターが活動していたものの、各主体間の連携や整合性の確保が長年の課題だった。非営利セクターは投資や活動の指針となる空間的な計画を求めており、ＳＦＰはマスタープランには至らなかったが、その後の非営利団体の活動の空間的な指針を示すなど、一定の意義を果たしている。

2 ヤングスタウン市の対策

鉄鋼都市の衰退

オハイオ州北東部に位置するヤングスタウン市は、州第2の都市であるクリーブランド市から車で1時間半ほどの場所に位置する。古くは炭鉱業で繁栄し、その後、鉄鋼業を主産業として繁栄した。しかし、１９６０年代をピークに斜陽化が始まり、工場の撤退が相次ぎ、失業者が増加した。ピーク時の人口は約17万人だが、現在は約６・７万人まで減少している。

〝規模適正化〟構想を打ち出す

ヤングスタウン市は、米国で初めて人口減少を受容し、規模適正化（〝right sizing〟）を標榜した都市である。この構想は２００５年に策定された都市計画マスタープラン「Youngstown 2010（以下ＹＴ２０１０）」

図11◆Youngstown2010の土地利用計画（Youngstown2010計画書に筆者加筆）

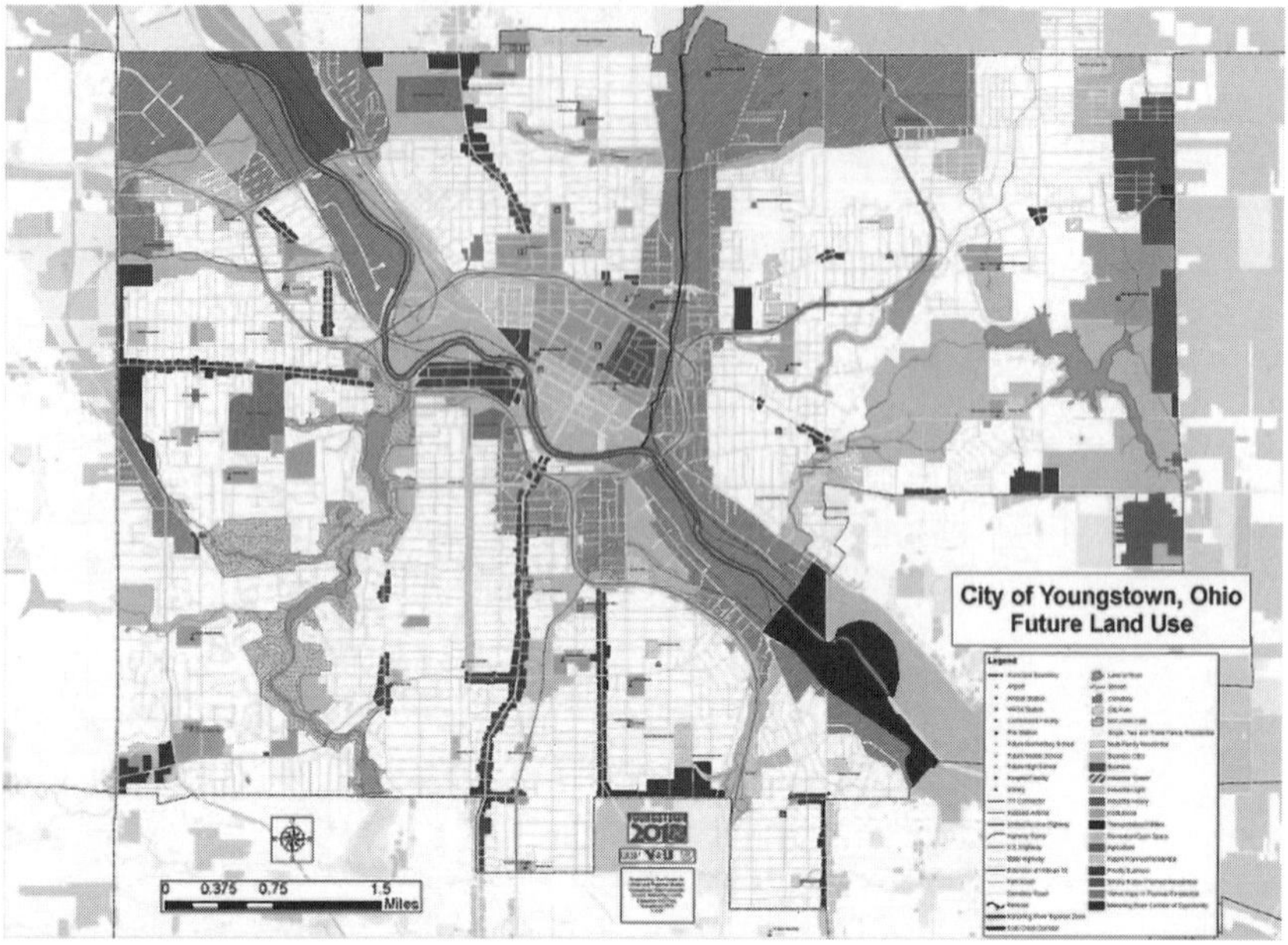

出典：City of Youngstown (2005), Youngstown 2010 Citywide Comprehensive Plan, City of Youngstown

に盛り込まれ、減少した人口規模に合わせて土地利用を適正化することを戦略として打ち出した。

YT2010計画は、非営利セクターのHarwood Instituteが1999年に発行したレポートで、同市が「(成長期の) 歴史的資産はあるものの、リーダーシップがない」と批評されたことから、市議会がマスタープランの改訂のために市費を使用することに同意した。

計画では従前の土地利用計画で商業地区だった地区を16%削減、居住地区だった地区を30%削減している。また、鉄鋼都市の繁栄を支えた重・軽工業地区を、環境負荷の少ない先端的な産業地区として転換するIndustrial Green (IG) 地区に転換する構想も打ち出された。これは市の経済を牽引する新たな産業の誘致という構想に加え、これまでの産業による環境負荷（土壌汚染）の問題が背景にある。こうした人口減少下でグリーンエコノミーを推進していくという構想は、他の人口減少都市のモデルになった（五大湖周辺の人口減少都市の近年の計画書では、まずＹＴ２０１０を参照するのが通例となっている）。

この計画では市民の移動は強制せず（自発的な移住は許容される）、市民参加を重視することで、都市の置かれた状況や規模適正化の必要性を市民に理解してもらうことを意図している。

「Youngstown 2010」のその後

ＹＴ２０１０は自治体や都市計画研究者から国際的な注目を集めたものの、実践は決して容易ではなかった。

その理由は計画の実践主体の不在である。市の都市計画部局のスタッフは当時4名で、具体的な土地利用転換を推進するマンパワー不足に直面した。市長はThe Raymond John Wean Foundation財団（ウィーン財団）と連携し、２００９年にＣＤＣｓ（コミュニティ開発会社[*7]）であるヤングスタウン近隣開発公社（以下ＹＮＤＣ：Youngstown Neighborhood Development Corporation）を設立した。

実働部隊ＹＮＤＣの活動

ＹＮＤＣは住宅の改修から放棄地の管理（草刈り等）、美化活動等を実施する実働部隊であり、13名のスタッフ（うち3名は都市計画が専門のプランナー）からなる。また、行政と地域市民との橋渡しをする役割も担っており、地域の組織（自治会や協会）、市民を巻き込みながら活動している。

ＹＮＤＣの活動の基盤は近隣現況レポート（以下ＮＣＲ：Neighborhood Conditions Report）と呼ばれる計画である。ＮＣＲは、ＹＮＤＣとヤングスタウン州立大学が共同して作成した計画書であり、10個の指

図12◆市場分析図（近隣現況レポートに筆者加筆）

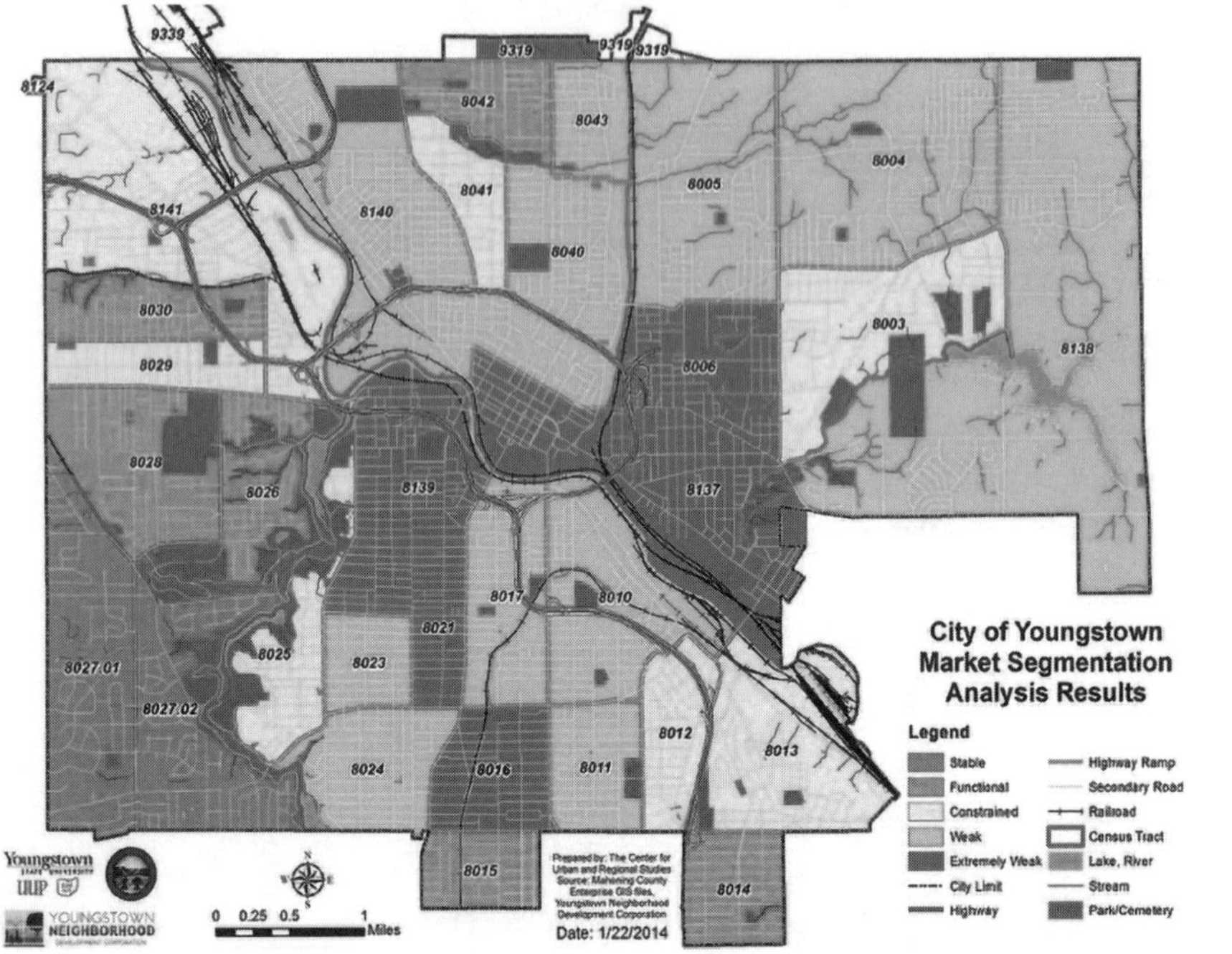

出典：Youngstown Neighborhood Development Corporation (2014), Neighborhood Conditions Report, Youngstown Neighborhood Development Corporation

標（※）で土地を評価し、最終的に5段階に地区を分類している。土地の市場性や住宅地としての安定性を評価したものであり、この評価に応じてYNDCは各地区での活動方針を調整している。

※10個の指標とは：①空き家率 ②住宅ローン購入率 ③住宅売却率 ④売却額の中央値 ⑤住宅所有率 ⑥住宅所有率の変化（20年間）⑦警察通報件数（率）⑧貧困率 ⑨人口減少率（20年間）⑩税滞納物件数である。

具体的には、地区の評価に応じて3種類の活動がある（267

ページ図13)。

１つ目は取得戦略地区（ＡＳＡ：Acquisition Strategy Areas）である。工場等に近接する経済開発の余地がある土地を公共が買い上げ、産業用地として活用する。開発不適地の場合は自然地等とする。

２つ目は近隣行動計画地区（ＮＡＰＡ：Neighborhood Action Plan Areas）である。比較的安定した住宅地を対象とし、維持管理活動の促進と住宅の改修・修繕による空き家等の再利用を図る。

３つ目は既存資産ベースのマイクロ計画地区（ＡＭＰＡ：Asset-based Micro Plan Areas）である。住宅市場が機能不全に陥っている地区を対象とし、最低限の居住環境を維持するため、学校（通学路）などの社会的な施設周辺を点検し、美化活動を実施する。

ＹＮＤＣが設立された時期は金融危機以後であり、ＹＴ２０１０策定時よりも空洞化に拍車がかかり、市街地環境は悪化していた。しかし、インタビュー調査からも、ＹＮＤＣの活動の基盤にＹＴ２０１０計画があることがわかった。そもそもこうした実働的な中間組織の必要性に対する認識は、ＹＴ２０１０の策定を契機に醸成されたものであり、計画の中にも、次のステップとして近隣レベルの計画や実践アプローチの重要性が言及されている。つまり、ＹＴ２０１０計画なくしてはこうした実働的な組織の設立はなかったのである。

郡立ランドバンクの活動

同市は以前から市のランドバンク[*8]を保有していたが、スタッフは臨時職員1名しかおらず、急増する税滞納物件に処分が追いついていなかった。米国のランドバンクは増加傾向にあるが、ヤングスタウン市が位置するマホニング郡でも２０１１年に郡立のランドバンクが設置された（以下ＭＣＬＢ：Mahoning County Land Bank)。

ＭＣＬＢは、連邦政府から支給される助成金など（ＮＳＰやＨＨＦ）[*9,10]を原資として空き家の除却などを実施する。除去物件は、前述のＹＮＤＣと連携して決定している。そうした連携によって空間的な改善が戦略的に推進されている。

２０１３年にはオハイオ州の助成金を受けて、ゾーニングコード（土地利用規制条例）が改訂された。この改定では、市内のほぼ全域で都市農業ができるよう規制緩和を実施した。また、市中心部の用途混在を実現するForm Based Code[*11]も導入した。また、この改訂でＩＧ地区を法定化し、重・軽工業用地の土地利用転換に成功している。一方、居住地区へのＩＧ地区の適用は、合意形成が難航することを予想した市が断念した。

ＭＣＬＢはダウンタウン近傍の空洞化した住宅市街地で土地を買い上げ、工場を誘致している。この地区は高速道路に隣接し、事業用地として比較的競争力が高いが、２０１３年のゾーニングコード変更以降も居住用途だった。しかし、工場開発事業が持ち上がり、市と郡ランドバンクが空き家や空き地区画を買い上げて事業地を捻出した。同市はこの地区をＩＧ地区にゾーニング変更し、工場用途を許容した（図14）。

また、人口減少に伴い、空き地への不法投棄が横行していたシャロンライン地区では「地区廃止事業」が開始された（２６８ページ図15）。この事業は、空き家や空き地にしか接続していないインフラ（道路・上下水道）の利用停止と撤去を図る事業である。結果として不法投棄は減少したが、この地区を自然地に回帰させたい市と住み続けたい住民とが共有できる将来像がつくれず、先行きは未だ不透明である。

以上のように、ＹＴ２０１０計画の策定以降、空間の改変やコミュニティの支援を担うＹＮＤＣと、土地所有権の整理を実施するＭＣＬＢが設立されたことで、ＹＴ２０１０計画は少しずつ実践に移されている。

図13◆近隣計画戦略地区の図（近隣現況レポートに筆者加筆）

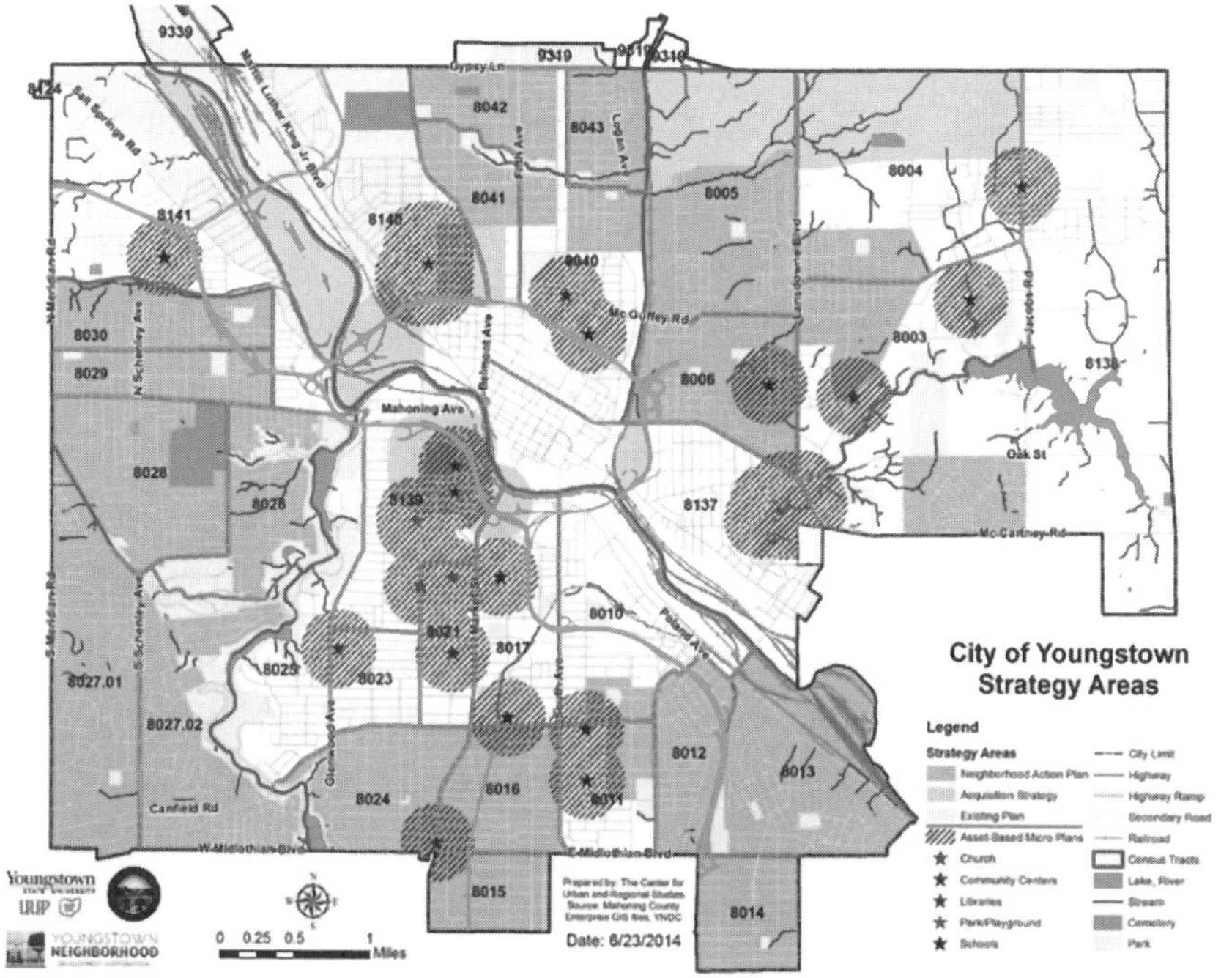

出典：Youngstown Neighborhood Development Corporation (2014), Neighborhood Conditions Report, Youngstown Neighborhood Development Corporation

図14◆工場開発の写真（マホニング郡ランドバンクより受領）

図15◆シャロンライン地区廃止事業の図（シャロンライン地区廃止事業計画書に筆者加筆）

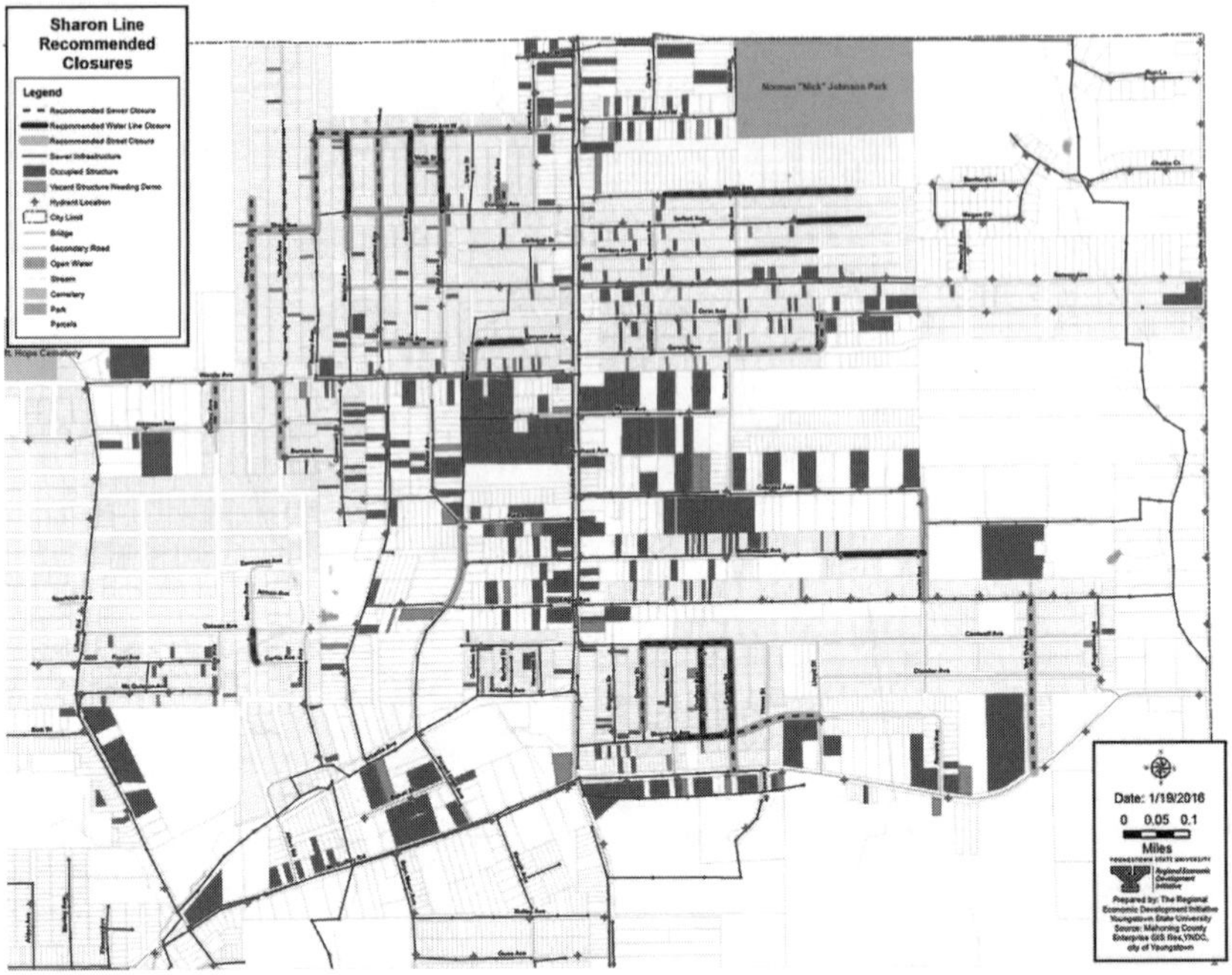

出典：East Side Street Decommissioning Plan

ヤングスタウンの戦略ポイント

同市の取り組みは人口減少に対応した都市計画マスタープランの先駆けであり、各都市に影響を与えた。この事例から導かれる教訓は「計画を策定しただけでは物理的な変化は発生しない」ということである。つまり、計画を実践する「主体」、「地区スケールの詳細な戦略」、そして「事業や取り組み」が必要ということだ。

同市では、都市全体の土地利用を構想する視点から、地区単位の実践による土地利用転換にアプローチを転換した。その結果、限定的ではあるが実現に至っている。ただし、個々の地区単位の取り組みの背景にはYT2010の構想があった。つまり、「構想」と時代の変化に応じた「柔軟な実践」の両方が重要ということだ。

3 フリント市の戦略：可変性を包含した新たな計画思想

ゼネラルモーターズ発祥の地

ジェネシー郡フリント市は、ゼネラルモーターズ（以下GM）発祥の地である。古くは林業や馬車製造を産業としていたが、20世紀初頭のGMの創業を契機に自動車産業が繁栄した。全盛期は市内の工場でシボレーやビュイックなどの主力車種が生産されており、米国有数の豊かな都市となった。

しかし、1960年代以降の自動車産業の衰退に伴い、深刻な人口減少が続いている（GMの工場閉鎖の様子は、フリント出身の映画監督であるマイケル・ムーアが『ロジャー&ミー』で描いている）。ピーク時の人口は19・6万人（1960年）だが、現在では9・6万人にまで減少している。

新マスタープランの策定

2009年に市長に就任したDayne Walling氏は、50年以上改定されていない都市計画マスタープランと市街地の実状との乖離を問題視し、都市計画マスタープランの改訂に着手した。当時、市の財政が逼迫していたことから、連邦政府の助成金を得て改訂を実施した。

具体的にはプランナーの雇用と計画策定を委託するコンサルタントを公募した。公募要綱の策定をサポートしたジェネシー郡ランドバンクのクリスティーナ・ケリー氏によれば、都市計画マスタープランの改訂で重視した点は「実状に即した計画であること」、「社会的公正性に配慮すること」の2点だった。

前者は、外部のコンサルタントは、往往にして現地の実状に即さない〝青写真〟を描いて終わるケースが多いことから、空洞化した現状を直視して計画を策定できる事業者を選ぶためである。

また、後者の背景には人種差別問題がある。フリント市には、ヨーロッパ系移民や南部のアフリカ系アメリカ人が自動車産業従事者として多く移住してきた歴史があり、人種差別問題を抱えていた。そこで、計画策定プロセスで人間を差別することなく、公平公正に扱うことを重視したのである。

チーフプランナーに就任したMegan Hunter氏は、同時期のデトロイト市の短期計画（前述のＤＷＰ）の失敗を目の当たりにし、市民の信頼を得るため、計画策定に当たって市民参加を最大限尊重した。住民の参加機会が数多く設けられ、約５０００人の住民が計画策定に関与している。

策定アプローチの経緯を説明する。計画の策定を担当した都市計画コンサルタント、Houseal & Lavigne（以下ＨＬ）は、当初、急減した人口に応じて市街地の区域を縮小する計画を想定していた。しかし、初期の市民ワークショップで「移住を強いるのか」などの市民の反発があり、方針を転換した。転換後の計画では居住地区内の住民の移住等は意図されていない（もちろん自発的な移住は許容される）。

市民を巻き込んだ「低密度化」戦略

そうした状況下で都市計画コンサルタントのＨＬが編み出したのが「低密度化」戦略である。現状の市街地面積は変えず、居住地区を人口密度が低くても成り立つ用途地域へ転換していく手法である。具体的には「Green Neighborhood（ＧＮ）地区」と「Green Innovation（ＧＩ）地区」の2種類の土地利用が計画された。

ＧＮ地区では、空洞化が中程度（住宅地の中に空き地が点在している状態）の地区に適用される土地利用

図16◆GN地区の図（Master Plan for a Sustainable Flint計画書に筆者加筆）

❶住宅所有者が隣接区画を取得し維持管理を行なうことを奨励する
❷Green Neighborhood地区は戸建て住宅で構成されるべきである
❸コミュニティガーデンによって共同体意識を強化し、住民にプライドをもたせ、同時に健康的な食料を供給する
❹拡張された個人の庭がGreen Neighborhood地区全体へ広がる
❺学校や公園などへつながる歩行空間は維持される必要がある

出典：City of Flint(2013)Imagine Flint: Master Plan for a Sustainable Flint, City of Flint

図18◆GI地区の図（Master Plan for a Sustainable Flint計画書に筆者加筆）

❶コミュニティオープンスペースはGI地区として開発されるまで保留地（区分未定）として維持
❷理想的ではないが、既存住民はGreen Innovationに継続住居できる（周辺の外部不経済性から守られる必要がある）
❸養殖場はフリントのGreen Innovation地区の革新的な用途の１つ
❹R&D関連企業が廃校などの既存建築物を活用できる
❺太陽光などの再生利用エネルギーの仕様がGreen Innovationでは奨励される
❻Green Innovation地区で想定される用途に合わせ土地利用規制が改訂される必要がある（ビニールハウス等）

出典：City of Flint(2013)Imagine Flint: Master Plan for a Sustainable Flint, City of Flint

図17◆ワークショップの様子

出典：Imagine Flint Timeline（https://www.timetoast.com/timelines/imagine-flint）

であり、空き地をコミュニティガーデン等に転換することで緑豊かな住宅地を実現する（図16）。

一方、GI地区は、空洞化が深刻な地区（空き家が居宅よりも多い状態など）への適用を想定しており、公共主導で土地を区画統合し、大規模都市農業やエネルギー生産などの産業用地として活用していく（図18）。

これらの用途地域を新都市計画マスタープランに盛り込むにあたって、コンサルタントや市のプランナーが空間像を準備したが、適用地区の選別は市民意見に基づいて実施された。具体的には、全市規模の「土地利用ワークショップ」を開き、市民が地図にステッカーを貼っていくという手法（図17）で市民の意見を吸い上げたのである。

表1◆GN-1/2地区、GI-1/2地区の規制内容（土地利用規制条例を元に筆者作成）

マスタープラン	Green Neighborhood [居住可能]		Green Innovation [居住不可]	
ゾーニング	GN-1	GN-2	GI-1	GI-2
	[居住可能]		[居住可能] ※GN-1準用	[居住不可]
空間・用途	区画拡大	標準区画	産業用地 （or自然地）	産業用地との緩衝地 （商業/産業も可）
区画面積	1,350㎡	450㎡	3,000㎡	3,000㎡

出典：Planning Commission Approved Zoning Code 2017/4/10
（http://www.imagineflint.com/PlanImplementation/ZoningOrdinance/PCApprovedZoningCode.aspx）

こうして得られた情報に加え、客観的データ（地価や空き家分布等）を用いて土地利用計画が形作られた。また、新設用途地域内の用途規制については、区別ワークショップで詳細が決められた（例：都市農業の可否など）。

特筆すべきはＧＩ地区の土地利用戦略である。ＧＩ地区に指定された地区では、郡のランドバンクが多くの土地を保有している。したがって、ランドバンク等が主体になって土地の統合を進めて経済開発等の土地利用を誘導したり、開発が発生しない場合は、暫定緑地あるいは自然的な土地利用へ回帰させたりできる。つまり、人口動態や住宅市場などの状況に応じて用途が決められるという、「可変性」を内包した土地利用戦略が実践できるのである。

規制の可能性と限界：居住制限の断念

フリント市の都市計画マスタープラン改訂の特徴として、土地利用規制条例（ゾーニングコード）を連続的に改訂している点が挙げられる。連続的な改訂を前提条件とすることで、政府の助成金の獲得可能性を高めることができたと同時に、連続的な改訂により、都市計画マスタープランと土地利用計画との高い整合性が確保できた。特にGN地区とGI地区の土地利用規制（表1）につながった。

GN地区およびGI地区の規制に際しては、各用途地域を地域の実状やニーズに応じてさらに細分化する方法が取られた。GN地区は、複数区画の利用を念頭においた「GN－1地区」、現況の基準区画（約450㎡程度）と同一の「GN－2地区」に細分化された。

GI地区は、比較的土地利用強度が高く積極的に利用する「GI－2地区」と、大規模都市農業などの土地利用強度が低い「GI－1地区」に細分化された。「GN－2地区」は工業や商業・業務機能と居住地区の緩衝地としての役割も含んでいる。

都市計画マスタープランの策定過程では、当初GI地区は新規居住者の流入を抑制する規制が盛り込まれていたが、公聴会で市民から「同一地区内での子世帯の住宅建設を許可すべき」、「農業と住宅は近接してあるべき」、「自らの住宅を持たない市民が住宅を保有できるようにすべき」といった声が挙がった。

フリント市役所は、条件付きで許可する仕組みも検討したが、政治的な事情もあり、最終的にはGI地区の居住制限を断念した。しかし、GI－1地区での住宅建設は、GN－1地区の最低敷地面積基準を用いることを条件とした。これによって「低密度化」を進めることが可能になった。

フリント市の戦略ポイント

フリント市は、都市計画マスタープランから土地利用規制の改訂まで連続的に実施することで、空洞化した市街地に対する新用途地域をほとんどそのまま適用することに成功した稀な事例である（一般的には財源確保の問題や時間的制約があり、連続的な改訂は難しいだろう）。

しかしながら、既存の居住者に移住を強要せず、計画策定プロセスで充実した市民参加を実施してさえも、空洞化地区への新規居住者の流入規制（新規開発の制限）は実現しなかった。新規居住者の流入規制には、住民の権利の保護の問題や政治的な事情など、複数の課題があることがわかった。

しかし、土地利用規制条例（ゾーニングコード）に空間的な基準を設けることで、管理された土地を増やし、土地の安定化を図る可能性を生み出した。また、既存の住民に継続的な居住を認めつつ、新規住宅開発に敷地面積の最低基準を設けることで、より広い敷地を管理してもらうことができるようにした。結果的に、低密度化を図り、地権者数を減少させることで将来の土地の運用性を高めることができる。

表2◆米国縮退先進3都市の動向比較

	デトロイト	フリント	ヤングスタウン
特　　徴	自動車工場の周辺移転と郊外化（Whiteout）の複合効果により市は衰退、2013年連邦破産法9条が適用される。	かつてはGM発祥の地として繁栄。1970年代後半から自動車産業の衰退に伴い、失業者が増大、人口も減少。	鉄鋼業の衰退によって人口が減少、規模の小さいこの都市では人口回復は不可能と判断され、米国で初めて規模適正化を提唱した。
	人口は最盛期の4割 713,777/1,849,568=0.39 2010/1950	人口は最盛期の半分 102,434/196,940=0.52 2010/1960	人口は最盛期の4割 66,982/168,330=0.40 2010/1950
都市計画の策定	DFC/SFPの策定 Detroit Works Project 2010 ・市長主導で短期的な計画を策定するも、市民の反対により頓挫。 ・行政サービス撤退地区の設定が大反対を受けた。 Detroit Future City Strategic Framework Plan：DFC/SFP 2013 ・非営利セクターが積極的な市民参加を得て2年かけて策定した非法定の都市計画。	Master Plan for Sustainable Flint：Imagine Flint 2013 ・Detroit Works Projectの失敗を踏まえ、市民参加型のプロセスを重視、策定に18か月をかけた。 ・市民参加として、土地利用ワークショップと住宅アセスメントが実施された。 ・当初市街化した区域の縮小を試みたが、市民の反対意見により断念し、土地利用の強度の変化に着目したアプローチに変更し、公定計画となった。 ・法的拘束力を持たない枠組み計画。	Youngstown 2010 2005 ・後に市長となるJay Williamsが策定を主導。 ・人口が8万人で低位安定するとの目標を掲げた。 ・計画の最重要課題は、過剰となった基盤施設の縮退と維持管理。 ・このため、商業地域や居住地域の集約・縮小が提示された。 ・法的拘束力を持たない枠組み計画。
提示されたビジョン	SFPは50年後の土地利用シナリオを提示 ・Landscape：市域の29%を緑地・農地へ ・Green Neighborhood：市域の22%を低密度住宅地へ	将来人口などの予測は行なわず、現状を把握し地域の改善を柱に ・新たな住宅建設を原則認めないGreen Innovationを設定（空家率が高い区域）、緑地・農地への転換を促進。 ・居住者の宅地面積増を図るGreen Neighborhoodを設定（空家率が中程度の区域）	1974年改訂の都市計画マスタープランの目標人口20-25万人を8万人に大幅改定 ・住宅及び商業地域の縮小 ・環境負荷が少ない新産業立地を念頭とするIndustrial Green地区が設定された。

	デトロイト	フリント	ヤングスタウン
政策展開	SFPのダウンゾーニングを図るエリアが広いことから非現実的との感触。 ・公定計画の策定が開始されたが、市長の交代により進んでいない。 ・短期的な成果を求める傾向に政策内容も変化。	都市計画マスタープランの実践手段として、法的拘束力を持つ土地利用規制条例の議会承認手続き中。 ・GI地区での新規戸建て住宅建設は個別審査による許可を目指したが、GN地区の基準遵守を前提に個別審査によらないこととなった。 ・複数世帯住宅の禁止、商業的農業利用、ソーラーエネルギー生産での利用可能がGNと異なる。	市長が交代し、一時計画は白紙に戻るが、更なる市長交代でYoungstown2010は復権し、個別の政策・地区安定化が進展している。 ・2013年に土地利用規制の改訂を終了。 ・ベースゾーニングの変更ではなく、規制を重ねるオーバーレイ条例を活用。 ・原則商業用農地としてのみ利用の認められるLSO: Limited Service Overlayが新設された。現時点で未指定。それ故、大きな反対もなかったとされる。
	The City Systems Element ・DFCは上記を設定しているが、強制的な実施は行わないことを明確化。 ・DFCは同地区において、空地の活用や空き家の取り壊し等、地区の改善を積極的に支援する姿勢。	Detroit, Youngstownの事例に学び、移転促進やインフラ撤退地区は棚上げし、設定していない。 この結果、都市計画マスタープランが公定計画としてまとまった。	Decommissioning Project ・2014年から不法投棄の著しいSharon-Line地区において、居住者の存在しない通りの通行止め、上下水道の撤去が開始された。（対象地域約36ha） ・2017年よりYNDC（後出）によるABMP: Asset-Based Micro Plan（地区安定化計画）の検討が開始された。
	Field Guide策定　2015 DFC Implementation Office(IO)設置 ・IOは再生事業への直接関与ではなく、市民やNPOへの支援を実施。 ・空き地・空き家の負の連鎖を防ぐためのFG：Field Guideを策定、空	GI地区の目論見 ・可変性（flexibility）が特徴である。 ・短期的には生活の質を向上させる土地利用。 ・長期的には、可能な場合には高強度の土地利用（産業誘致等）、駄目な場合には低強度の土地利用（農業	YNDCの設立　2009 ・CDCsの一つであり、Youngstown2010の実行を担う主要組織。 ・州立大学と連携して不動産市場分析を実施し、その結果をベースに活動。 ・住宅の改修・販売、空地活用、計画立案が主業務。

※278ページに続く

	デトロイト	フリント	ヤングスタウン
政策展開	地類型の設定し、近隣市民によって持続的に管理される状態を生み出すことを目指す。 Osbom地区での地区単位の取り組み ・FGで対応可能な個別の敷地を超える連担した空き地について、オープン・スペース、学校・通学路、林地拡張、緩衝緑地への転換を促進。 ・住宅を維持する街区、維持しない街区の設定を検討中。 Kresge財団の活動 ・Kresge Innovation Projectを推進している。 ・NPOの実施する「空き地の利用転換」「地区の安定化」を重点的に支援。	等）とし、行政コストの低減を図る。 BEF: Blight Elimination Framework ・活動主体を類型化し、土地利用の類型化に基づく優先順位を定めて、荒廃家屋除去や空地管理を支援・実施。 ランドバンクGCLBAの業務との連動 ・税滞納物件で競売不成立物件を取得するGCLBAの保有物件（税滞納額＞市場価格）はGI地区、GN地区に集中しており、その処分は都市計画マスタープランの現実化を促進するものとなる。 CDCs: Community Development Corporationの活動 ・組織によっては都市計画マスタープランとの整合を図り、住宅供給以外の緑地整備等を実施（例：GCHFH）。	・近隣計画の戦略エリアを設定し、近隣単位での活動を展開。 ランドバンクMCLBの設立　2011 ・YNDCと連携しその市場分析に基づく業務を展開。 ・土地の寄付の受付、建物の修復、物件の除却、土地の統合等を実施。 ・生産性の高い土地の場合には、税滞納物件はランドバンク、他は市が買い上げるなどして取りまとめ、用途を変更して産業用地として売却する取り組みも行なっている。

矢吹剣一、黒瀬武史　人口減少都市における縮退型都市計画の導入プロセスに関する研究、日本建築学会計画系論文集、2017. 10 に基づいて作成

3　米国の縮減都市の事例から引き出せる教訓

米国を代表する大都市であったデトロイトから地方小都市のヤングスタウンまで、人口規模の異なる3都市が衰退化と苦闘する姿を紹介した。事例研究の締め括りとして3都市の事例が示す5つの教訓を示す。

①移住の強制や新規流入規制は実現困難

米国の事例では、人口減少で空洞化した市街地を、人口規模に応じて望ましい土地利用へ、リ・ゾーニング（用途地域変更）することが行なわれていた。各都市に共通することは、地価や空洞化率、社会的状況（犯罪率等）に基づく土地の評価の実施と、低密度な状況でも成り立つ土地利用（既存または新設）を適用し、地区の安定化や再市場化を目指していることだ。

人口が激減し、回復可能性が低い地区は投資優先度を下げ、低コストで維持管理できる土地利用を適用している。それらの地区は経済開発の優先を第一目的としつつも、将来的には非居住地区としてインフラの撤退も視野に入れている自治体もある。

しかし、人口が減少し、行政サービスの費用対効果が低いこうした地区でも、市民に移住を強いることは非常に困難であることがわかった。インフラの短期的な撤退等も、市民の反発で計画策定や事業そのものが頓挫する可能性が高い。これまでの歴史的経緯や公平性の観点から、市民の移住は強制できるものではなく、空洞化した住宅地での新規の住宅開発も、居住権や財産権の侵害の観点から、現時点では規制は困難と言わざるを得ない。

②低密度化政策は地区の安定に有効

一人当たりの土地の管理面積を増大させるような土地利用を導入し、「低密度化」を図ることで地区を安定させる方法は有効なことがわかった。そのためには敷地面積の最低基準等を定め、居住用の区画を大規模化することが有効である。また、複数区画の統合等にはランドバンクによる支援が不可欠である。

また、計画策定に当たり、市民が地域を視察して現状を認識する機会を設けたり、ワークショップ等を開くなど、市民参加の推進が重要である。市民が地区の趨勢を正しく認識することで人口減少対策の重要性を共有し、「規模適正化」を目指す計画策定の可能性が高まる。一見すると遠回りに思われるが、合意形成には不可欠な作業であり、結果的に計画の実効性や規制化の可能性を高める早道となる。

③市民参加や中間組織との連携が不可欠

都市計画による規制はあくまでも「規制」であり、直接的な「実践」を図るものではない。空洞化した居住地区の改善には以下の取り組みが重要である。

まず、荒廃した物件等を取得して除却などを行ない、負の連鎖を抑制すること。それにはランドバンク等の中間組織は不可欠である。本来は所有者の責任で除去すべきだが、米国の場合、公的な機関が税滞納物件を差し押さえ、連邦政府の助成金等を活用して除却し、望ましい土地利用へ誘導するケースが多い。この場合、当然、所有権は消失する。

人口が減少すると税収も減少するため、行政支援も原則的には低下する。したがって、できる限り、市民の力を借りる必要がある。たとえば、空き地を隣接地の所有者が取得して敷地面積を拡大したり、コミュニティガーデンに転換して地区住民の共有資源として管理したりといった方法がある。

ただし、人口が減少するなかで、市民だけの空閑地の利用と管理には限界がある。ＣＤＣｓやランドバンク、ＮＰＯなどの中間的組織による土地の管理や土地利用転換の促進が欠かせない。それに加えて、行政の計画と中間組織の緊密な連携を図り、土地の所有権の整理と管理を効果的に進めることが重要である。

④不確実な将来に対応できる動態的な都市計画を

３都市はいずれも単一産業依存型の都市であり、予期されなかった急速な主産業の斜陽化による人口減少・経済縮小を経験した。こうした不確実な未来に対応するには、都市の趨勢に応じて土地利用の様態をコントロールできる余地を内包した都市計画が有効である。

たとえば、土地需要が低下した場合、農地・緑地・グリーンインフラ等の低強度の利用をベースとした新たな用途地域を設定していく一方で、経済状況に応じて産業立地など高強度の土地利用に転換する逆方向の可能性を残すことも重要である。

このように、両極端な状況に対応できるような空間計画（土地利用転換シナリオ）を描くのがプランナーの役割であろう。

また、土地利用転換の過渡期をコントロールする計画技術も、今後重要になるだろう。多くの主体が連携して個別の遊休地を緩やかにまとめ（地権者の数を減らし、運用しやすい状態にする）、望ましく、効果的な土地利用につなげていくことが求められる。

⑤地区の特性を踏まえ、市民の主体性を引き出す

地域の経済力が低下し、行政も弱体化する中で、行政のみで問題を解決することは不可能である。市民や中間組織の活動が不可欠なことは③で述べたとおりである。

市民や中間組織の活動が立ち上がり、有効に展開していくためには、地域の現状を市民が自分自身の目や足を使って認識すること、そして、この認識の上に立って地区の将来像を展望し、自らが実施できることを選択し実行することが重要である。

このような草の根的な活動と市の政策、それを補完する中間組織の活動が連携して結実する地区安定化政策は、必然的に地区の特性と市民の主体性によるものであり、これを可能にする息の長い政策展開が必要である。

4　日本の縮減都市に対する提案

最後に、米国の事例の教訓を踏まえつつ、自由な立場と視点で、人口減少時代の日本の都市政策について

考慮すべき点を挙げてみたい。基本的な視点は「公だけで実行するのは不可能であり、具体的にさまざまな試みや活動を行なう主体づくりを支援する政策こそ、重要かつ効果的ではないか」ということである。

①ボトムアップ・アプローチを支援せよ

米国の事例でも住民の強制移住は不可能だった。強制移住ができない以上、各地域の特性に根差した問題を解決する活動を政策的に支援することが重要になる。

たとえば、コンパクトシティが注目されているが、中心地域の産業が衰退し雇用を生まないような場合は、そもそもコンパクト化する動機がなく、別の方策が必要であろう。

地域に根差した対応や活動は地道な積み重ねではあるが、主体性を持った提案を束にしたものである。行政には、こうした提案を丁寧に掬い上げ、支援していくという基本姿勢が求められる。

②「不動産政策」と「福祉政策」の連動が不可欠

縮減都市においては不動産も老朽化し、価値が下がる。

米国では戸建て、旧社会主義国の都市では公的集合住宅を対象に、老朽化した不動産に対応する政策が進められている。日本の場合、これらに加えて膨大な分譲マンションの老朽化問題がある。

第１章で問題提起したように、日本では６４０万戸を越すマンションストックがあり、建物と居住者のダブル老朽化が進んでいる。資産価値の低下はもとより、管理不全のまま放置されれば、周辺の不動産価値も低下させる恐れさえある。また、居住者が死亡して空き家になり、所有者不明問題につながる可能性もある。戸建ての空き家問題が騒がれているが、分譲マンションは区分所有であるが故に格段に解決は難しく複雑である。

一つの対策として、米国のランドバンクに似た機能を持たせた機構が、高齢な区分所有者から買い上げてケア付き住宅等へ住み替えられるようにした上で、リニューアルや建替えを進めるという方法もあるのではないか。いずれにせよ、実効ある対策の実現には、不動産政策と福祉政策の連動が不可欠であろう。[*12]

③利用ポテンシャルに応じた対策を

住宅としての利用価値を失った戸建て住宅（地）を、農業やエネルギー生産などに転換する方法も考えられる。いわば、かつての農地住宅化の逆政策である。住宅としての利用維持促進政策や地域環境の改善政策に加えて、こうした利用ポテンシャルに応じた柔軟性のある対応が望まれる。

④退職人材が活躍できる実行主体づくり

上記のような対応策、特に③においては、実行主体をどのようにつくるかが大変重要である。米国事例からも公務員を主体とすることは不可能であり、若い世代に期待することも事業の経済性から見て現実性が乏しい。退職した元気な高齢者は有力な候補と位置付けられよう。

＊１　米国では総合計画と呼ばれ、コンプリヘンシブ・プラン(Comprehensive Plan)、ジェネラル・プラン(General Plan)、マスター・プラン(Master Plan)という用語が使用される。日本でいうところの「都市計画マスタープラン」に近いことから、本稿では「都市計画マスタープラン」という用語を使用することとした。

＊２　Detroit Future City Full Book, 580P参照。

＊３　取り上げた事例は、規模適正化計画(Right-sizing)と総称されているが、都市計画の理論家からは次のような批判が寄せられている。

Right-sizing as spatial austerity in the American Rust Belt, Jason Hackworth, Department of Geography and Planning University of Toronto

規模適正化計画論者は、自身の実践を「苦闘する都市にとっての成長神話脱却後のビジョン」と位置付けようとしている。抽象論のレベルではこの議論には抗しがたいが、以下の重要な問題点を指摘できる。

①緑地を恒久的／半恒久的に維持していくための財源についての言及が曖昧である。

②広域的な基盤施設という問題と、散在する衰退地区内に留まる問題解決、という発生している問題と解決策の間にスケールの不一致がある。

③居住密度が低下した地区の残存住宅の強制的／誘導的な移住という対応が明確でなく、基盤施設のコストをどのようにして減少させるかが曖昧である。

④維持すべき市街地の周辺に低所得者向け住宅を整備するという関心が薄く、財源も曖昧である。

⑤緑化や低所得者向け住宅の財源の曖昧さと、荒廃した住宅撤去の財源の明確さが対照的である。

＊４　岡部明子(2012)「都市の終末ケア？（特集　縮減都市デトロイトの諸相）」、地域開発、569

＊５　自然の力を利用した施設整備を実施する手法のうち、水に関連するもの。緑を積極的に使用するブルーインフラと合わせ、グリーン・ブルーインフラ(ＧＢＩ)と呼ばれることもある。

＊６　Erb Family財団のJodee Fishman Raines氏へのインタビュー調査に基づく。

＊７　コミュニティ開発会社(Community Development Cooperation)の事であり、低所得者への住宅供給等を実施する非営利機関である。

＊8　ランドバンクとは、米国で見られる行政が差押えを実施した税滞納物件の管理を実施する公的機関である。郡あるいは市で設立されることが多いが、民間機関の場合もある。

＊9　近隣安定プログラム。２００８年に制定された住宅経済救済法において設置されたプログラムであり、不動産差押えの救済等を実施することを目的とした連邦政府からの助成金の一種。

＊10　ハーデストヒットファンド。２００８年に制定された金融安定化法の下で展開された不良資産救済プログラム（ＴＡＲＰ）の一環で、州の住宅金融支援局へ支給された資金である。

＊11　フォームベースドコード：用途の分離はなく、建築物と公共空間のコントロールに主眼をおき、用途混在を実現する都市計画手法。

＊12　筆者らは、東京を対象に高齢者が居住する老朽化マンションの存在量を割り出すべく検討を行なっている。

＊13　なお、本稿は以下の既往研究を加筆・修正したものである。

・矢吹剣一、黒瀬武史、西村幸夫「人口減少都市における縮退型都市計画の導入プロセスに関する研究―米国ミシガン州フリント市の総合計画及び土地利用規制の策定における計画技法と合意形成に着目して」、日本建築学会　計画系論文集、Vol.82, No.740, pp.2609-2617, 2017.10

・矢吹剣一、黒瀬武史、新妻直人「人口減少都市における低密度化した居住地区の安定化施策に関する研究―米国オハイオ州ヤングスタウン市の近隣計画とシャロンライン地区廃止プロジェクトを事例として」、日本都市計画学会　都市計画報告集、No.16, pp.72-77, 2017.9

・黒瀬武史、矢吹剣一「デトロイトにおける空き地利用転換支援の実態と課題―住民向けツールキットとオズボーン地区の戦略に着目して」、日本建築学会　大会学術講演梗概集２０１７（都市計画）、pp.343-346, 2017.7

・黒瀬武史、矢吹剣一、高梨遼太朗「デトロイト市における財団を中心とした非営利セクターによる空き地利用転換の取組―Detroit Future City Strategic Framework Plan 以降の地区単位の活動支援に着目して」、日本都市計画学会　都市計画報告集、No.15, pp.50-55, 2016.6

対談≫農地再考

農地の所有権問題は、「集落」の存在抜きには語れない

農地や農村集落の現状と課題について、合田素行氏に聞く。
合田氏は長く農林水産政策研究所に勤務された後、
現在、農村と都市の二地域居住を実践中。
5年前、山梨に別荘を購入したことをきっかけに、
畑を借りて自ら農業にも取り組んでいる。
そこから見えてきたものは…。聞き手は弁護士の小澤英明氏。

小澤 今は東京より山梨におられることが長いそうですね。農業もされているとか。

合田 家庭菜園で野菜を作ったり、畑を借りてブドウを栽培したり、米農家を手伝ったりしています。

小澤 今日は農地の所有権についてお話をうかがいます。今では誰もが自由に農地を借りられますが、農地の所有権を取得するのは未だに難しいようですね。

合田 知事の許可が必要です。昔ほど難しくはないけれど、許可をもらうには条件がある。とりあえず、法人組織の一般の企業は無理ですね。農業に従事している人が何人か法人の中にいなければいけない。個人も、僕のように片手間で農業をやっている程度では認めてもらえません。

小澤 しかし、昔から農地をもっている人もほとんどが兼業農家。実際には農業に従事していない人も多いのでしょう?

合田 全国でみると、農地は所有しているけれど、人に貸している人の割合は相当に高いと思います。

小澤 そういう人たちより、農業がしたくて農地を欲しがっている人に所有権を移転して営農してもらった方がいいのでは?。なぜ、禁じてきたのか、そこがよくわからない

農村風景（撮影：合田素行）

んですが…。

合田　僕にもよくわからないけど、農家をバックにしている政治家はその辺を変えようとしません。しかし、これは単なる農家のワガママというより、本源的な理由があるように思います。

小澤　そこのところを一番知りたい。長年、慣れ親しんできた制度下で既得権を守りたいだけではないんですか。

合田　それは単純すぎる。それに、都市近郊の農家とそれ以外の農家とは分けて考えた方がいい。ここでは都市近郊以外の農家に絞って話を進めましょう。農家の人は、農村、つまり、「ムラ」は今なお厳然と存在していて、それが農村の秩序を守っているという意識がとても強いんです。それが言い過ぎだとすれば、「ムラの中の生活」という生活像を強く持っている、とでも言うべきかもしれない。

小澤　「ムラ」というのは何か実態があるんですか。

合田　僕も当初はここのムラのことを知りたくて、議員、区長、神主さんなどに歴史やムラの仕組みをいろいろと聞きまわったんだけど、「今度来た人、ムラのことを聞きまわっている」という噂が聞こえてきて、こりゃトラブルの元かなあと思って、探索するのを止めた。ただ、少しずつムラの人と仲良くなってわかってきたこともあります。

小澤　たとえば？

合田　「ムラ」、つまり「集落」は、いわば都市の町内会のようなものと思うとわかりやすいかもしれない。役員がいて、行政との橋渡しをしたり、集落固有の行事、神社の祭りなどを取り行なったり、公民館の管理や草刈り、水路清掃などの作業をしている。集落ごとに違いますが、ここの集落では年間1万2000円を各戸から集めて、集落の行事やゴミ置き場の管理などの費用に充てています。

小澤 集落の組織には、農家でなくとも組み込まれるんですか。

合田 農家でなくても、その地区に住めば自動的に組織に属すことになります。その意味でも町内会に似ている。僕の場合も集落の会長さんに挨拶に行ったら、回覧などが回ってきて自然に集落のメンバーになったんです。

小澤 都市部の町内会との違いはありますか。

合田 集落は共有地をもっています。その利用や管理のための特別会計が組まれていて、新しく来た人は参加できない。あくまでも昔からの農家の人たちの共有地です。

小澤 ここの集落は何戸あるんですか。

合田 僕のところは45戸くらい。そのうち15戸は外から新しく入ってきた人たちですね。20年ほど前、初めて外から入ってきた人は、集落地区から少し離れた林地の真ん中に住宅を建てた。初めてのケースだったから、集落の人たちは集落班会議に出席してもらうかどうかといったことから、ゴミ集積所の利用、清掃、草刈り、水路掃除など、集落でやっている作業にどのように関わってもらうか、最初はいきちがいもあったみたいです。でも、集落の人たちも徐々に新参者に対する扱いに慣れて、今はほどよい関係ができている。新参者の中には集落の行事を熱心にやる人もいるし、そうでない人もいる。熱心でなくても特に問題はありません。徐々に新参者の数は増えていると思うけれど、まだお墓まで立てた人はいないと思います。

小澤　新しく入ってきた人の目的は、別荘として、あるいは農業をするために？

合田　もともとは別荘目的で移り住んだ人が多いです。集落の中心からは少し離れた林地が宅地に造成され、その土地を購入して別荘を建てた。林地に住宅を建てることについては、特に集落のルールがあるわけではないようです。農業をやる人もやらない人もいるけれど、最初は近くの農地を借りたり、農作業のお手伝いをさせてもらうというところから始まるようです。

小澤　そうすると、新参者が入ってきても農村風景はあまり変わっていないのですね。

合田　ええ、集落は道路沿いに大部分の家が並んでいる。周りの低い丘陵に絡んで脇道があり、それに沿って別の家々があります。こうした道路沿いの家々全体を囲むように農地がある。農村の集落というのは大概そういうものです。各戸が1〜2ヘクタール程度の水田を所有し、水田はほぼ四角く整備されている。そういう農村風景は今もあまり変わらないですね。

小澤　合田さんの集落には若い人はいますか。

合田　若い人は少ないですね。昼間はほとんど見かけない。どんどん高齢化しているし、この集落の少なくとも3割くらいは空き家だと思う。

小澤　そうなると、今は何とかもちこたえている農業もいずれ担う人がいなくなりそうですね。農地の所有権の移転を自由にして、意欲のある人や企業に所有権を認めてゆくべきではないでしょうか。

合田　そういう考え方には当然一理あります。けれども、企業が自由に農地の所有権を取得できるようにした場合、企業の論理では、もうからなかったら撤退するでしょう。そうしたらどうなりますか？　面倒をみないと農地はすぐに荒廃しちゃうのですよ。

小澤　従来の農家も似たようなものではないですか。

合田　いや、やはり違うと思いますね。農村に住んでみてわかったのは、「地域の農業は、長年集落に住んでいた人々によって担われるべきだ」という思いがとても強いことです。外から見れば、旧弊な考えだと思うでしょうが、農村の人々には無意識下にそうした思いがある。そこを無視するとさまざまな軋轢が生まれるでしょう。

小澤　それは克服すべきことじゃないでしょうか。企業の中にも目先の利益追求だけではなくて、CSRやESG、SDGsを重視するところも増えている。マナーもしっかりしていると思います。そういう企業を排除する理由にはならないと思いますが。

合田　確かに、社会的にも評価の高い企業が農業に参入して農業を合理化し、大規模農業を始めることは地域には良い影響を与えるでしょう。でも、集落の人々はすぐには納得しないでしょう。

小澤　集落のルールを守ってくれさえすれば、問題はないのでは？

合田　いや、そういうことになると集落が崩壊する、集落が成り立たなくなる恐れもあるわけですよ。いわば、通い型農業になるから、集落の人口はもっと減って寂しい農村になる。

小澤　集落が崩壊すると地域にどんな弊害が出るでしょう。

合田　そもそも集落のルールが何かもはっきりしないのだけれど、拠りどころとなる核を失って、秩序のない、荒廃した地域が出現するかもしれません。

小澤　なるほど。私も長い間、弁護士をしてつくづく思うのは、法律や条例はきめ細かなものではないということです。体系としては重要だけれど、あらゆる事態を想定したルールづくりはできない。したがって個別の事案ではさまざまな解釈が出て、紛争になります。最後は裁判所があると言っても、日々のもめごとまで裁判所に持ち込むわけにもいきませんから、それぞれの集落とか地域社会の常識やルールで解決してゆくしかない。それが崩壊することに対する懸念や不安ということであれば、わかるような気がします。ただ、長い目で見ると農村の人口は自然減少するでしょうから、昔風の集落を前提としてはいずれ対応できなくなる。

合田　そうですね。ただ、先ほど言った「地域の農業は、長年そこに住んでいる集落の人たちが担うべきだ」という考え方は無視できないと思います。長い間住んでいるから、互いにどういう人間かわかっているし、周りの目も気にする。先祖代々の田畑という意識や見栄とか恥という意識もあるから、金銭的には報われなくても農地の管理が行き届いているのです。

小澤　農業委員会で、そのような農村ルールが作られて執行され、揉め事を治めることが期待されていたのではないのでしょうか。

合田　そういう意味では、明示的なルールはないと思います。農業委員会は、制度的には自作農の維持・確保が目的だった。それはいいとして農地転用許可の場合に、農村のルールが十分に生きていたとも考えにくい。むしろ、個別農家の利害を代弁してきたと言った方がいいくらいです。現在は農地をめぐる農家の利害の対立が少なくなって、農業委員会の役回りは、農地利用の推進役とされているのではないかと思いますね。

小澤　農業委員会の役回りはルールの守護役ではなかったわけですね。市町村単位だから広域すぎる感じもします。集落単位なら目が行き届くけれど、市にひとつしかない農業委員会では形式的なものになりそうです。いずれ出番があるかもしれませんが、現状では農業委員会があるから心配ないとは言えない。そういうことでしょうか。

合田　そうですね。少なくともこれまでは、人が集落に住み暮らしていることが農村維持の枠組みとなっていたことは間違いない。農地の所有権の移転が自由でなかったために、農村に住んでいない人や企業には農地の維持管理に必要な最終的な権限が渡らなかった。

小澤　少し荒っぽく言ってしまえば、集落に住んでいない者が大きな顔をして農業に口を出すな、ということですね。

合田　まあ、そんな感じですね。ただ、老齢化で農業従事者は激減しているから、現状のままでは立ちいかない。現状への対処方法の一つの帰結として、集落で勢いがある人や、その人が組織する法人が集落内の農地を一手に引き受けるという現象が見られます。「集落営農」とか「集落主導の農業経営」とも言われているけれど、集落の誰かに農地を集めて、一括して農業を任せしてしまうというやり方です。

小澤　土地所有権の移転の自由がないために、そういう現象が起こっているような気もしますが、「集落」という根っこが残っているから安心感があるんでしょうか。

合田　それは間違いないですね。集落営農が望ましいのか、集落という根っこから切り離された企業営農が望ましいのか、すぐには判断できないと思います。しかし、農地の所有権を考える場合には、集落を抜きに議論するのは不十分だということだけは言えると、私は思います。

小澤　なるほど。本日は貴重なお話、どうもありがとうございました。

あとがき

アメリカ留学後の1994年、私は日本不動産学会誌に『日本の借地・借家法の根本的検討—アメリカ法との比較—』という論文を出した。この論文を読まれて、本田広昭さんが訪ねて来られた。これが本田さんと私の最初の出会いだった。

当時、日本では定期借家制度が議論されていたが、アメリカの借地借家の法律関係については、日本にはほとんど紹介されていなかった。本田さんは、ビル仲介の三幸エステート株式会社の創業メンバーの一人であり、仕事を通じて日本の借地借家法に対して強い問題意識を持っておられた。私も共感する部分が多く、2000年に2人で『定期借家法ガイダンス』(住宅新報社)を出版した。以後、共同で数冊の本を出版した。すべて土地建物に関する本である。本田さんと私の関心が重なるテーマでさまざまな研究会を開き、その成果を本にしてきたのである。

数年前、本田さんが「土地はだれのものか、というテーマでいつか本をつくりたい」と言われた。すぐに賛同したものの、このテーマで一冊の本にまとめ上げることは容易ではないと思っていた。その2、3年後、「研究会を始めたい」と本田さんが言われ、持ち前の行動力で、ご自身と私の親しい方々を集めて「土地はだれのものか研究会」を立ち上げられた。

メンバーは301～303ページの執筆者略歴にあるようにさまざまだが、いずれも異なる世界の第一線で活躍されてきた方々である。以後4年間近く会合を重ね、それぞれの視点から「土地所有権」について発表し、互いに議論してきた。そこから誕生したのが本書である。

本田さんは、本を出す以上、読者に訴える強い主張が貫かれているべきだと考えておられた。至極正論だが、研究会のメンバーの中でさえ、土地所有権に対する考え方には相当に幅がある。ひとりの執筆者が矛盾なく語る、というようなわけにはいかない。したがって、読者の皆さんが本書を読まれて、ひとつの考え方で頭が整理されたとは感じられないだろうと思う。

しかし、ちょうど近眼の人間がメガネを外していたらぼんやりしか見えなかった世界が、メガネをかけると隅々までクリアに見えるのと同様に、この本を読まれて、ああ、こういう問題があるな、そういう問題もあったのかというふうに感じていただければ、この本の作成に携わった者として、うれしく思う。

本書では、江戸時代から現在までの土地所有権のあり方について、また、ドイツやアメリカの都市の現状やその背景も紹介している。本書が日本の土地所有権の諸問題について、幅広く把握し、深く分析し、自由に議論するために、ごまかしのない、現実的な基礎を提供できているのであれば、本研究会メンバー全員の喜びとするところであると思う。

なお、本書が少しでも読者に読みやすいものとなっているとすれば、各原稿の配列を考え、堅苦しい原文を読者目線で編集された太田三津子さんの力量によるものである。

また、本研究会の活動と本書の出版には、株式会社オフィスビルディング研究所の長期にわたる手厚い支援をいただいた。この支援がなければ、こうした成果をまとめ、発表することはできなかった。長年のお力添えに深謝する次第である。

小澤　英明

著者プロフィール

中村 洋一
Nakamura Yoichi

〈1章、4章〉

早稲田大学政治経済学部卒業後、三井不動産株式会社入社。マンションの開発、集合住宅建替え、オフィスビル・商業施設の営業・管理、不動産投資等、不動産ビジネス全般に携わる。1994年より2000年にかけて英国でオフィス管理、欧州不動産市場分析を行う。2012年より同社企画調査部上席主任研究員として、国内外の不動産市場調査研究を担当。

本田 広昭
Honda Hiroaki

〈はじめに、1章、3章、コラム〉

株式会社オフィスビルディング研究所代表取締役。三幸エステート常務取締役・オフィスビル総合研究所代表取締役等を歴任。都市景観・不動産法制度・オフィスビルに関する研究、提言、出版活動で多くの実績を持つ。共著書に『次世代ビルの条件』、『都市の記憶Ⅰ Ⅱ Ⅲ』、『都市の記憶を失う前にⅠ Ⅱ』、『オフィスビル2030』、『写真集:変貌する都市の記憶』(白揚社)等。

吉原 祥子
Yoshihara Shoko

〈2章〉

(公財)東京財団政策研究所研究員・政策オフィサー。東京外国語大学タイ語科卒業、米レズリー大学大学院修了(文化間関係論)。米Institute of International Educationバンコク支部を経て、1998年より東京財団政策研究所勤務。国土資源保全プロジェクトなどを担当。著書に『人口減少時代の土地問題—「所有者不明化」と相続、空き家、制度のゆくえ』(中公新書、不動産協会賞)。

小澤 英明
Ozawa Hideaki

〈1章、5章、対談、あとがき〉

弁護士、小澤英明法律事務所所長。東京大学法学部卒業、東京弁護士会登録、東京大学工学修士(都市工学)、コロンビア・ロー・スクールLLM修了、NY州弁護士登録。西村あさひ法律事務所パートナーを経て現職。専門分野は不動産法、環境法。著書に『企業不動産法』(商事法務)、『土壌汚染対策法と民事責任』、『温泉法—地下水法特論』(白揚社)等。

水本 邦彦
Mizumoto Kunihiko

〈8章〉

歴史研究者。京都府立大学・長浜バイオ大学名誉教授。京都大学大学院文学研究科博士課程修了、文学博士。愛媛大学、京都府立大学、長浜バイオ大学で教鞭をとる。専門分野は江戸時代の社会史。古文書や古絵図を用いて村や町の姿、庶民の暮らしを描く。著書に『近世の村社会と国家』(東大出版会)、『徳川の国家デザイン』(小学館)、『村—百姓たちの近世』(岩波新書)等。

周藤 利一
Suto Toshikazu

〈6章〉

明海大学不動産学部教授。東京大学法学部卒業。北海道大学博士(工学)。国土交通省国土交通政策研究所長、日本大学経済学部教授等を経て現職。専門分野は不動産政策論、比較法制論。著書に『日本の土地法』(稲本洋之助・小柳春一郎と共著。成文堂)、『わかりやすい宅地建物取引業法』、『韓国の都市計画制度の歴史的展開に関する研究』(大成出版社)等。

江口 正夫
Eguchi Masao

〈3章〉

東京大学法学部卒業、弁護士。最高裁判所司法研修所弁護教官室所付、民事訴訟法改正問題特別委員会副委員長、(旧)建設省委託貸家業務合理化方策検討委員会委員、(旧)建設省委託賃貸住宅リフォーム促進方策検討委員会作業部会委員等を歴任。東京商工会議所経済法規委員、NPO法人首都圏定期借地借家権推進機構副理事長、公益財団法人日本賃貸住宅管理協会理事。専門分野は不動産取引法務、企業法務。主な著書に『現代裁判法体系・不動産売買』、『企業責任の法律実務』(新日本法規出版)等。

中分 毅
Nakawake Takeshi

〈10章〉

株式会社日建設計フェロー、多摩大学大学院経営情報学研究科客員教授、一般社団法人CAMPs研究会代表理事。専門は、工場跡地等の都市再開発とプロジェクト・マネジメント。編著書に『駅まち一体開発・公共交通指向型まちづくりの次なる展開』、『駅まち一体開発・TOD46の魅力』(新建築社)等。

小柳 春一郎
Koyanagi Shunichiro

〈7章〉

獨協大学法学部教授。東京大学大学院法学政治学研究科、東京大学法学博士。山梨大学教育学部助教授等を経て現職。専門分野は、不動産法、日本近代法史、フランス法。主な著書に『震災と借地借家—都市災害における賃借人の地位』(成文堂、日本不動産学会著作賞)、『原子力損害賠償制度の成立と展開』(日本評論社)、共著に『日本の土地法—歴史と現状(第3版)』(成文堂)等。

大村 謙二郎
Omura Kenjiro

〈3章、9章〉

都市計画家。筑波大学名誉教授、GK大村都市計画研究室、小澤英明法律事務所顧問。東京大学工学部卒業、工学博士。東京大学都市工学科助手、建設省建築研究所室長を経て筑波大学教授を歴任。専門は日独比較都市計画、市街地整備、都市再開発、住宅政策など。共著書に『近代都市計画の百年とその未来』(日本都市計画学会)、『日本の都市法Ⅰ構造と展開』(東大出版会)、『60プロジェクトによむ日本の都市づくり』(朝倉書店)等。

合田 素行
Goda Motoyuki

〈対談〉

北杜市在住。1974年農協連合会勤務、その後、東京大学都市工学科助手、農林水産政策研究所研究員。この間科学技術振興事業団「農山村の低負荷型生産／生活システム研究」に従事。その後、鳥取環境大学、茨城大学、法政大学非常勤の後、2017年退職。農学博士。編著に『中山間地域等への直接支払いと環境保全』(家の光協会)。関心分野は農村計画・農村環境。

黒瀬 武史
Kurose Takeshi

〈10章〉

株式会社日建設計、東京大学大学院助教を経て九州大学大学院人間環境学研究院准教授。専門は人口減少時代の都市デザイン、ブラウンフィールドの再生、民有公共空間のマネジメント、2010年からネパールの世界文化遺産ルンビニの保全を支援。著書に『米国のブラウンフィールド再生』(九州大学出版会)、共著『津波被災集落の復興検証』(萌文社)、『アーバンデザイン講座』(彰国社)等。

太田 三津子
Ota Mitsuko

〈編集〉

フリージャーナリスト。青山学院大学卒業後、住宅新報社に入社。『住宅画報』編集部、『住宅新報』記者を経て、1995年独立。専門分野は都市・住宅・不動産。経済誌や専門紙の記事を執筆するほか、書籍の企画・編集、座談会の企画・司会を手掛ける。著書に『ワーカー絶賛!輻射空調』(白揚社)、共著に『オフィスビル2030』(白揚社)等。日本不動産ジャーナリスト会議会員。

矢吹 剣一
Yabuki Kenichi

〈10章〉

神戸芸術工科大学環境デザイン学科助教。株式会社久米設計を経て東京大学大学院工学系研究科都市工学専攻博士課程修了。博士(工学)。一級建築士。専門は人口減少都市における土地利用計画、歴史的市街地における空閑地の再生手法。博士研究では米国中西部の人口減少都市で策定されている土地利用計画(マスタープランおよびゾーニング)とその実践手法を研究。

ISBN 978-4-8269-9063-9

土地はだれのものか——人口減少時代に問う

二〇一九年八月二十三日　第一版第一刷発行

著者　「土地はだれのものか」研究会

発行者　中村幸慈

発行所　株式会社　白揚社
東京都千代田区神田駿河台一-七-七　郵便番号一〇一-〇〇六二
電話(〇三)五二八一-九七七二　振替〇〇一三〇-一-二五四〇〇

装幀　岩崎寿文

レイアウトデザイン　株式会社トンプウ

印刷所　株式会社工友会印刷所

製本所　牧製本印刷株式会社